南中國的世界城

U0118238

南中國的世界城
廣州的非洲人與低端全球化

麥高登〈Gordon Mathews〉與林丹、楊瑒 著
楊瑒 譯

中文大學出版社

《南中國的世界城：廣州的非洲人與低端全球化》
麥高登與林丹、楊瑒 著
楊瑒 譯

© 香港中文大學 2019

國際統一書號（ISBN）：978-988-237-086-9

本書根據 The University of Chicago Press 2017 年出版之
Africans and Other Foreigners in South China's Global Marketplace:
The World in Guangzhou 翻譯而成。

出版：中文大學出版社
　　　香港 新界 沙田 · 香港中文大學
　　　傳真：+852 2603 7355
　　　電郵：cup@cuhk.edu.hk
　　　網址：www.chineseupress.com

Africans and Other Foreigners in South China's Global Marketplace:
The World in Guangzhou (in Chinese)
　　By Gordon Mathews with Linessa Dan Lin and Yang Yang
　　Translated by Yang Yang

© The Chinese University of Hong Kong 2019
All Rights Reserved.

ISBN: 978-988-237-086-9

Published by The Chinese University Press
　　　The Chinese University of Hong Kong
　　　Sha Tin, N.T., Hong Kong
　　　Fax: +852 2603 7355
　　　Email: cup@cuhk.edu.hk
　　　Website: www.chineseupress.com

Printed in Hong Kong

目　錄

插圖目錄

作者致謝

我與兩位研究合作者最感激那些跟我們交談的人們，他們原本不需要向我們講述其故事和謀生技能，但出於好意告訴了我們。我很想寫下這數百人的名字表示謝意，但這會侵犯其隱私，而且由於他們描述的部分內容違法，這樣做尤其危險。我把這本書獻給他們，並致以最衷心的感謝。此書出版之際，如果我還能在廣州找到你們，我定將書送到你們手中，只是擔心屆時你們中的大多數人已經離開廣州了。在此，我只能從心底裏感謝你們，希望這本書能回報你們對我們的信任。

我還要感謝幾位閱讀此書書稿的人，包括中野幸江(Lynne Nakano)和青山玲二郎(Reijiro Aoyama)，以及芝加哥大學出版社的兩位匿名評審人。他們提供了珍貴的意見，助我修正失誤，毫無疑問地，本書仍然存在着一些錯誤。我也感謝Heidi Haugen、黃石秀(Tu Hyunh)、Karsten Giese和許多其他學者，我們曾多次一起討論與廣州的非洲商人相關之議題。鄭依箐、陳岱娜和孫琳也幫忙收集和翻譯廣州非洲人的中文報章，義務提供了不少幫忙。我感謝黃百亨提供的地圖，以及Gene Parulis的攝影，為此書作出貢獻。我還要向芝加哥大學出版社的工作人員表達感謝，感謝他們不斷給予我支持和鼓勵，分別是T. David Brent、Ellen Kladky、Priya Nelson和Ryu Yamaguchi。另外，我要感謝香

港研究資助局提供的2013/2014年度人文學及社會科學傑出學者計劃撥款(項目編號CUHK403-HSS-13),令我有幸參與此項研究並出版此書。

麥高登 (Gordon Mathews)

2017年2月

譯者序

　　我 2009 年在《南方都市報》實習，瞧見攝影專欄有一組非洲人在廣州生活的照片，雖然我從小在廣州長大，卻沒遇到過這些人，心想原來廣州已經有點紐約的樣貌了啊？麥高登教授當時是我的人類學導師，他研究的香港重慶大廈中有不少來自非洲和中東的商人，很多這些商人正是來廣州和義烏等地採購，因此鼓勵我嘗試接觸駐紮在廣州的這批外國人。兩年多的田野考察中，我在廣州火車站周邊的廣園西和小北一帶，認識了來自尼日利亞、加納、剛果、肯尼亞、坦桑尼亞、塞內加爾等非洲國家來的商人，後來和老師麥高登、同窗林丹一起又訪問了不少做中非貿易的商鋪。研究初期，我總有出了國門的幻覺，因為經常出入異域風味餐廳、非洲人做生意的商鋪、英文彌撒的教堂，吃的也總是木薯麵團蘸燉肉醬、扁豆湯、或烤肉配中東炒飯。一兩個月後新鮮感消失殆盡，我才開始看見這些地方是非洲人和中東人實實在在生活工作的尋常地點，甚至對他們來說是家一般的地方，我們這些研究者一進去反而有點格格不入，因為基本上很少有中國人和美國人造訪那裏。而一旦放下獵奇心態，我們研究者才開始踏出試着理解甚至融入這些社群的第一步。

　　我很感謝遇見的受訪者，不僅是來自非洲和中東的商人和中介，也包括向我們傾訴的中國同胞，也謝謝麥高登教授的引導和林丹的幫

忙。最後，我想謝謝母親張望英和父親楊凱旋，多年來支持我進行研究，並且作為我譯稿的最初讀者給了很多好建議。

楊瑒

2018年3月

第 **1** 章

緒　論

這本書關於什麼

　　某些年代的某些城市像磁鐵一般，吸引了五湖四海的追夢人。十九世紀末和二十世紀初的紐約正是如此，埃利斯島 (Ellis Island) 的移民遠離他們出生的歐洲村落和貧民窟，踏進新世界等待實現美國夢。今日，這個地方則是位於珠江三角洲的廣州——一個引領環球製造業龍頭的中心城市。如今的廣州以其國際機遇吸引了世界各地的外國人。

　　廣州有為數眾多的外國人，但其具體人數卻無從知曉。根據中國 2010 年人口普查，[1] 在內地居住的外籍移民共有 594,000 人，相當於總人口的不足兩千分之一。廣州是外籍人口較多的城市。一份最近的報告顯示，在 2014 年 1 月至 8 月期間，人口約 1,400 萬的廣州接待了 305 萬出入境的外國人，其中 86,000 人已有居住登記。[2] 另一個網站估計在任何日子廣州城都有 50 萬外國人。[3] 還有一個網站認為廣州有 3.4 萬名外籍永久居民，[4] 而另一個網站則說是 5 萬人，[5] 第三個網站還說是 12 萬人，[6] 數字似乎高得難以置信。我們無法得到精確數字，既因為官方數據保密或無法得知，也因為許多身在廣州的外國人屬於非法居民。唯一可以肯定的是，不論其是否合法、人數是否確定，廣州的外籍人口儘管不少，但仍然只是中國龐大人口的滄海一粟。

這些外籍人口由許多不同國籍構成，從日本人到歐洲公司職員，乃至世界各地到這裏將中國貨出口到自己國家及地區的商人。廣州是售賣廉價仿造品的一個主要地點，這些商品出口到南亞、東南亞、拉丁美洲、尤其是中東及非洲。那些來自發展中國家的商人在此貿易中角色非凡，當中人數最多的是非洲人。

我在此書中將描述廣州的各色外國人，並探究廣州非洲商人的生活及貿易活動。在2013年至2014年間，我住在廣州小北，那裏是眾多非洲和阿拉伯人工作和休閒娛樂之地。我用「低端全球化」理論分析這些商人[7]——這種全球化並非表現在那些坐擁律師和廣告預算的跨國公司，而是那些買賣小量貨物的商人，在法網下於不同大洲賄賂通關代理，把貨物運回家鄉賣給街鋪攤販。這是世界上多數人經歷着的全球化。今日的廣州也許是全世界研究低端全球化的最佳地點，因為它是廣東省和珠江三角洲的商業樞紐、中國工業中心地帶，也是世界低端全球化商品買賣的中央都會。

那麼廣州的低端全球化怎樣有效地運作呢？低端全球化並非透過合同和法律來開展，而是以名聲和互信為基礎，但它怎樣跨越不同的文化背景來維繫？在此引述一位曾接受我們訪問的索馬里商人的話：你怎麼能相信一個不懂你母語的人？何況他只會講寥寥幾個英文單詞，宗教信仰也與你不同，甚至沒有信仰，抽煙喝酒跟你截然不同。此外，低端全球化在當代中國如何運作？這是一個決意推動發展進程的國家，一方面面對諸如肯尼亞和尼日利亞等法律寬鬆的社會，另一方面則與西歐、日本和美國等社會打交道。如今廣州低端全球化的最終意義是什麼？

上述議題又引發了另一些問題。本書描述的非洲人，他們不僅在廣州經商，也在那裏生活了數星期或數月，還有些人居住了數年，甚至有一些人住了十幾年以上。有些非洲人在合法或非法情況下留了下來，娶中國妻子，建立家庭。他們未來會是怎樣？中國在過去六十年間大體上是單一民族和單一文化；[8]而在南方的廣州則是國際化和多

元文化的城市，這對其長遠未來意味着什麼？或許在五十年或一百年後，中國會否出現本土的巴拉克·奧巴馬（Barack Obama）？

本書遲些才回答這些問題。我在第1章的引言先概述現時和歷史上的廣州，描繪這座城市裏的外籍人士街區，以及本書的研究方法。在第2章，我將描寫幾位住在廣州的外國人，探討「種族」、國籍和金錢在他們人生中的相互作用。接下來在第3章，我考量廣州城內的中國—非洲人際關係。我關注這些非洲人，不僅因為他們為數眾多，也因為這些來自撒哈拉以南的非洲人膚色迥然不同，可能對許多中國人來說恰恰是外族的特徵。在第4章，我研究低端全球化的議題，包括中國與發展中國家的貿易，分析它如何體現在南中國非洲裔、阿拉伯裔商人與其中國供貨商之間的互動。在第5章，我探究非法住在廣州的逾期滯留者怎樣生存，他們怎樣搶在被警察逮捕前賺取利潤？在第6章，我會審視中間商人的角色，尤其是非洲貨運代理人，他們在中國和其民族同胞之間擔當了文化大使的職責。在第7章，我研究宗教在這些商人生活中的強大作用，不論是伊斯蘭教還是基督教，宗教信仰讓商人在茫茫異國看見道德航標。最後在第8章，我觀察中國人和非洲人之間的戀愛和人際關係。中國能否誕生自己的「奧巴馬」？還是廣州現在的全球化面貌，最終將會逐漸消失？

我是人類學家，但這本著作的書寫方式與現今大多數人類學著作不太一樣。在較早時期，諸如露絲·潘乃德（Ruth Benedict）和瑪格麗特·米德（Margaret Mead）為大眾讀者而寫作，可是如今的人類學家除了少數幾個值得關注的個例之外，幾乎全都為彼此而寫書，專業性和學術性都很強。雖然這些書的主題或許會讓大眾饒有興趣，但除非讀者是少數的專業人類學家或學生，否則它們因為其書寫風格都不容易被大眾讀者理解，我認為這是巨大的損失。畢竟工程師和外科醫生用術語寫作，其研究發明仍然能為世人所用，體現在他們建造的樓宇和執行的手術上；但如果人類學家也用術語寫作，也許他們只會被忽視。在本書中，我刻意將學術討論和引用降至最低程度，基本將其限

於尾注（如果你真的很想了解更多，我希望你能延伸閱讀），並且將不同商人所說的話寫在本書的前部分和中間部分，同時我會加以自己的詮釋。但林丹、楊瑒和我所採訪的人的話語最為關鍵，因為他們來自讀者幾乎不會接觸到的世界。雖然我不知道本書是否能廣為傳閱，但它的目的也許是在很小的程度上讓人類學「民主化」，令它在希望了解有關課題的讀者面前顯得更通俗有趣。

廣州印象

當人們從白雲機場乘坐地鐵或出租車來到廣州市中心，或從香港羅湖口岸乘坐高速鐵路來到，看到的盡是高聳入雲的酒店、琳瑯滿目的商場、四通八達的高架橋、樹木蔥蘢的寬闊大道，以及潔淨高速的現代鐵路和地鐵。廣州給人的第一印象，也許就是高度發展的城市，看似是發達國家典型城市的繁榮都會。

對於還記得較早期廣州面貌的人來說，當年市民身穿中山裝，街上擠滿了騎自行車者，如今的廣州城也許會讓他們嚇一大跳。我在八十年代初第一次到廣州，看見滿城昏暗低矮的樓房、因堵塞而無法使用的廁所、戶外乒乓球枱，並對那些在市場看到的「第三世界面孔」印象深刻。我當時想，他們與香港街頭那些圓潤的面孔天差地別。在九十年代中期，我再次造訪廣州，恰巧遇到當地開張的第一間麥當勞餐廳。記得當時一名職員小聲用英文跟我說話，還有一個人也告訴我他們渴望離開中國，去美國或歐洲生活——他們帶着這個夢想來到了麥當勞。夏洛特‧伊凱絲（Charlotte Ikels）在《財神歸來》（*The Return of the God of Wealth*）一書中，全面描述了八十年代末和九十年代初的廣州，形容這個城市經歷了翻天覆地的變化，從廣受政府管控轉為按自由市場規律運行，湧現出如今處處林立的高樓，萬象更新。[9]但此書中只有幾處還能浮現今日廣州的影子，這並不是因為作者的任何缺失，而是廣州在過去二十年間的變化可謂滄海桑田。

廣州給人的第一印象是一座流光溢彩的現代都市，某種程度上這令人更想進一步地細細品味這個地方，尤其是本書描述的小北地區，那裏有截然不同的景象：你仍能看見五光十色的都市霓虹燈，不過也有更貼近生活的非凡場面：播音機鳴放着《古蘭經》的吟誦，乞丐在路旁尋求施捨；兌換外幣的回族人手拿一疊疊美鈔；街頭咖啡館裏，阿拉伯人下班後抽着水煙、喝着薄荷茶；凌晨二時許，在街頭溜達的非洲人遠多於中國人，他們聚集在外慶賀着什麼。至少在這些地區，廣州似乎是世界都市而非中國城市。不止一個中國人告訴過我們：「我覺得自己在這裏像個外國人！」

伊凱絲描述九十年代廣州的某一個區，與本書展現的地方十分接近。她的另一個非凡之處在於書中沒有提到外國人。隨着中國加入世界貿易組織和放鬆入境管制，廣州在2000年代初起開始對外國人全面開放。不過，直到今天中國的人口統計數據仍不完善，直到2010年才把在華居住外籍人口納入統計。[10]伊凱絲沒有提到外國人，因為其人數在九十年代初可謂微不足道，但現在沒有一本書能在全面探討廣州時忽略這個群體。

外國人初次來廣州會有怎樣的感受，很大程度上取決於他們來自何方。一個伊朗人告訴我們：「德黑蘭和廣州的對照，就像比較一輛1950年代的汽車和一輛嶄新的奔馳。」一個也門人說：「我搬到廣州，好比從過去走到了現代，像是從洞穴中爬了出來。」另一名中東商人說：「看看那些高架橋和地鐵啊，你知不知道我們巴林根本沒有地鐵？而且這裏的女孩子幾乎沒穿什麼衣服！你剛到這裏的前兩天，會詫異地瞧見那些短裙，不過之後就習慣了。」一名肯尼亞人則更深入地分析比較了中國和自己的祖國：「你不能不折服於廣州和中國，諸如基建和城市規劃，政府能為十億人提供鐵路網絡、道路、康樂設施、公園——非洲就沒有這些東西。我在這裏從沒經歷停電。對，我想讓肯尼亞變得像中國一樣！」曾多年在英國居住的一名西非商人則有比較負面的看法：「從非洲直接來中國的非洲人覺得這裏很美

妙，而且希望中國就是這個樣子，但在歐美住過的人就不太喜歡中國。我在英國待過後，覺得中國是『翻天覆地』的不一樣，這裏並不跟從法律，合同就像廁紙一樣。」

這些言論皆反映了中國在世界的地位，它是一個發展中國家，僅在五六十年之前還有成千上萬的人經歷饑荒，[11] 到今天卻已經成為世界第二大經濟體和超級大國，並在不同領域前沿與美國競爭着統治地位。廣州作為中國最富裕和最異國的大城市之一，正是此轉型的完美典範。

廣州外國人的簡史

外國人長久以來把廣州稱作「Canton」，它作為對外貿易中心已有約兩千年歷史，「是通向中國內陸的沿海口岸。」[12] 據稱，古羅馬商人曾到過廣州，廣州在唐朝曾有非洲奴隸出現，[13] 另外還有阿拉伯商人。[14] 那時廣州人口估計有20萬，當中外國人上萬名，包括波斯人、馬來人和僧伽羅人。[15] 廣州的商業貿易在十二世紀蓬勃發展，但後來逐漸式微。1367年，明朝開國皇帝太祖朱元璋禁止所有中國商賈與外國進行貿易。十六世紀初，隨着歐洲商人逐漸到來，尤其是葡萄牙人，[16] 以及十七世紀初來華的荷蘭商人，貿易漸漸復蘇。直至十八世紀末，「那口岸交匯着各種語言，包括葡萄牙語、西班牙語、北方漢語、粵語、中式英語、馬來語和印度語，播散從歐洲和大洋洲傳來的各式詞語。」[17] 廣州再次成為非常國際化的都會。

1757年，清廷頒布旨在把洋人對中國影響減至最低的法令，規定西洋商人只可在廣州通商；又在1759年規定洋商必須在廣州城外一處被稱為「十三行」的商館區從事貿易和居住，並禁止在廣州過冬，非貿易季節須遷至葡萄牙佔領的澳門。中國「公行」負責徵收關稅，確保洋商舉止端正，並處理所有貨運及通訊活動。講中式英語 (洋涇濱英語，Chinese Pidgin English) 的中國「翻譯人員」翻譯各類文件，同

時也協助洋人與粵海關(西方人稱之為「Hoppo」，從「戶部」一詞派生而來)之間的溝通。粵海關的職能是監督洋商活動，「其貪腐之極惡名昭著。」[18]清政府禁止洋人學習中文，也禁止華人學習外語，那些翻譯人員和其他官員則除外。十八世紀時期，廣州口岸的關稅雖然也許全球最高，卻也沒能阻止外國商船紛至沓來。1784年曾有這樣一番景象：「那裏至少有四十五艘船拋錨在岸，排開的隊伍有三英里長。」[19]直至十八世紀中葉，絲綢是中國主要外貿商品，後來被茶葉所取代。

十九世紀初，在廣州的英美商人留下了不少歷史記錄，從他們與洋行的有限交流中，可以了解到他們在中國南方的經歷。一位學者在這些記錄中注意到，替這些洋人做生意的華商中介人十分腐敗，但他們「在不少事務上提供了無價的建議，例如市場形勢和中國規則的細節」。[20]到了1830年代和1840年代公行沒落，其在外商和華商之間的中介角色，由外商僱傭的華籍買辦(compradors)取代。幾個文獻記錄都指出，十三洋行的安排頗為得當，但當年清朝政府禁止外國婦女在廣州出現，也嚴禁華人與外國人戀愛結婚。

十九世紀美國商人威廉‧亨特(William C. Hunter)在其著作中，描述了他於1825年至1844年間在廣州生活的見聞。他指到廣州的美國商船，「每年帶來了大量的西班牙和墨西哥銀圓，以彌補相對很少的進口貨品產生的赤字。」[21]西方人對茶葉等中國商品的需求非常大，但中國人卻沒有從西方進口同等大宗的商品。面對貿易失衡，英國人的解決方式是輸入鴉片。鴉片戰爭在1839年底爆發，大英帝國基本上強迫清朝不再針對鴉片問題執法。英國出口大量鴉片到中國，導致大批中國人鴉片成癮，亦逆轉了英國對華的貿易失衡。[22]清朝把香港島割讓給英國，並被迫在廣州以外開放幾個港口予英國貿易通商。鴉片戰爭導致在接下來的一個世紀歐洲列強瓜分中國，隨後日本也侵略中國，從此中國人持續對西方和外國世界不信任。百年的民族恥辱，導致直到現在中國政府仍常常以此來鼓動愛國熱情。

1857年第二次鴉片戰爭後，廣州沙面島建立了一個外國人聚居地，該租界屬於英國和法國，島上的西洋建築風格隨後影響了整個城市。[23]到了二十世紀初，上海取代廣州成為了中國異域的中心。在二十世紀上半葉，廣州很多知識分子主張擯除外國影響，廣州因此被稱為「中國人仇外的典型」。[24]但最近有論者指出上述觀點是錯誤的，認為廣州的普及文化「深受西方影響」。[25]但伴隨着1949年共產主義革命的到來，外國人被驅除出境。「中國在1949年後鎖國，向資本主義世界關閉了國門，再沒有供中間人聯繫境外的角色。」[26]共產政府把廣州的英文名稱由 Canton 改為 Guangzhou，並在1950年至1951年間把外國人驅除出境，廣州的國際化面貌因此消失。直至1978年鄧小平提出改革開放，廣州的大門才再次開啟。然而，直到再過二十年後珠江三角洲成為世界工廠，外國人才開始蜂擁進入廣州。

正如本書所述，外國商人的存在早已有很悠久的歷史先例，但古今比較卻有一些頗突出的相似之處。正如傅高義(Ezra F. Vogal)寫道：「數個世紀以來，廣州人在進行大宗貿易上頗為成功，但同時又盡量少地與外國人進行人際和文化上的交流。」[27]十三行時期這種情況非常顯著，洋商聚集在那段短小的河岸旁，完全依賴公行及翻譯人員簽下對華合同。今天，本書中探討的非洲和阿拉伯商人仍然如此，雖然中國政府並不限制他們與其他人交流，但他們與中國人之間還是有一道鴻溝，許多此類商人都提到他們沒有中國朋友(也許除非有女朋友，這與兩百年前的洋商不太一樣)。

另一個呼應歷史之處是貿易失衡。十八世紀末和十九世紀初，英國沒有中國人需要的商品，因此轉向鴉片貿易，這種情況在今日有另一種形式——中國需要非洲的原材料，同時向其供給工業製品。本書描述的商人，正如上述兩百年前在中國的一些洋商，把錢帶到中國，然後把貨品運回家鄉。偶爾一些非洲商人茫然地向我們傾訴：「為什麼我要跨越半個地球，來這裏買手機、衣服、建築材料、家

具？為什麼我的祖國不能用廉宜的價錢製造這些東西？」為尋求答案，他們也許會討論西方殖民主義對其國家的背信棄義，或是其國家政府的無能；又或是他們聳聳肩，認為這就是全球化的奇怪之處，說不定兩百年前的廣州洋商也這麼認為。

廣州的異域

外國企業的職員和專業人員造訪中國時，也許會去北京和上海。可是，多數商人不會去這些城市尋求生意。廣州是最佳的商貿地點，尤其是低端貿易，它在2013年的對外貿易金額佔到全國的四分之一——儘管外貿數字不免有失精確，尤其在低端全球化領域而言。[28] 上海和北京都是商業大城市，但卻沒有廣東省所擁有的龐大工廠，也沒有那麼多的外國商人。中國唯一能與廣州媲美的城市是浙江義烏，它也吸引了許多從發展中國家而來的商人。這個距離廣州十七個小時長途巴士車程的城市，有巨型的外貿市場，以小商品和廚具用品貿易聞名遐邇。廣州周邊城市也聚集了許多尋求其他產品的商人，許多商人知道要去佛山買陶瓷，去東莞買鞋子，去深圳買電子產品。然而，廣州仍然是外貿的中心城市，尤以成衣著名。你還可以在廣州買到任何能想像出來的產品，供應商會為你提供從太陽能燈管、重型機械、家具、電子產品、鞋子到書包的各色商品。

廣州是一座包含各色街區的大城市，但多數街區是外國人從來不會去的，他們只在幾個處所出入。廣州不同族裔的群體去不同地方做生意和娛樂。

這些地點中最高檔的是珠江新城，與書中描述的主要地點相距幾英里，僅是幾個地鐵站的距離而已。它是廣州城的高端外貿中心，很多歐洲人、日本人、拉丁美洲人在這裏生活，也是許多中國人享受異國特色的地方。在這裏看到的外國人，大多來自發達國家。這裏有外國人尤其喜歡的奢華購物區和住宅公寓，酒吧區在地鐵站附近，

2012年開通後開始營業。現在，這個地區有令人驚艷的夜生活，如果你走進酒吧，彷彿已經不再身處中國，幾乎無異於發達國家類似的高檔酒吧。一名住在此處的外國居民告訴我們：「有一天，我看見一個非洲男人從路虎（Land Rover）汽車裏走出來，我以前從沒見過，下巴都要掉下來了，我們這兒第一次有這個景象！」多數非洲人和南亞人不會來珠江新城，因為這裏太昂貴了。一名尼日利亞伊博族（Igbo）的英籍公民最近搬進了珠江新城，他告訴我們他想住在一個沒太多尼日利亞人的地方：「我不理解這些人，他們太挑釁了。」他寧願待在珠江新城，因為他視自己為歐洲人多於非洲人，他因為富有能夠這麼做。的確，有些非洲商人和許多阿拉伯商人很少出現在本書主要描述的地方，他們有錢住五星級酒店，下大批量的訂單，也許直接與供應廠家打交道，工廠給他們提供好吃好喝的以及一整個星期的豪華轎車服務。這些從事大宗貿易的商家當然存在，但並非本書的主要書寫對象。

另一個外國人會去的高檔地點是淘金，那裏有輝煌的花園酒店，坐落在日本總領事館和各色酒吧附近。在2011年至2014年間，來自哥倫比亞和中亞國家的性工作者會在人行道和街角等待客人。附近還有一間拉丁美洲燒烤店和全天開放的星巴克，想招攬拉丁美洲客人的貨運商豎起了西班牙文的廣告牌，還有一些其他來自世界各地的貨運商，他們一般有豪華的公司辦公室。逾期滯留的非洲朋友特別喜愛淘金的戶外酒吧，原因在於如果他們在如此奢華的地方喝酒，警察肯定不會來查他們的身份證和入境身份。

本書探討的廣州異域中心與淘金只相距一個地鐵站，也是低端全球化的中央，它就是小北。這個地方的外國人主要來自阿拉伯和非洲地區——他們有些人長期住在這裏，但更多人只是在那裏工作和聚集，或是在該區的幾十間酒店中住上幾天或幾個星期。這些酒店有大有小，有昂貴的，也有便宜的。[29] 讓我現在帶你迅速穿越這個街區，感受一下它在2013年秋的樣子。[30]

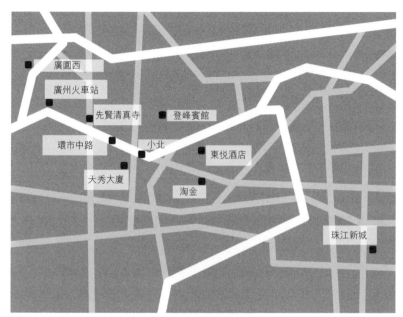

圖 1.1　地圖上的淘金、小北和廣園西（黃百亨製作）

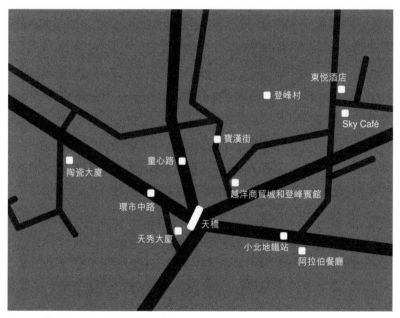

圖 1.2　地圖上的小北（黃百亨製作）

沿着環市中路從淘金走向小北 ——環市中路是有着八車道的主幹道，上方交錯盤踞着三座高架橋，還跨過了鐵道 ——一路走着的時候，你會發現街旁的大廈和商業面貌也在悄然改變。[31] 如果你走在花園酒店這邊的人行道上，會先經過諸如亞洲國際大酒店等高檔酒店，然後來到有八間以上冠名如阿里巴巴等土耳其和中東餐廳的街道，然後又走到一條有些人稱之為「阿拉伯巷」的街道，那裏的餐廳名稱有安達盧斯（Andalus）、博斯普魯斯（Bosphorus）、阿拉弗丁（Al Rafidien）。你如果步入這些餐廳，就能在絢爛多彩的沙發上享受餐飲。

圖1.3　「阿拉伯巷」和攤販（麥高登攝）

阿拉伯餐廳外面有一些攤販，既有漢族還有維吾爾等少數民族。[32]夜晚，維吾爾人販賣六尺長四尺寬的大切糕，還有人兜售包括大型貓科動物等的皮毛。另有一些漢族小販賣電擊槍，有一個可愛的漢族女生告訴我這是「嚇人的玩意」，還給我介紹了許多不同電擊力度的各種型號，讓我帶回去給親友。一些漢族小販售賣除蟲電器，他們在籠子裏裝了老鼠，等着向人展示這些器材的威力。他們之中穿着較為體面的向客商派發小卡片，上面以中文、英文和阿拉伯文印有律師事務所廣告，為客人提供簽證顧問及其他服務；也有人派發廣告單張，宣傳諸如建築材料、出口水果、公寓出租等廣告。在「阿拉伯巷」的中間，有一所印度男人造訪的俱樂部，門外站着裝扮性感的女人，站在這條街上顯得有些格格不入，因為附近有幾間不賣酒精的清真小賣商店。然而，這卻符合街區多元民族的背景，以及夜幕中一些阿拉伯和中東商人的舉止活動。

這條小巷中的餐廳有各色菜餚，包括敘利亞菜、約旦菜、巴勒斯坦菜、也門菜和土耳其菜，撒哈拉以南非洲地區的人有時會光顧這些餐廳。雖然我沒聽說有人因為種族問題被拒之門外，但這裏的族裔區分仍十分明顯。當我們和這些餐廳業者聊天時，他們中有些人會告訴我們他們不太喜歡非洲人，「他們沒錢，吃不起這裏的東西。」或者更尖銳地說：「他們全是非法的，而且都是毒販！」在環市中路另一邊的非洲人則回應道：「我不喜歡阿拉伯人！他們是恐怖分子！」許多人寫過在廣州的中國人如何歧視非洲人，但很少有人提到這裏的阿拉伯人和非洲人之間、或是印度人和非洲人之間的相互反感，而這確實存在。不過，這些不同的社區互為鄰里，儘管他們很少彼此交流，我們也沒聽說過他們之間發生打架鬥毆。阿拉伯人、中東人和印度商人做的生意比非洲人更大宗。我們不清楚為什麼有些人在小北做生意，而不去那些上述更高檔的地區，也許因為附近有服裝、皮具、鞋批發市場，也可能因為附近有先賢清真寺，方便他們去做禮拜（儘管廣州還有其他能做禮拜的清真寺）。還有一些人的辦公室設在廣州各地。

讓我們的旅程繼續。也許在小北路和環市中路的交界處你可以登上人行天橋，穿過各種鐵道和不同層面的高速公路和高架橋，但你只能通過天橋越過這個交匯處，並經過令人眼花繚亂的攤販和遇見各種族的路人。有天晚上，一個女人舉着一塊手寫的牌子，上面用中文、英文和阿拉伯文寫道：「我兒子需要做手術，費用是四十萬元人民幣，請施捨點錢吧！」[33] 天晴的時候可見到一些有病和一瘸一拐的乞丐，一到晚上往往更多。也許這裏是乞討的好地方，因為附近有伊斯蘭教的文化，而穆斯林重視施捨之行。還有一些來自東非的性工作者，從她們的緊身裙穿着就能一眼認出。附近還有中國攝影師，專門替阿拉伯人和非洲人拍照，讓他們在廣州城留下剪影。有一些兜售其他商品的小販，售賣着塑料玩具火車、衫褲、鞋子、手錶和玩偶，當中有跳舞的金正恩。在巷道上不時能見到不同種族背景的人，漢族、維吾爾族、回族穆斯林、阿拉伯人以至撒哈拉以南的非洲各族人，前三種族群賣東西，後兩種族群買東西，但這些不同的人除了講價和買賣，幾乎沒有任何交流。當警察到來的時候，小販一眨眼間就打包好他們的貨物，混進來來往往的人群之中。

圖1.4　環市立交橋

這座天橋的一端有一道向下的樓梯通往天秀大廈,它是一座包含三棟塔樓的建築,每棟樓高32層。它最底部的四層有一些面對非洲和阿拉伯顧客的商鋪,售賣諸如假髮、真的或仿冒的珠寶、電子產品、西非花紋的布匹、性玩具、洗衣粉等。天秀大廈是非洲人做貿易的核心地,並因此著名,如果有人想了解這種貿易,可以在天秀大廈底部走走,觀察幾天,聽聽這裏發生的故事。我們三人曾見證無數友善或冷漠的交易在這裏進行,但也曾在一間假髮店目睹有人為了60元的買賣用上四個小時來討價還價。在一間美容產品店鋪,我們見到一名穿着超短褲和胸圍的中國服務員和一名身穿黑色罩袍的中東女士講價,她們在交流時不講一個字,只是輪流在計算器上商議批發價。[34]在樓下的摩卡咖啡廳裏,我們曾無數次見到人們用各種語言聊天和計算數字,其中有阿拉伯語、法語、伊博語、斯瓦希里語、索馬里語、烏爾都語,而英語十分常見,是不同人群在談生意使用的主要語言。他們的話題從匯率波動、寶石價格到性工作者,還有穆斯林娶一個到四個老婆的代價和好處。

天秀大廈較高層是破舊不堪的公寓,包括一間為商旅提供住宿的賓館、一些貿易公司和電子產品展廳。B座是最高的一棟樓,主要用於商貿,其中有賓館。A座和C座主要用作民居,也較為冷清,但令人意外地開了幾間非洲餐廳。C座29樓有一間塞內加爾餐廳,27樓有一間坦桑尼亞餐廳,再下一層有一間科特迪瓦餐廳、另一間塞內加爾餐廳和一間尼日利亞餐廳,還有幾家馬里賓館。這些生意並沒有登記在冊,但的確做得挺紅火,各自別有洞天。我們曾在一間剛果餐廳消磨了一個下午,吃着燉菜,和剛果老闆交談。她説:「我最初不喜歡中國,因為這裏的人總是很忙,即便是周六和周日也是如此。在金沙薩,大家會放鬆下來和你聊天,但這裏的人不會呢!」她用略懂一點的中文,教會兩名中國廚師怎樣煮剛果菜。

讓我們再次來到大廈外。在寒冷的夜晚,曾有年邁的中國男子睡在周邊的人行道上,當一些衣冠整齊的年輕非洲商人路過此處,會嘲

諷這個男人的困境。我們也見過一名非洲性工作者,毫不猶豫地拒絕客戶的叫價,大聲說道:「沒錢,就沒有甜心寶貝了!(no money, no honey!)」我們曾看見剛從機場來到這裏的非洲年輕人,一邊走一邊睜大眼睛,注視着這座龐大的中國城市,這裏有閃耀的廣告牌和高樓大廈,他們以前從未見過此景。我們也曾見到剛從火車站或汽車站過來的中國人,也睜大着眼睛來到這座大廈,見大批外國人出入此地,他們也從未見過此景。

緊挨着天秀大廈的是「藍爵咖啡」(Lounge Coffee),那裏的客人主要用法語交流,來這裏的商人大多來自西非法語國家,包括畿內亞、布基納法索、塞內加爾、尼日爾、乍得、馬里、剛果。在天秀大廈附近,法語確實是和英語一樣頗為常用,但在環市中路的另一頭,商人的主要語言是英語。一個來自布基納法索的商人說:「關於語言,英語是商貿交流的唯一途徑,我可以嘗試說中文,但他們還是會跟我說英文的。」他們還是能正常交流。[35] 附近的陶瓷大廈,在2005年與天秀大廈曾是非洲商人經常造訪的兩幢建築物。當局在2010年嚴打售賣假冒商品的店鋪,近200間中國人商鋪因此結業,包括陶瓷大廈內的大量店鋪。現在這裏十分冷清,只剩下一些便利店和已關閉的店鋪。其實,這個地區的假冒商品無處不在,我們不清楚為什麼單單這幢大廈遭此厄運。沿着環市中路,距離陶瓷大廈數百碼以外是先賢清真寺,這裏每逢星期五和開齋節等聖日擠滿了上千的朝拜者,包括維吾爾人、阿拉伯人、巴基斯坦人和非洲人。再走幾百碼,你會見到廣州火車站。

值得一提的是,與上述地點相隔一兩條街處,你看到的全是中國人。儘管廣州不同地方還有一些外國人居住的小區,包括下塘西和南海,但異域世界的地理邊界就在這裏。如果你乘汽車遊覽廣州,你會發現城裏的外國人只不過是全部人口的滄海一粟,你坐上幾個小時的車,也許看不見一個外國人。廣州地圖也能證實這一點,本書所講的地區在廣袤的廣州版圖上只是幾個小點,不論怎麼測量,廣州

比歐美城市大太多了。這裏有異域，確實不太平凡，但也不應被過分誇大。

我們繼續走，回到跨越環市中路的人行天橋上。「阿拉伯巷」隔在環市中路對面，也就是天秀大廈旁的小角落裏。我們走下天橋，維吾爾人在人行道上擺攤，讓路人付費射擊氣球，旁邊則是小北地鐵站入口。那裏旁邊是一座大樓，地下有大型的麥當勞，在此常常能見到年輕的非洲商人，他們往往坐在年輕的中國客人身邊，但彼此很少交談，因為他們沒有共同語言。穆斯林對麥當勞是不是「清真」（符合伊斯蘭律法）的問題存在一些爭議，但對於那些經常光顧麥當勞的人而言，這個爭議已經塵埃落定了。樓裏還有一家披薩店，給非洲基督教徒提供酒類飲品，他們的日常習慣沒有穆斯林那麼嚴格。大廈底層有專做阿拉伯和非洲商人生意的商鋪，售賣由文具、醫藥用品到健身器材等產品。在其中的一間店鋪，我們曾與一名中國女服務員交談，問她為什麼皺着眉頭不熱情招呼客人，而怠慢那些客人。她直率地反問這有什麼重要呢——說到底，如果非洲客人想買店裏的商品，他們還是會買的，她認為不需要自己額外獻殷勤。大樓上層有十幾間非洲和阿拉伯商人開的貨運辦公室，全部由中國人坐在前枱，還有一間專營「非洲及阿拉伯法律援助服務」的私人法律事務所，其收費較由政府部門提供的相同服務要高昂許多。

我們從大樓走出來，經過射擊氣球的攤子，穿過一條地下通道，通道內擠滿了售賣麵包和烤肉的維吾爾人和售賣玩具和手錶的漢族人，路人總是川流不息。

圖1.5　小北地下通道裏的小販和顧客（Gene Parulis 攝）

　　地下通道將我們帶到一個購物廣場，其中有越洋商貿城和登峰賓館。在2013年，地下通道和廣場上最令人矚目的就是路邊許多的維吾爾族小販，他們在黃昏和夜晚時分在這裏活動。廣場上還有十幾名、有時甚至數百名回族和東鄉族的兌匯販子，[36]他們在早上較後時段聚集進行美元和人民幣的交易，我們見過兌匯販子拿着約四寸厚的10元和20元美鈔。商人不去銀行兌換而去找這些販子，不只因為他們給的匯率更好，還因為毋須出示護照。對於那些沒有合法居留權的逾期滯留者或不想跟中國銀行的官僚制度打交道的人而言，這些兌匯販子能幫上忙。

　　中國生意人和非洲商人有時都把維吾爾人（非洲人和中國人都稱之為「新疆人」）看作是小偷。一名中國共產黨官員隨意地跟我提起：

> 沒人會相信維吾爾人，大家都覺得他們是罪犯。維吾爾人聚在一起打架鬥毆，而且他們隨身帶刀。不過他們是少數民族，所以不太容易被管制。向維吾爾人買東西，他們會騙我們漢人，大家都怕他們。

在那個幽暗的地下通道中，我背包裏的電腦被人偷走了，這在第四章中會提到。我找了幾個維吾爾族的小吃攤販後，親眼看見那個維吾爾族小偷被捉到暴打。原本我希望能更好地了解這些維吾爾人，但不久之後即2014年3月1日，昆明火車站發生了恐怖的大屠殺事件，29名漢人遭維吾爾人殺害，這無疑地加劇了長久以來維吾爾族和漢族在新疆的緊張關係。後來，廣州火車站也發生了維吾爾人揮刀斬人事件，隨後政府部門打擊這群人，於是小北的維吾爾人消失了。他們到別處做生意，我再也沒見過他們中的多數人。[37]

越洋商貿城與新登峰賓館相連，其中也有許多吸引非洲商人的各種店鋪。它與天秀大廈不同的是，這棟大樓橫向延伸，而非縱向——你能在兩層樓中一直步行，經過一間又一間的商鋪，全都面向撒哈拉以南幾乎每個國家的非洲商人。我們曾交談的對象來自塞拉利昂、岡比亞、里約穆尼，以及廣為人熟知的肯尼亞、尼日利亞、剛果和安哥拉。總的來講，天秀大廈比較奢華，而新登峰賓館則有些蟑螂出現，令人躲避不及。這個建築群外邊為滿是中國商人的街道，前方則有一個滿是小攤販的廣場。

圖1.6　新登峰賓館前的小販（林丹攝）

這個廣場通向寶漢直街，這是條嘉年華般文化交匯的特別街道，可能是全中國最國際化的街道。這裏有許多標註清真的餐廳，還有一些「非洲餐廳」——意味着它們提供酒類，因此可以被認為是基督教而非穆斯林的。也許剛從非洲來的商人還在倒時差，所以寶漢直街晚上才開始活躍起來。這裏街上的非洲商人和叫賣的小販交織在一起，經常凌晨三點還擠滿了人，彷彿是個不夜城。

圖 1.7　寶漢街景一（Gene Parulis 攝）

圖 1.8 寶漢街景二（Gene Parulis 攝）

　　然而在 2015 年，當局在寶漢直街重新鋪路，派出所顯然易見，多數為維吾爾人的街邊小販也消失了，儘管他們當中一些人轉到店鋪

做生意。2015年6月，我問寶漢直街一間店鋪的中國老闆對這些變化有何想法，他的回答有些模棱兩可：

> 這條街更安全了。兩年前，有些做小偷的新疆人在這裏偷了我的手機。但從另外一個角度看，街上有小販的時候這裏會來更多人，有更多的非洲客人。由於警察進行打擊，更嚴格地控制入境，這裏的客人少了很多，我的生意也沒以前那麼好了。

寶漢直街後面是中國人稱作的「城中村」，那是舊登峰村的一部分，其中八尺寬的昏暗通道錯綜複雜，讓人無法找準方向。通道的兩旁是三四層高的房子，因為租金較便宜，業主現在將其租給外來打工仔。這裏還有一些攤檔和小店，非洲人會來此處打國際長途電話或買食物。也有一些非洲人在此居住。

當你從村中的羊腸小道走出來，會突然來到一條有着一條河道的大街，四周有一些印度餐廳、大酒店和購物商場。很顯然，這裏的越洋商貿城原本為印度人而建，但現在主要服務非洲人。正如我多次入住的東悦酒店，有時我在內裏的酒吧與印度商人聊他們的生意，有時還要躲避性工作者(發生在電梯裏的一件事情讓我至今難忘。對方説：「你好，我是來自哈薩克斯坦的朱莉，要睡我嗎？」)。我問過一個印度男人：為什麼這裏的印度人這麼少，而非洲人卻這麼多，跟幾個月前不一樣？他説：「哦，印度人都去住好一點的酒店了，非洲人來的時候，印度人就走了。」這種變化與過去幾十年來許多美國城市周邊地區的人口轉移並沒有什麼不同，但在這裏流動的是暫時的訪客，在幾週和幾個月間轉換住所。這個社區有一家「天空咖啡廳」(Sky Café)，這是一間酒吧，也是一家有露天餐枱的非洲餐廳。2014年世界盃足球賽的時候，這裏半夜12點、凌晨3點和清晨6點都播放着賽事。每逢有非洲球隊出賽，這裏都聚集着很多觀眾。有一次尼日利亞隊莫名其妙的被吹罰，咖啡廳的一張桌子因此被打爛。

鄰近寶漢直街的是童心路，路邊栽種了樹木，是一個居民區。街上有十幾間接待商人的小賓館，還有一些租給非洲人的公寓。在廣州的許多街道，外國人不能合法登記居住，但在這裏他們可以，儘管日益漲價的房租令許多人不得不離開。這裏商鋪組合很有趣，有些店只為中國人而設，其他的店鋪按店名來看則主要面對非洲客人，例如內羅畢酒店和非洲商場。這裏的酒店不論其名稱是中國的還是非洲的，只要憑酒店大堂擺放着大堆等着運往貨倉、機場或港口的箱子，就能一眼辨認出是以商旅為客源的酒店。沿着童心路走下去，有一間為非洲人服務的非政府組織。因為那裏有很多標着「沃爾沃」(Volvo) 廣告牌的汽車服務店，非洲商人則稱這個街區為「沃爾沃」，這個地方也以毒販聚集地而聞名。

另外還有一個更重要的地區，它在地圖和學者論文中被稱為三元里，在那裏工作的非洲商人稱它作廣園西，因為它位於廣園西路。我在本書稱它作廣園西。這個地方位於廣州火車站以北，距離小北約兩公里多，該區域內有幾座擁擠的貿易商廈，彼此之間隔着一條馬路。到小北的人大多來自非洲各地、阿拉伯世界和中東，穆斯林比基督徒多一些。但在廣園西，多數是尼日利亞的伊博人，信仰五旬節派基督教。相比之下，小北的夜市生機勃勃，而廣園西的白天則更有人氣。廣園西有幾座大型貿易商廈：通通商貿城是一棟黃色外牆的大商場，有麥當勞和肯德基；另外還有天恩服裝城、唐旗外貿服裝城、迦南外貿服裝城和盈富外貿服裝城，幾乎全是尼日利亞的伊博商人。

我們開始做這個研究之際，這些樓宇裏的店鋪經營者主要是尼日利亞人，售賣服裝、鞋子和其他產品。但在2013年8月，警方開始嚴密打擊逾期滯留者。廣園西的許多尼日利亞人均逾期滯留，他們的存在即為犯法。當警方嚴格執法時，廣園西變成了中國人的地方，店鋪伙計變為中國職員或尼日利亞逾期滯留者的女朋友，他們可以安全地留在那裏。如今我們在廣園西見到的非洲人通常要麼是顧客，要麼是合法的商人；曾經熙熙攘攘遍佈非洲人的小北也變得較為

冷清。長久以來廣園西是一個有趣的研究對象，一是因為那裏很多人是逾期滯留者，也因為那裏的強烈基督教氛圍（商場走廊裏有即興的傳教活動），還因為那裏年輕中國女性與尼日利亞男人之間的戀愛關係，而這方面小北並不明顯。如果你想見證中國多元文化的誕生，廣園西也許是中國的最佳地點。2012年至2014年間，廣園西頗有生機，但在我們寫作之際它已經沉寂了。

最後一個地點是廣州交易會。這個每年舉辦兩屆的活動，在廣州市內另一個不同區域的大型展覽館舉行。造訪廣交會的商人大多是亞洲人和高加索人，而鮮有在小北和廣園西出沒的人。每年11月和4月的廣州交易會給小北造成的主要影響，是酒店入住率和價格大幅上漲，尤其是較高檔的酒店，餐廳生意也紅火不少。有一個星期，我們來到阿拉伯巷的一間土耳其餐廳，店內空空如也。一個星期後的廣交會高峰期，它又完全爆滿了，幾乎找不到座位。但在幾個星期後，餐廳又再次變得空蕩蕩。

本書研究如何進行

這本書是基於幾位作者共同研究的成果，內容由各人各自寫作完成。2006年至2009年，我研究了香港重慶大廈，它是低端全球化下南亞人和非洲人活動的中心。[38] 我在那裏認識的商人也去廣州做生意，因此我和他們一起去過那個城市。楊瑒（非洲商人稱她為 Nicole），[39] 在2010年起研究廣園西地區那些未被記錄過的尼日利亞商人，並在我的指導下於2011年獲授碩士學位。她從2012年3月起，週末伴隨我去廣州做研究，我們當時希望最終能合著成書。我在2013年7月獲得一項研究基金，讓我能有一年時間免除香港的教學工作，能在2013年至2014年間在廣州生活。此時，林丹（非洲商人稱她為 Linessa）開始在我的指導下做博士研究，題為小北的中國人與非洲人的人際關係；這時我們不太可能各自獨立研究，因為事實上我們

同在廣州研究着同一小群人(儘管她的論文主題最終與本書主題大相徑庭)。[40]我們三位作者曾有數個月共同研究,直至2013年秋楊瑒在香港的工作令她無法繼續參與研究,後來我和林丹繼續研究直至2014年7月。隨後,我繼續在週末造訪廣州。

因此,這本書基於楊瑒從2010年夏天至2013年秋天的研究、林丹從2012年夏天至2014年夏天的研究、以及我從2012年春天至2014年夏天及之後數次造訪的研究。本書由我起稿,並使用了林丹的一些考察記錄及楊瑒的部分碩士論文,另外還有我自己的不少考察記錄。本書的田野考察多數由我們其中兩位、或有時三位同時進行(我為與我一起做研究的林丹給了了報酬,但除了日常花銷外,並沒有給予楊瑒報酬)。對於在此書中如何含括林丹和楊瑒的名字,我頗為傷腦筋,最終我同意編輯的看法,在書封面將她們列在「與」後,堅持突出顯示她們的名字,也的確應當如此,因為沒有她們,這本書不可能面世。

有些研究者形容,對在廣州的非洲和阿拉伯商人進行田野考察十分困難,因為受訪者對華裔人類學家很不友善,認為他們要麼是中國政府派來的間諜,要麼是意圖詆毀非洲人的記者。這正是楊瑒最初開始研究廣園西的經歷,當她在2010年夏天嘗試訪問的時候,人們叫她走開,直到有一位非洲商人看見沮喪的她,決定給予幫助。可是,當一個老年白人男性和一兩個年輕中國女性一起進行研究工作時,似乎能排解人們的緊張情緒。2013年春天,我和楊瑒在新登峰賓館外聊天,一個物流中介走了過來,説:「你們的英語説得真不錯,我很久沒聽到別人講這麼流利的英語了……你們是想要寫書的人類學家?我來幫你,我有一個章節的材料可以寫進你們書裏。」他確實這麼做了,雖然讀者不會得知他的名字。

除卻英語的因素,會講流利英語的年輕中國女性也特別能吸引人。楊瑒和林丹在不同場合幾次都被人求過婚,部分原因是她們的英語很厲害,而這是廣州的中國人與非洲或阿拉伯人做生意的語言。求婚者中有希望找女朋友的非洲基督教徒,也有想找第二個老婆的非洲

和阿拉伯穆斯林男人——他們都希望能找到可以幫他們發展生意的中國女性。有時候，我和楊瑒、林丹坐在小北的麥當勞，用英語交談，當我去了一趟洗手間回來，發現她們身邊圍着非洲商人，這些人聽到她們講英語，於是想更進一步認識她們。接着，我回到桌子旁，把這些年輕男人的話題拉回到關於他們的生計和生活上。也許這種人類學研究的模式令人懷疑，但卻非常奏效：我的出現挽救了被公開追求的楊瑒和林丹，但也正因為她們，我才有機會與年輕的非洲商人說話。

我們總是隨身攜帶錄音機，時時等待機會，徵詢交談的對象是否能進行錄音。當我們不被允許時，我們會在談話後走到一個不顯眼的角落，錄下我們對剛才聽到事情的複述，並糾正彼此可能誤會的細節。這些錄音的轉錄文字總共有47萬字，另外還有林丹附加的一些轉錄文字，皆為本書的基礎。本書中的引述來自我們訪問他人的錄音，改述文字則來自我們在交談後所錄下的複述錄音。

我們樂意告訴別人自己是人類學家，我曾送出十幾本關於香港重慶大廈的書籍給廣州的受訪者，讓他們知道我們在做什麼，因此如果有人看到我們在錄音，也不會出現什麼麻煩，因為我們身邊的人要麼知道我們在做什麼，要麼根本不在乎。有一次，我在餐廳裏對一名受訪者進行錄音訪問，他顯得十分沮喪，說：「每個人都會看見這個東西的！難道你不明白中國警方會發覺你在做什麼嗎？他們會監視你。」事實上，我有幾次被查過護照，以確認我待在廣州是否合法。很顯然，中國政府不知道或不在乎我們正在進行關於非洲人和其他外國人的敏感課題研究。

我非常感謝與我們交談的人，他們付出了時間，訴說他們的故事。但同時，我認為必須謹慎地保持一定距離。我們曾參加一個在中國舉辦的學術會議，在此我轉述一位尼日利亞基督教牧師的話：「你可以寫關於廣州尼日利亞人的事情，但只能寫正面的東西，不能寫負面的。」我不同意。我寫書時對我們認識的商人抱有同情心，希望通過文字能表達出來，而我必須說出全部的真相，不論我怎樣在掙

扎中詮釋、以及後果如何。同時我需對受訪者和讀者負責，盡我所能全面和深入地叙述我所理解的受訪者故事。

最後，我還想說兩點事項。第一，這項研究主要關於外國人，雖然中間提到中國人的言論，但研究針對外國人、尤其是非洲人的在華經歷，他們是在華外國人生活的縮影。[41]第二，此研究不以重要人物為重點，包括官員、機構領導等，因為已經有許多反映官方觀點且不確切的大眾讀物描寫過廣州的非洲人和其他外國人。為了避免這種表述，我們在訪談中盡量貼近生活，與不知名的人們交談（除了第七章中的牧師夫婦，我們得到了表明其身份的許可）。所以，我們致力於真實地描寫廣州的低端全球化，以及中國最多元文化城市裏的中非和中外關係。

註釋

1　國務院人口普查辦公室，國家統計局人口和就業統計司：《中國2010年人口普查資料》（北京：中國統計出版社，2012）。還可參考Haugen（2015）。

2　http://www.ecns.cn/2014/09-05/133210.shtml.

3　"Where do Foreigners Live in Guangzhou?" 5 September 2011. http://www.lifeofguangzhou.com/node_10/node_35/node_163/node_378/2008/11/28/122785830456063.shtml.

4　"34,000 Foreigners Currently Reside in Guangzhou," 25 October 2013. http://www.echinacities.com/news/34000-Foreigners-Permanently-Reside-in-Guangzhou.

5　http://english.gz.gov.cn/gzgoven/s3616/201008/770744.shtml. 這是中國廣州政府門戶網站的英文頁面，資料來源於2010年。

6　"Gang of Foreigners Busted in Guangzhou," *China Daily*, April 29, 2015. http://www.chinadaily.com.cn/china/2015-04/29/content_20578271.htm

7　Mathews（2011）; Mathews, Ribeiro, and Vega（2012）.

8　中國政府承認國內有56個民族，少數民族佔人口8%。然而，中國有92%的人口屬於漢族，因此應該可以稱中國為單一民族及文化的國家。

9　Ikels（1996）.

10　Pieke（2011：44）.

11　Dikötter（2011）.

12　Blussé（2008：5）.

13　Wyatt（2010）.

14　Nield（2010：122）.

15　Wyatt（2010：50）.

16　Vogel（1969：18）.

17　Matsuda（2012：178）.

18　Blussé（2008：51）.

19　同上。

20　Downs（2014：22）.

21　Hunter（1965）.

22　Robbins（2002：85）.

23　Gaubatz（1998：255）.

24　Ho（2005：50）.

25　同上，頁59。

26　Vogel（1989：4–5）.

27　同上，頁18。

28　He Hui Feng, "Guangdong's GDP May Be Skewed by 'Carry Trade' Stats," Pearl Briefing, *South China Morning Post*, April 26, 2014.

29　「巧克力城」是有些人常用來稱呼小北和廣園西地區的名字。參考 Pang and Yuan（2013）的著作，其中探討了「巧克力城」的來源。由於我們採訪的人從不使用這個名稱，所以我們也不用它。

30　直到2017年春天本文寫作之際，這個地區仍然存在，過去幾年有很大的變化。現在，這個地方更有秩序，也有更多警力，對人類學家而言也沒那麼有趣了。

31　很少關於廣州非洲人的文章詳細描述小北地區，Castillo（2014：244–248）卻寫了令人浮想聯翩的描述。

32　維吾爾族人是講突厥語的穆斯林，中國大約有一千萬維吾爾族人，他們大多居住在中國西部的新疆自治區，而廣州現有數千維吾爾族人。他們的長相和廣州的漢族人很不同，不僅因為他們穿穆斯林的服裝，而且有高加索人的樣貌。

33 此書通常使用人民幣作為貨幣單位。2013年至2014年間，一般6.15元人民幣能兌換1美元，所以這個女人想要大約65,000美元。

34 Bodomo（2012：45）把非洲人和中國人之間的這種交談方式稱為「計算器交流」。

35 Han（2013）分析了廣州非洲人和中國人的多語言環境，她的主要受訪者在日常溝通時使用多種語言。

36 回族和東鄉族是廣州的另外兩個中國穆斯林少數民族，他們不像維吾爾族人來自新疆，主要來自寧夏自治區和甘肅省。回族看起來更像「漢人」，而東鄉族看起來更像維吾爾族人，他們各自有自己的語言。

37 參考Ryila（2011）關於「隱形的中國維吾爾族人」的討論；還可參考Rudelson（1998）及Bovingdon（2010）。關於中國穆斯林少數民族的更廣泛研究，參考Gladney（1996），Gladney（2004），Gillette（2002），以及Frankel（2011）的近期回顧。

38 Mathews（2011）.

39 許多香港學生在家人之間使用中文姓名，在職場或社交場合則使用非正式的西方名字。

40 參考Lin（2017）。

41 儘管此書主要關於中國的外國人，讀者還是可以從中受益，了解中國社會如何演變至今。其中兩本描述當代中國社會的最佳書籍是Spence（2013）及Zang（2016）。現存有許多探索當代中國人生活的人類學民族誌，在此僅僅點出一些出眾的民族誌：Jankowiak（1992），Yan（2003），Zhang（2010），Osberg（2013），以及Fong（2006），當然還有許多其他作品值得閱讀。

第 2 章

廣州的外國人

「中國夢」：八個外國人的故事

我們在尋訪廣州非洲人的三年中，認識了數百名來自五湖四海的外國人，聽他們訴說自己的「中國夢」。正如世界其他地方，廣州的外國人在很多方面也經歷了不平等待遇。從發達國家來的年輕人來廣州這樣的地方或許是為了尋找自我，但那些來自發展中國家的人是想賺錢脫貧和幫助家鄉的親人。此外，在廣州這樣一個對種族背景十分敏感的城市，歐美人和東亞人所經歷的似乎完全不同於非洲人、阿拉伯人和中東人。接下來所述的外國人視廣州為臨時居所，但因為他們來自不同的國家、社會階級、膚色、年齡和性別，他們各有不同的經歷。我將下列人群分為四組，他們訴說了今日廣州城內外國人的經歷有多麼不一樣。[1]

布拉德（Brad）

布拉德是年近30歲的加拿大自由撰稿人，他在第一次見到我和林丹時就說：「我來廣州是為了讓自己洗心革面。」他曾在加拿大做記者，對日復一日報道相同的新聞感到厭倦，於是打包行李來到亞洲。「我在韓國待了兩年，去年來到廣州，在這裏我有比加拿大更多的機

會,可以寫新的東西,開拓事業。」對於在珠江新城寓所內混雜的外國居民,他評論道:

> 單單我所在的大樓裏就有巴西人、土耳其人、俄羅斯人、哥倫比亞人等各色人群。我有一個俄羅斯朋友,他販運蘋果手機的外殼,剛開了一家做這個生意的公司,將產品運到西伯利亞。我的室友發貨到德國,已經在這裏待了六年。我另外一個室友去年底才來這兒,不久前運送了減肥藥片到哥倫比亞,他現在倒賣洗髮水——對,他做仿冒品生意。兩個室友會討論怎樣發貨。我還有一個來自阿根廷的朋友,進口紅酒到中國市場。另外我有一個比利時朋友,拿公司的報酬駐留在這裏,好像是做家電或餐具生意。不,簽證不是問題,不過我們不時要去香港給簽證續期。

> 我來中國的時候,一個人都不認識。我開始做了教師,但後來辭職了,嘗試成為記者。如今我為不同的網站工作,撰寫比在加拿大更廣泛和有趣味的文章。我想學習中文,但這裏的外國人總能找到與人溝通的辦法,不論是通過谷歌翻譯還是朋友。我的一些朋友有的教書,有的經營酒吧,還有許多人做貿易。任何人都能教書,因為他們是白人,而且有大學學位,但他們盡可能從商。很多人像我一樣,來這裏創業和尋找自我。

布拉德有典型年輕人的精神,在世界範圍追求更美好的人生,而不局限在家鄉。與布拉德所說在廣州「洗心革面」的類似故事,或許在近幾十年的香港、東京、首爾也有耳聞。在其位於珠江新城的居所附近,在他的公寓大樓裏,來自世界各地的年輕外國人正在經商,或從中國出口產品,或把產品進口到中國。他說有些朋友從中國出口國際名牌的仿冒品,屬於非法行為,但在現今中國這並不是什麼問題。他的朋友也有其他職業,尤其是那些受過教育和來自富裕國家的人。布拉德所指的年輕外國人是白人,他沒有提到非洲人、南亞人或中國

人。據布拉德講述，即便白人創業或在專業道路上失敗，也總能做英語教師，顯然這主要得益於他們的膚色，而非語言水平。在此文化背景下，不論未來前途如何，布拉德通過英語實現做記者的夢想，而並不需要學習中文，同時還可以尋找自我。

金斯利（Kingsley）

金斯利是在廣州非法居住逾期滯留的尼日利亞人，在廣園西的一家大型商場有自己的店鋪。他經常需要留意是否有警察，因為他們能隨時逮捕他。我們在星期天到他店裏見面，這個日子警察一般不會來。

> 我在中國就像探索頻道自然節目中在池邊喝水的瞪羚羊，而鱷魚等着捕捉它。你在街上、工作間或其他地方打盹兒，醒來的時候也許兩手就被銬住了……我出生於尼日利亞東部，那時是比亞夫拉（The Biafran War）內戰之後的七十年代。我屬於伊博族裔，是伊博人。伊博人在比亞夫拉戰爭中為獨立而戰，戰後尼日利亞政府卻認為伊博人都是叛亂分子，不可寬恕。所以你可以看見，伊博人都想在國外尋求生計。我在九十年代去了利比亞，本想去意大利，但沒成功。我曾申請簽證去瑞士、比利時、德國和英國，結果也去不了。我從沒想過要來中國，來中國是萬不得已的選擇。

> 我曾在尼日利亞一間賣汽車零件的店鋪做學徒，學會些經商技巧。我在2007年首次來到中國，2009年起居住於此，成為逾期滯留者。我有一個中國女朋友，但不知道我們未來如何。中國最大的優點就是每個人都工作，中國女性不像尼日利亞女人，不會留在家中向男人伸手要錢，她們會幫助我。

> 我在這裏做貨運，替客人發貨，不用出示護照就能做這個生意。我也做商貿，但不太容易，我曾在中國上當受騙。有人支

付了優質產品的貨款，但是得到的是中國廠家發出的次等或劣等產品，他們知道貨物一旦到達非洲，就不會被退回中國……上星期，我在拉各斯(Lagos，尼日利亞城市)機場丟失了一件包裏，海關人員打開了我的包裏，拿走了兩個iPad和一些首飾，這些是我客人從中國運回的貨物。這簡直是腐敗行為，尼日利亞到處可見此劣行……不過，我不想留在中國，除非為了賺錢，我一攢夠錢就會回家。

雖然金斯利和布拉德都是身在廣州的外國人，卻幾乎不可能彼此相遇。他們住在不同的街區和世界，儘管他們都得益於廣州的經濟發展。布拉德可以自由地追求機遇，然而金斯利必須耳聽八方，如許多廣園西的尼日利亞伊博人一樣，盡可能躲避警方的視線。他用電話和通過其中國女朋友做生意，因為她不怕現身。他總要躲躲藏藏，但精湛的經商技巧讓他能繼續留在中國賺錢。儘管在中國和尼日利亞都曾受騙，但他因為逾期滯留而不能四處走動，不能跨越邊界。正如許多伊博人，金斯利總想離開尼日利亞，甚至是去他最終選擇的中國。布拉德離開加拿大是由於不安於現狀，而金斯利離開尼日利亞似乎是出於絕望。他覺得自己還沒攢夠錢回家，還無法顯示自己的成功地位，但如果他被警方逮捕，就像探索頻道中瞪羚羊被鱷魚捕獲一樣，他就不得不回家了。布拉德和金斯利代表了廣州外國人的兩極，一個是從發達國家來尋找自我的冒險家，另一個是從發展中國家來尋求生計的拮据商人。

史考特 (Scott)

史考特年約25歲，在廣州經營一家教育諮詢公司。

我在2008年從波士頓來到這裏，當時美國數百家銀行倒閉了。我的家人擁有連鎖店，但生意不好。2008年中國(北京)奧運會開幕，我覺得也許自己應該離開美國，試一下新事物，當年我

18歲。最初，我在一所學校工作了幾年，然後鼓起勇氣開創自己的教育事業。由於獨生子女政策，中國家長非常想讓孩子得到良好的教育，中國的高考體制令上大學的道路難於上青天，所以許多家長覺得可以試試美國，把小孩送去美國的大學。

我很努力地學習中文。如果你沒有「關係」，在中國很難做成事，即使是在美國領事館。這裏有本地職員和外國職員，本地職員才知道發生了什麼事。如果你沒有特別關係，申請簽證排隊就要排上幾個月。在大學也要有關係，我在美國沒有大學學位，如果我在18歲的時候讀一間好學校，也許我能成功，但我當時沒有這個機會。2008年如果我沒有離開美國，現在就會在加油站工作。我因為有「關係」，最近在中國幾所頂尖大學讀博士，因為我幫這些大學賺了很多錢。我希望博士頭銜讓我的名片看起來更吸引人。

有時我很討厭中國人，有些人很沒耐心，我告訴他們要等三個星期，但是他們不想等，每天打電話給我。如果一個人打擾我，還有兩百個人等着找我呢。我不能確定你一定能進某所大學，有時我必須說：「學校拒絕錄取你了。」我告訴他們每一個人：「如果你住在美國，就要適應美國文化，有錢不代表你比別人更好。」他們長期受困於中國教育體制，當他們一到美國就只想玩樂。如果我收到學校通知指學生沒有上學，我就要打電話給家長，也要打電話問學生：「你生病了嗎？沒有。那你抑鬱了嗎？沒有。那你在做什麼？」「我只想去賭場玩……」我有一成這樣不負責任的學生，其餘九成都很出色。

中國是有法律的國家，但是警察什麼都不做。如果你不找他們，他們也不會找你。我開車，但是我沒有駕駛執照，他們也不管。有一次我開車的時候被警察截停，他們要看我的駕照，我回答沒有，他們說：「好吧，你走。」我跟他們講英語，他們

當然不明白。我曾被逮捕過一次，當時我喝得有點多，出租車一直兜圈子，而我睡着了，後來我拒絕按咪錶付錢，出租車司機打電話叫來另外15名出租車司機，他們想殺了我們！我把自己和朋友反鎖在出租車裏，打電話報警，警察逮捕了所有人，包括我們。我們說要打電話給美國領事館，警長說：「我不想出現這種情況。」我們就被放行了。

史考特就像布拉德，在這個新世界洗心革面了。他把中國學生送進自己祖國的大學，而不用告訴別人自己都沒上過大學。他在中國的關係能幫他解決這個問題，讓他拿到博士學位。他與布拉德不同之處在於他努力學習中文，盡力了解中國，可謂是「模範外國人」，而不像本書中的多數外國人，他們通常不了解中國。他受益於美國人的身份，不僅充當美國大學的聯絡人，而且免於警方的騷擾。他開車不用駕照，乘出租車不付錢，因為警察見到他這樣講英語、白皮膚的外國人，不想對他動干戈。在中國史考特基本上不受任何限制，全靠他所說的語言和持有的美國護照。在世界舞台上，美國也許是中國最大的競爭對手；但正如史考特的例子顯示，美國人在中國卻得到極為客氣的對待。

奧馬爾（Omar）

奧馬爾30多歲，來自一個保守的阿拉伯國家。我和林丹第一次見到他的時候，他正在喝茶和吸水煙。當時，他要求林丹做他的第二個妻子，儘管被拒絕的時候他毫不吃驚。我們第二次見面時轉喝啤酒了，他告訴我們：

我在廣州開始喝啤酒，我是來這裏學新事物的！家裏的人不會知道我喝酒。你總是希望安拉會原諒你，我希望祂能原諒我喝啤酒！人心腸都軟，但千萬不要過界，如果你偷了錢，這是不行的，不要拿不屬於你的東西。對，我每天做五次禮拜，我們為禮拜而生。家鄉有很多供人做禮拜的清真寺，這裏只有幾座

清真寺，你有家人，我沒有家人。我在家鄉找不到啤酒，不像在這裏；我在那兒找不到女人，但這裏總能找到。

在中國做生意和世界其他地方不同，很容易找到貨源，你只要寫電子郵件即可。中國的老一輩不會講英語，但是年輕人會講。廣州是安全的城市，沒有黑幫和罪犯，你可以安心地把錢存在這裏。但是，中國廠家會和客戶起衝突，每次你都能遇到麻煩事，訂了貨（當然是仿冒品），他們就改變了價格和材料，因為他們想用低價留住客戶。當他們拿到兩成的訂金，也許就開始玩弄你了，因為他捉住了你的辮子，你跑不掉了……當你自己剛來這裏的時候彷彿雙目失明，我有些同鄉人娶了中國老婆。如果娶了中國人，就有更多生意了！但這很可怕，我痛恨中國女孩的一個原因是她們太喜歡錢了，我這輩子從沒見過其他人這麼愛錢！

我來中國已有兩年，主要替中東客戶做商貿中介，顧客付的中介費就是我的收入來源。我只需要十個大客戶。有些商人從我的國家帶來一兩百萬美元，有些只帶了一兩萬美元，他們在酒店吃住花費上五千美元，剩下的錢用來進貨，他們每兩三個月可以賺兩萬美元的利潤。他們以3.5美元的價格買入一樣東西，然後以9美元或10美元賣出──對，有三倍利潤。我收取5%的中介費，對比他們的利潤確實是微不足道。中國需要更多像我這樣的人，但是歐美、澳大利亞這樣的富裕國家不需要我這樣的人！他們不會給我簽證。我想在這裏留三年，然後回去，但是中國政府也許會替我做決定，如果他們不給我續簽證！我曾被迫去馬來西亞續簽中國簽證，當我回到廣州，感覺自己回到了家鄉。中國已經改革開放了，不像過去的共產主義時期，這裏的生意比其他地方都紅火！不過也許幾年後就不同了，匯率越來越差，廠家工人的薪水越來越高，也許商人會轉而到印度、孟加拉或越南。

史考特和奧馬爾都從事中國的出口行業：美國人史考特出口中國學生到美國，阿拉伯人奧馬爾則出口中國產品到中東地區，他們都能從中獲得豐厚的利潤。他們也能在中國做一些在家鄉不能做的事情，例如史考特去考取博士學位，或奧馬爾以喝啤酒來享受另一種生活方式，而這在他家鄉保守的穆斯林社會裏是無法想像的。奧馬爾視廣州為嘗試新事物的地方，例如喝啤酒，也許還能找第二個妻子或女朋友。他就像金斯利，認為在中國做生意很容易上當受騙。伊斯蘭教仍然是他信仰的基石。有一次他喝多了，還努力嘗試游說我皈依伊斯蘭教！他把廣州當作自己的家，儘管他在這裏才住了兩年，但他受惠於當時的匯率水平，也許他最終要從中國轉移到下一個發展中國家貿易的熱門地點。史考特和奧馬爾都在廣州找到了獲得利益的生計方式，但美國人史考特可以忽視中國的法律，但奧馬爾卻因為不受法律庇護而被廠家佔便宜，他更總是擔心自己的簽證問題。廣州也許像個家，但是他能否一直住在那裏，取決於中國政府的想法。

艾米（Emi）

我和林丹在一間餐館邂逅了艾米和她的朋友，當晚我們一直與她交談。她來自埃塞俄比亞，到廣州主要參加廣交會。年近40歲的她，丈夫是資訊科技專業人士，並在阿迪斯阿貝巴（Addis Ababa）育有一個兒子。她在那裏經營了幾間售賣女性服飾的精品店。

我在廣州已經住了六天，來中國以前我在曼谷驗貨。我已經造訪廣州幾次了，但我不太喜歡中國，在這裏做生意很容易被騙。曼谷人也許會騙你錢，但在中國，你拿到的產品質量都頗差。我擁有大學商學院學位，在歐洲也受過教育，但中國人覺得我就是個窮非洲人，所以他們不為我們製造優質商品。我不是說中國不好，我在迪拜也有相同的經歷，阿拉伯商人告訴我：「你不會買這些昂貴東西的。」他以為因為我是女人，不懂

得做生意，就像中國人一樣以為非洲人都是窮光蛋，但是我知道自己在做什麼。

我在曼谷和其他地方找到自己喜歡的服飾，然後在這裏製造我個人品牌的仿冒品，家鄉的人不在乎這些是不是仿冒品。對，我的顧客屬於中產階級，他們比較富有。埃塞俄比亞人都以為中國製造的產品質量就是差，但我想告訴我的客人有些中國製造的東西很好，只要你願意付錢。埃塞俄比亞是一個絕佳的國度，你應該來造訪我們！是的，我們的政府做了些壞事，但那裏是個安全的地方。我想賺錢，不過對我來說旅行比賺錢更重要，去旅行和看世界是多麼美妙啊。我不住小北，而是入住較大的酒店。這裏很棒，不過太貴了！

廣州的女商人往往來得快、走得也快，逾期滯留者和長期居民幾乎都是男性。艾米代表了逗留時間較為短暫的女商人，但她在其社會階級並不多見。她屬於非洲的上流階級，旅行的目的是娛樂多於經商，而且她尋求優質的中國產品，以賣給中產階級的顧客。她的中國廠家不明白這點，正如她的迪拜廠家一樣，顯然出於大男子主義，以及誤以為所有非洲人都只要低於標準的產品。艾米賣給埃塞俄比亞客人的中國產品是高質量的，儘管它們是仿冒品，但她讓那些有錢顧客知道中國也製造優質貨。因此，她是中國產品在埃塞俄比亞的宣傳大使，但她的中國供應商卻不給力。

漢斯（Hans）

漢斯是西歐商人，1974年後就已經在亞洲了。有一天凌晨3點，我在一間咖啡館裏碰到他，那裏坐滿了觀看世界盃球賽的尼日利亞人，他當時是唯一的歐洲人。後來在36攝氏度的熱天，我和林丹又在一家戶外茶館見到他。他狐疑地打量我倆，終於願意跟我們說話了，條件是我們承諾把他的名片派發給所有他認為我們熟識的公

司。他說：「我能做合併和收購、商品供應、技術規範」，但顯然他沒有辦公室。他稱自己只為大企業工作：「25個人的公司？那是我接觸到規模最小的了。」他為那些想進入中國市場的歐洲企業提供諮詢服務。

他曾經與一名泰國女子有事實婚姻，育有一個兒子，但妻兒都死於2004年的印度洋海嘯。他告訴我們：「為了逃避那一切，我搬到了中國。我在歐洲的電視新聞看到海嘯，我們住在那個海灘邊，我知道一個海浪把他們捲走了。」他的故事太戲劇化了，但他訴說的神態令我們感覺確實是真的。他想再婚：「我不願意孤單地離開這個世界，但我不想娶中國姑娘，因為我不相信她們，她們被家人所逼。西方人對愛情有一套道德約束，但中國女孩就沒有。對，我的夢想是再次結婚生子，我已60歲了。」

漢斯住在小北最貧困的登峰村。我問他：「你住在這裏是因為沒錢，還是因為你比較古怪？」他回答道：「其實兩者皆有。」儘管他住在非洲人聚集的地方，卻絲毫不喜歡非洲人：「白人和非洲人的區別在於，白人有道德觀，而非洲人卻沒有，他們甚至對自己的兄弟撒謊。」他也非常不喜歡中國的年輕人。他在遇見我們之前曾與一名中國男子開會，那個人的名片印有博士頭銜。漢斯看了那個人的簡歷，發現其中文寫得非常不專業，他們再次見面的時候，漢斯告知了那個人。他對我們說：「中國企業會聘請從西方大學畢業的中國年輕人，那個人一定非常傲慢，什麼東西都不曉得！」漢斯很想找一個懂技術和有語言功底的中國合夥人，他承認自己的商業價值並不高，但歐洲企業為什麼要聘用他，而不去聘請一個中國人？大公司怎樣才能找到他這樣沒有辦公室的人？他還在摸索中。

我們不清楚漢斯所講的故事有多可信，但大致感到他的人生確實如他所說的，他脫離了正常生活的軌道。熟悉亞洲的歐洲人曾經在企業顧問市場很吃香，但隨着數十萬計持有外國大學學位的中國「海歸」回國工作，那個時代已經過去了。漢斯不是像一些我們認識從發達國

家來到中國工作生活的外國僑民般是酒鬼，也不像其他一些人是性成癮者。他的時代已經過去，除非碰上好運，否則就在異域身無分文地老去。

艾米和漢斯的例子告訴我們，廣州的外國人並不以國籍、膚色和性別來界定：艾米家境富裕且受過教育，儘管她是來自世界最貧窮國家之一的黑人女性；而漢斯既貧困又徹徹底底地處於絕境，雖然他是來自富裕國家的白人男性。艾米因為其非洲女性身份在廣州備受歧視，但漢斯卻因為其歐洲男性身份而得到好處。不論如何，艾米是國際精英，擁有美好的現在和未來；而漢斯儘管會吹牛，其人生卻似乎陷入向下滑落的旋渦。國籍、膚色和性別確實重要，但在他們的生活中，最重要的是國際社會階級和人生發展方向的變化。如果不是因為印度洋海嘯，漢斯現在也許是住在泰國沙灘旁的幸福住家男人，但他的人生之路並非如此。

薇薇安 (Vivian)

薇薇安是非常年輕的肯尼亞女性，她付佣金給中介來到中國當教師，可是這個夢想從未實現。

> 我是這樣來到中國的，他們告訴我們能來這裏工作，我付了3,500美元。我們從北京坐了三天火車，去到一個窮鄉僻壤——整整三天，不能洗澡，沒有食物。他們答應我們有月薪7,500元人民幣的教職，但根本沒有這個工作。我不會詆毀那些妓女，她們也許也像我這樣來到中國，家鄉沒人給她們錢，而我姐姐送錢來讓我度過難關。那個肯尼亞女人害我至此，我真想掐死她！她在肯尼亞進了監獄，也許她認識警官或者是誰，入獄沒多久就出獄了。我後來的生活還算不錯，在廣州找到了工作，在一間貨運公司做前台。五年後我會去哪裏生活？邁阿密的公寓，或者泰國的沙灘小屋。

她曾嫁給一個歐洲人，與他分手之後，因為害怕對方來肯尼亞跟蹤她，於是逃到中國。我問她未來職業前景如何，她提起自己有可能成為性工作者：

> 我是否考慮過這種類別的工作？唉，你不知道怎樣才能找到有錢人付給你可觀的價錢。如果站街的女人當晚收入不錯，能賺200元人民幣，一個月下來扣除雜費，就只有3,000元，這不過是賺零花錢。也許你能掙更多錢，而這取決於你的階級以及覓食地點。高級夜總會只服務白人和中國人，我曾嘗試走進去，但被告知他們出於名譽原因不允許黑人入場，除非我認識那裏的人。

> 為了進入這個行當，我必須穿着得當，我已經有假髮和假指甲了，現在只需要化更濃的妝和穿得露骨一些。性工作者停不下來的，因為掙得不錯！好比你偷了糖果，就會繼續這麼做。我沒辦法控制自己存夠錢後會停止這種行為，因為掙得太好了，我寧願坐飛機回家。這棟樓裏，也許99%的人都認為我是妓女，事實上我每天都待在辦公室裏！我在這裏沒有自己的生活，從辦公室回到家只會打開電視。我去過兩次夜總會，我想結婚！但是教堂裏的男生不太好，他們謊話連篇！他們只是躲在教堂裏面！

　　在這次談話的數週後，我和林丹帶薇薇安來到珠江新城的一間酒吧，當時一個有錢的中國公司老闆坐在附近，他問了一些關於她的事情。薇薇安很害羞，且因語言不通，林丹為其翻譯了一個小時後，她開始向他展示自己的模特照，老闆表示會在公司產品冊上登出她的照片。後來，我們得知她並沒有成為公司模特，而是去了一間歐洲餐廳工作。

　　像艾米一樣，許多在廣州的非洲女性都是商人。但在外國商人中男性佔壓倒性多數時，無可避免地出現了性工作者的市場。廣州的性

工作者大部分是中國人，有時候也有中亞人，但如果來自非洲的話，則多數是烏干達人和肯尼亞人。她們有的被販賣至此，有的受到脅迫，但往往都獨自經營着生意。據薇薇安說，她不是性工作者，但由於她面貌姣好，被許多周圍的男人看作是那種人。她的目標更高，追求並和有錢人保持長期關係。她告訴我們自己曾有一個歐洲丈夫，但她覺得對方太年長無趣了，太工人階級了。她為了躲避丈夫來到中國，結果遭到中介矇騙，不過最後走回正道，而她現在要追求更好的生活。儘管她在中國感受到語言和文化上的差別，致使在決策上猶豫不決，但她頭腦十分清晰。也許她能實現人生目標，不僅嫁給富有丈夫，還能擺脫在發展中國家的生活，到更富裕宜居的地方生活。

麥克 (Mack)

25歲的麥克是來自伊朗的資訊科技專業人士，我在地鐵認識了他這個身在廣州的外國人。後來，他向我們講述了自己的故事：

> 伊朗是伊斯蘭國家，我離開那裏的部分原因是不想做那麼多祈禱。在伊朗軍隊中，你必須早上5點起牀祈禱。如果我回國，他們將強制我參軍，他們會在機場逮捕我，拿走我的護照。一名律師建議我在拿到工作簽證之前找一位中國女士，每個月付給她3,000元人民幣以換取假結婚，但那只能給我三個月的簽證。我不想住在中國，在這裏工作還行，但不能住在這裏。我曾嘗試去加拿大，但他們拒絕讓我入境。
>
> 這裏的人第一次見我時，以為我是美國人或歐洲人，當他們發現我來自伊朗，有的態度就變了，開始慢慢疏遠我。對，伊朗有很多像我一樣的無神論者，他們痛恨自己的政府，卻無法逃離……我和中國女朋友相處得很融洽，因為我不用擔心吃豬肉這類的問題。我和她之間沒太多文化差異，只是她想要孩子，而我不想。我們用英語交談……我的包被人偷了，當時

一無所有，此後我住在一名十分虔誠的中東穆斯林家裏，他對我很友好，但他曾兩三次強迫我到清真寺。我想：「你要逼死我了，快點住手！」我現在工作的公司裏，有來自各個阿拉伯國家的人，他們互相說穆斯林的常用祝語「祝你平安」，我卻不會回應他們，只回一句「你好」。對我來說，他們講的東西不存在！有些人會打聽：「這個男人是誰？他做什麼的？」沒錯，因為我是資訊科技 (IT) 職員，所以掌管着那裏的東西。

中國警方沒給我惹麻煩，這裏的警察是民族主義者，他們維護中國人。但他們和我打交道時，也給了我不少幫助，也許他們覺得我像白人，人們不相信我來自伊朗……我愛廣州，因為我在這裏的朋友從世界各地來這裏做事，這是一個充滿機遇的地方！

態度平易近人的麥克，很容易融入廣州的各色外國人社群，除了他所不齒的穆斯林同胞以外。他曾經向我虔誠的東非穆斯林朋友展示自己加入的西方社交俱樂部的照片，其中有成員易服身穿女性服飾進行慈善募捐。他說：「我造訪了其中一個俱樂部成員的公司，他是那裏的高層，我用俱樂部暱稱叫喊他，『嗨，安全套先生！』，他說『閉嘴！』對，這就是我如此愛廣州的原因！」我的這位東非穆斯林朋友嚇了一跳：「為什麼一個成年男子要穿女人的衣服，還用這麼幼稚的名字叫別人？」但對麥克而言，他在提升全球階層等級的生活方式合情合理，儘管他本人並不完全意識到這點：他似乎已經被誤認為是美國人或歐洲人，事實上也將變成那種人了。在我們訪談後不久，他辭去了中東公司的職位，進了一間歐洲進出口公司任職資訊科技專業人員。

看起來薇薇安和麥克也許在各方面都不同，一個是年輕的非洲女性，得到美貌的眷顧或詛咒，一個是年輕的中東無神論者，他逃離了伊斯蘭家園。但他們都努力掙脫自己國籍的約束，薇薇安通過巧妙地展示外表達成目標，而麥克則運用市場需要的電腦技術和自己的言談

舉止——他已經學會西方的舉止方式。正如他開的社交俱樂部玩笑，這對虔誠的穆斯林來説是幼稚行為，但這也意味着他學會了隨意自在的西方社交規範。麥克和薇薇安一樣，正在登上世界舞台。

闊綽的外國人，貧窮的外國人

上述勾勒出的八個人物，形成了一個隨機的組合：我本可以記錄下我們採訪和記錄下來的任何兩百多人。我挑選這八人有兩個具體原因。第一，他們訴説的故事十分精彩。這些人很有趣，不僅因為他們的人生境地，也因為他們很願意講自己的事情，不論是描述令他們陷於困境的悲劇，例如在印度洋海嘯中失去至親，還是想借酒試圖説服我信奉伊斯蘭教，或是優雅地回答一個人是不是性工作者的問題，甚至坦言自己買賣仿冒品、沒受過高等教育等。很多人不會如實説出自己的人生故事，但這些人做到了。為了掩飾他們的身份，我給他們起了化名，有些情況下還更改了其國籍、年齡和一些其他背景資料，只留下他們故事的關鍵元素，以保護他們不被辨認出來。[2]

第二，這些人體現出全球範圍的南北分化，亦即我此後稱之的發達國家與發展中國家的分化，以及這些分化可以怎樣彌合。當然他們每個人有多面性，但我們可以大致分析這八個人。前兩對受訪者，布拉德與金斯利以及史考特與奧馬爾，其中一人來自接近全球層級頂端的北美，另一人則來自接近底端的非洲或中東——這並非取決於他們掙多少錢，而是他們來自哪裏以及掌握何種社會資源。第三對受訪者艾米和漢斯，他們逆轉了種族階級，非洲女性艾米攀至全球頂端，而漢斯則是滑向末端的歐洲男性。第四對受訪者薇薇安和麥克來自發展中國家，他們憑藉自身努力在全球階梯中爬升。我們還可以在個人層面的發達/發展中國家版圖上描述這八個人：布拉德、史考特和艾米位處接近頂端，金斯利和奧馬爾接近底端，麥克和薇薇安正在攀爬上升，而漢斯則向下滑落。這並不反映他們個人的

問題，也不是在説他們有多少錢（例如，奧馬爾也許比布拉德更富有），而是指他們在更大的全球版圖中的位置。接下來，我會討論每一組人的個案情況。

布拉德和史考特是來自發達國家的年輕人，不論是為外國人報道新聞，還是把中國青年送進美國大學，都是希望賺錢及通過工作積累個人聲譽。他們在中國發展自己的事業，而這在他們祖國是無法做到的。史考特説如果自己留在美國，也許現在只能在加油站工作了。他們是追夢的北美人，身處一個也許比美國或加拿大更容易接納他們的地方。來自非洲上流階層的艾米，相對於金斯利和奧馬爾，有着更接近布拉德和史考特的背景，她將優質的中國產品帶給闊綽的客人，但願中國廠家不會欺騙她。艾米來自發展中國家，但她是受過良好教育的世界公民——發達與發展中國家的分化不僅存在於國家之間，還存在於國家內部。

金斯利和奧馬爾也想賺錢及積累聲譽，但方法不同，他們把假冒偽劣產品發貨到非洲和中東地區。這種商貿不一定局限於發展中國家，布拉德的一些朋友也從事這種業務，但正如奧馬爾所説，發展中國家公民更傾向於購買便宜產品。這也是因為中國與美國、西歐和日本不同，製造很多這樣的產品，而這也是廣州絕大部分發展中國家公民正在進行的貿易。即使艾米的產品相對優質，但也是仿冒品。[3]麥克和薇薇安顯然寄望從發展中國家走到發達國家。麥克逃離了伊斯蘭教和伊朗兵役，現在是資訊科技專業人士；擁有美貌的薇薇安令周圍的非洲人以為她是妓女，但這也為她帶來許多機遇。[4]兩人都知道自己應該走哪條路。相反，漢斯的際遇卻是從發達國家來到發展中國家，這位有個人風格的歐洲人，是位亞洲通，但因為個人悲劇和生活在不屬於他的年代，陷入如今的境地。

這是一種相當粗疏的描繪：這些人當然比我的分類更為複雜，我只是藉此展示發達與發展中國家的分化，它在廣州和各色外國人之中無處不有。所有人都身處其中，或多或少都意識到這種混合狀態。

種族與金錢

「種族」是分化發達與發展中國家的渠道之一。前述的言論有着相當的種族主義成分，例如布拉德告訴我們白人在廣州都被假定從事教學工作，麥克覺得警察因為他是白人而態度友好，薇薇安由於她是黑人而無法進入高級夜總會，艾米也因為其黑皮膚非洲人的身份在游說廠家向她供應優質產品時十分困難。漢斯直言：「白人有道德觀，非洲人就沒有。」

很多學術和大眾作品描述中國人對非洲人的種族歧視，由前現代中國人對非洲人的態度，[5] 到探討六十年代至八十年代非洲學生遭受偏見，乃至近期針對中國非洲人的網絡惡毒言論，以及推測隨着中國加大對外開放會否減低種族主義等。[6] 我們也確實見證了種族主義的事件，不論是出於無知（我們在一間廣州餐廳驚訝地看到，一名中國長者大力揉搓一名非洲男子的皮膚，想知道他的膚色會否褪掉），或是直白的羞辱（人們用「黑鬼」叫喚非洲人，儘管有時只是一句信手拈來的稱謂，而非故意的嘲笑），或是對種族的刻板印象（我們聽中國店主說過：「非洲人既不文明，又有體臭」）。另一方面來講，受過教育或富裕的非洲人似乎傾向不會舉報這類種族歧視。一名會說流利普通話、在華接受培訓的東非醫生說：

> 我只和中國病人打交道，他們會問我很多問題，但多數都信任我。有些人只會講粵語，不會講普通話。[7] 我很難跟他們交流，彼此聽不懂對方的語言。我為他們進行身體檢查——這很正常——他們一般都接受，但一些長者卻不。只有5%的病人不接受我做他們的醫生。

膚色較黑，又是外國人，所以曾被某些人拒絕，但人數始終不多。如果黑皮膚成為主要問題，那麼很多像他這樣的人都不能在中國成功發展專業事業。的確，我們不清楚種族主義問題主要源於一個人

的膚色，還只是因為他的經濟水平和國籍。在中國受到歧視的非洲人有多少是因為他們的黑皮膚，又有多少是因為他們的黑皮膚象徵着他們來自貧窮的國家和大陸？我們感覺兩者都很重要，後者至少和前者一樣顯著，甚或更加重要。

上述經歷體現了祖國對這些人有多麼重要，以及他們為「去一個更好的國家」所付出的艱辛。金斯利想去歐洲國家，但沒法獲得簽證，他說過：「我從沒想要來中國，中國是萬不得已的選擇。」麥克和奧馬爾也遭到拒絕，奧馬爾說：「像歐美、澳大利亞這樣的富裕國家不需要我這樣的人！」麥克也提到當中國人聽說他是伊朗人後，就漸漸疏遠他了，但他仍然在日常生活中因此受益，因為「人們以為我是美國人」。當史考特陷入困境的時候，他講起英語或威脅要致電美國總領事館時，警察就會讓步。種族、膚色、國籍和護照的顏色，以多種方式交織在一起。正如一位西非商人告訴我們的：

> 當你走進一間商店或工廠，他們見到你是個客人，就想跟你做生意；但是當你走在外面街上，就會感受到種族歧視。對，事實上中國供應商更傾向提供次貨給非洲商人，這比拉丁美洲商人更甚，絕對的。但相對於種族而言，來自較富裕國家更佔便宜。持有美國或歐洲護照的非洲人，不會被帶到警察局罰款的！你當場就會被釋放，因為警察知道這些人能夠製造一些聲浪，能夠提出投訴。但是如果你拿着非洲國家的護照，你被拘留不會受到任何人的質疑。

很多人普遍以為白人有錢，黑人沒錢。這是過於以偏概全的看法：白人漢斯一無所有，而黑皮膚的艾米卻是富有。可是這種假定，卻有力地影響了中國人怎樣與不同國籍和民族背景的外國人建立關係。在廣州，中國人和大部分其他外國人的意識中，外國人分為兩極：一端是歐美白人，一般能得到不錯的待遇；另一端是黑皮膚的非洲人，他們往往遭受歧視。東亞人，諸如日本人和韓國人，情況更為

複雜，一方面這是因為歷史問題引起民間反感情緒（中國政府從不錯失批評日本戰時暴行的機會），另一方面則因為日本人和韓國人除非開口說話，否則其外貌與中國人基本上難以分辨。南亞人被視為接近黑人，中東人和拉丁美洲人被看成接近白人。

因為這些態度，廣州很多看起來是「白人」的不同國籍和民族人士，包括阿拉伯人、土耳其人、伊朗人和拉丁美洲人，也許受惠於其膚色及接近歐美人的樣貌，麥克就是典型的例子。另一位中東商人堅稱自己是西班牙人，直至我跟他說西班牙語，他卻顯然不會說這門語言。當我問他為什麼這麼做時，他指如果別人以為他是西班牙人，就能得到較好的待遇。一位身在中國的墨西哥商人兼音樂家告訴我：

> 在這個世界，如果你是白人，就能擁有很好的工作。如今廣州城裏，一些烏克蘭人和白俄羅斯人演着「猴戲」，如果你長得又白又瘦，可以假裝成歌手、音樂家、模特。你不需要了解怎樣做這些事情，你看得出來他們也不知道自己在做什麼，不過是擺個樣子罷了。

一名肯尼亞物流中介告訴我們這個故事：

> 曾經有一名泰國女士做貨運代理，為了吸引顧客，她找來一個因丟失了錢財和護照而在曼谷街頭遊蕩的白人遊客。她說：「我會聘請你，而且給你不錯的薪水，你只要穿一身筆挺的西裝坐在我的辦公室裏，用你的電腦上網，開工作會議時跟着我就行了。」很快，那位女士就有了滾滾財運！

他半開玩笑地叫我也去他的辦公室這麼工作。

我方才描述的種族階級不只限於中國，而是全球現象，正如許多學者已撰寫過類似主題，種族在個人觀念及全球發展層次上都起了作用。[8] 在我們訪問過的人群當中，那些擁有發達國家公民身份、但來到中國發送貨物到其出生地的非洲人，膚色和國籍問題對他們而言尤

其複雜。我們遇見一位來自蘇丹的加拿大商人，他於1994年以難民身份移民加拿大，在那裏工作了十年，但覺得當地稅負太重。他來到中國後， 將現成的兒童服裝運回蘇丹。 我們還見到一位來自弗吉尼亞北部的索馬里商人，他的兄弟姐妹身在美國，一個是教師，另一個是會計。但他情願待在內羅畢的索馬里人區域伊斯特利（Eastleigh），因為他在那裏能賺到錢。這些商人選擇拋開在發達國家的生計，是因為他們通過經商能賺到更多錢，而且也希望貢獻他們早年逃離的祖國。

種族歧視不只是黑人和白人的問題，每個群體都有可以詆毀的對象。我在上一章提到，在小北的阿拉伯人和非洲人偶然會對彼此作出種族詆毀的言論。在非洲人中，人們最害怕尼日利亞人，尤其是伊博人。伊博人在廣州非洲人群體中佔了較大比例，很多人在中國非法居留。一名東非人提到：「不，並非所有尼日利亞人都是危險分子，但他們絕大多數都是。他們為了拿到錢，什麼事都做得出，不論是好事壞事，對他們而言都不是問題。對，我說的就是伊博人，我很怕他們！」一名西非商人說：「我愛看尼日利亞電影，但是我不由自主地憎恨尼日利亞人！如果你靠近他們，他們就會殺死你！」我們參加了一間尼日利亞伊博教堂的禮拜，覺得那裏的成員和藹可親，但其他許多非洲人對他們的負面看法卻如此盛行。伊博人給我們的回應是：「我們伊博人是非洲的猶太人，其他非洲人嫉妒我們，就因為我們很會賺錢！」

廣州的最大種族版圖，大致可二分為漢族中國人和外來人。外來人包括了具中國公民身份的國內外來人，例如維吾爾人等，以及來自外國的異族，當中又被分為白人和黑人。[9]這種對白人和黑人的區分無處不在，但相對於假想中他來自窮國還是富國，膚色因素沒那麼重要，而這也許是阿拉伯人和中東人會假裝成歐洲人的緣故。在每一個群體內，又分成不同層次的人：西方人看非洲人時，也許分辨不出伊博人和索馬里人，但是非洲人卻清楚這些區別。這也一如許多其他類

似的區別，比如講法語的人和講英語的人，穆斯林和基督徒，好比中國人也許知道誰是維吾爾族、回族或漢族人。這些對不同群體的區分無處不在。

外國人社區：日本人和尼日利亞人

我在上一章探討了不同外國群體居住或生活的幾個區域：珠江新城主要是歐洲人和東亞人的社區，相比之下在沒那麼富麗堂皇的小北住着非洲人、阿拉伯人和南亞人，尼日利亞伊博人在廣園西經商。這幾個族群社區的存在，並非源於公然的種族歧視，而是因為金錢。珠江新城的酒店房租每晚往往高達逾1,000元人民幣，而小北的酒店房租每晚則不到200元。這些不同的社區，是廣州不同社會背景和經濟水平的外國人的聚居區。在這個尚未完全接受外部世界的城市（和國家）裏，人們的階級分層非常明顯，分為富裕的歐美及東亞人，以及沒那麼富有的發展中國家人士。這個因素將這些不同群體按其社會經濟地位分佈在不同社區，廣州其餘地方則留給中國人。

但這並不只是某個區域的問題，而是全球社會階層中不同族裔和國籍人士的經歷。比如，讓我們比較一下廣州的日本人和尼日利亞人。日本人也許是城內為數最多的發達國家人群，人數約為6,000至1萬人。[10]他們當中很多是日本汽車、電子產品或其他企業派遣的男性商務僑民，他們攜家眷住在廣州，這裏有供日本僑民子女上學的日本人學校，也有日本婦女的團體。廣州的日本人隸屬於這些大型機構，基本上能像在日本國內一樣正常生活。他們隨時能接觸到日本媒體和日本組織，獲悉日本、中國及廣州的資訊。如果日本企業員工遇到簽證問題，或與中國政府部門打交道時出現問題，中國僱員能幫忙處理。

研究廣州日本僑民的學者青山玲二郎（Reijiro Aoyama）告訴我，住在廣州的日本人對空氣污染問題最頭疼。中日之間的緊張政治關係對這些僱員的生活幾乎不造成影響，對廣州的日本人也沒影響。儘管在

政治緊張的時期，也許有人聲稱日本公司會讓所有員工返回日本，但謠言終歸是謠言。日本企業擁有商用的虛擬個人網絡(VPN)，[11] 日本企業職員一般居住在他們自己的外籍社區裏，因此中國網絡封鎖對他們沒有太大影響。這些日本企業職員也許沒有中國朋友，儘管他們有很多下屬是中國人。他們的妻子們往往對中國文化更感興趣，會學習中文或中國文化精髓。那些企業職員在廣州通常住兩年至五年，然後調回日本。除了這些「主流日本人」外，還有許多日本人不是企業職員，而是學習中文的大學生，或者是獨自來廣州工作、教書或學習的年輕人，多數是女性。不過，人數最多和影響力最大的日本人群體仍然是那些企業職員及其家屬，他們在中國工作，直至返回日本過常規生活。

尼日利亞人也許是廣州為數最多的來自發展中國家的外國人群體，相比日本人他們有一個迥然不同的特點。幾乎沒有在廣州的尼日利亞人供職於大公司，他們孤身來到此地，通過貿易賺取財富。這些尼日利亞人多數是年輕的伊博族男性，在尼日利亞完成學徒工作後，僱主付給他們一筆錢，他們用這筆錢獲得中國簽證，飛來中國碰運氣，最初在商鋪打工，之後也許自己開一家店。尼日利亞人很難拿到續簽，於是很多人成為逾期滯留者，正如金斯利。尼日利亞伊博人社群內最重要的紐帶是教會，他們也許每週數次參加教會活動，教會為他們提供道德航標。如果說日本人幾乎從不需要擔心警察問題，尼日利亞伊博人則總要為此擔驚受怕。

這些尼日利亞人和日本人還有另一個明顯的不同之處，後者受到企業的保護，在日常生活中也許不必和中國人有所來往，前者卻必須每天與中國人打交道，不論是在工作場合還是居住地。因此在非洲人、阿拉伯人和其他發展中國家的人群中，尼日利亞人可謂廣州國際化的領袖。廣州很少有中日婚姻誕下的小孩，但顯然有數百名尼日利亞人和中國人的混血兒。很多日本人只會講日語，很少外國人會說中文，但是尼日利亞人、大部分非洲人及阿拉伯人會以英語與中國人交流。廣州的華人也許更喜歡「白人」而非「黑人」。在來到城裏的人中，

他們更喜歡來自「發達國家」而非「發展中國家」的人，一位廣州教授不經意地提起九十年代廣州對外開放時期的往事：「我們希望白人會來到這裏，而不是黑人。」一名中國大學生告訴我們：「廣州人想讓這座城市更加國際化。對，他們喜歡白人、日本人、韓國人，但他們也知道國際化包括窮人和富人。」也許相比富有的外國人，貧窮的外國人才真正推動了這座城市的國際化進程。

謠言的威力

外國人很難理解廣州城內發生了什麼新聞事件，主要因為主流媒體用的是中文，英語報道較為罕見，更不必提法語、阿拉伯語或其他語言的報道了。這也因為即便是中文媒體，也沒報道太多內容，或者報道方式非常官腔，也許會令人起疑。互聯網上的資料觸手可及，大家可以通過電腦或手機獲得資訊。人們可以每年支付大約100元人民幣的費用，通過不同渠道獲得VPN，翻越中國對各類新聞端口和Facebook的網絡封鎖，知道世界各地發生了什麼事情。[12] 然而，要知道廣州城內的新聞卻沒那麼容易。這裏也存在極大的貧富差異，以及發達與發展中國家公民之間的差異。在企業工作的日本人能找到這些新聞，但是尼日利亞人和其他非洲人卻不能。事實上，任何不屬於與外界保持聯繫的外國人，以及不懂中文的人，都不能掌握資訊。對他們而言，謠言已然成為重要的信息來源。[13]

非洲和阿拉伯商人一般使用微信，這是一種中國手機社交網絡應用程式，不論內容是否準確，它是他們獲取信息的主要來源。第5章提到在2013年8月，金龍麗華酒店發生了中國警方突擊搗破尼日利亞海洛因毒販窩點的事件，逮捕了一些人，並可能導致了其他人身亡，據說他們從高樓窗戶跳下（中國對海洛因毒販通常處以死刑）。事件發生後，消息瞬間通過微信傳開，伊博男子被警察逮捕、被按在地上不能動彈的照片廣為流傳。一些尼日利亞人和其他非洲人告訴我們，事件

中有三人死亡——這是早期最多人聽到的死亡數字。但也有消息說有六人死亡，也有說是八人，甚至是二十人，還有人說只有一人身亡或沒有人死亡。翌日，中國大眾媒體報道了這件事，褒揚警方的勤勉，但卻沒有提到死亡數字。這宗事件共造成多少人身亡？誰知道呢？

我們本來會相信中國官方報道，但是較早之前，我得到的許多證據表明，廣州曾有中國小偷槍擊了一位做寶石交易的西非女人，她後來被送到香港的一間醫院接受重症監護，中國媒體對這件事隻字不提。另一方面在香港重慶大廈，曾有一名中國大學生遭到一個印度男人強姦，這件事卻被內地媒體廣泛報道，我在中國不同城市所見到的中國學生幾乎每人都知道這個事件。對於上述案件，掃毒行動導致了對尼日利亞逾期滯留者的全面打擊，人們無法從大眾媒體得知此事，只能通過社交媒體獲得消息。

我們在廣州的這段時期，還聽說了一些其他謠言。中國警方是否因為不喜歡一些人的長相或行為，是否會就地取消他們的簽證？廣州是否曾有一名尼日利亞男子殺害了兩名坦桑尼亞性工作者，並把她們的腎臟賣到黑市？2013年肯尼亞總統選舉時，是否有人在廣州印刷假選票以操縱選舉結果？在2015年底，是否曾有一名中國女子對其加納男朋友私下與其他女性約會感到憤怒不已，因此僱傭中國大漢制服他並切下其生殖器，導致他傷重身亡？上述的首個和最後一個傳言，我們查明據聞確有其事，但中間兩個謠言顯然是捏造的。但問題的關鍵在於缺乏可靠的信息來源，所以非洲和阿拉伯商人、以及廣州所有不是大企業僱員的外國人，都受到網絡謠言和傳聞的影響。相反，日本企業的職員並不受網絡傳言的影響。幾年前，中美南海爭端造成中國國內局勢緊張，他們面臨是否應返回日本的抉擇，最終只有一家日本公司確定這麼做了。雖然這些日本職員不清楚中國政府的態度，也不了解中國民眾的憤怒，但他們獲得資訊的渠道暢通無阻，並受到公司的庇護。謠言對他們在廣州的生活影響不大，但對我們認識的非洲和阿拉伯商人卻至關重要。

謠言和嘲諷文字的重要影響力不僅在廣州，同時也在時事新聞。2014年6月，索馬里恐怖組織青年黨（Al-Shabaab）在肯尼亞北部地區發動恐襲，殺害了48個人。我們認識的一名肯尼亞人知道他的兒子恰好住在當地，本來我們約他晚飯時做訪談，但他因為要不停給兒子撥打電話，直到終於確定他沒有遇害，因此遲到了一小時。接下來幾天裏，我們和他以及其他肯尼亞商人討論為什麼發生恐襲事件，大家都有五花八門的講法，有人責怪肯尼亞總統肯雅塔（Kenyatta）政權，有人怪罪英國和美國，尤其是被認為向青年黨提供資金援助的美國中央情報局。他們說：「我們不知道究竟是誰做了這件事，在肯尼亞，一個人只要有金錢和動機，都能找來僱傭軍做任何事情。」社交媒體確實助長了陰謀論，我們認識的有些非洲人似乎覺得YouTube或微博上的內容一定屬實。但在此以外，當中國或他們家鄉的大眾媒體報道令人懷疑時，他們會不顧一切地尋找信息。

在廣州和世界局勢下，如果有人能拼湊最為可信的信息，獲知事件發生的緣由，至少他們更有機會生存和發展下去，因為他們可以確定需要擔憂哪些問題，受到成千上萬的威脅時知道應該忽略其中的哪些部分。對於諸如中國警方打擊行動、中國或家鄉的海關執法尺度走向嚴格還是寬鬆、或者是與總統選舉和恐怖襲擊相關的謠言，人們辨析謠言的能力可謂十分重要，這也許能決定一個人的生存和發展。你怎樣判斷一個謠言有多真實？具備常識且有良好渠道吸收外界資訊的外國人，遠較一無所知的外國人更深諳此道，而這也許直接影響他們在中國將如何發展。[14]

外國人對待中國和中國人的態度

我將在下一章探討非洲人與中國人的關係和對彼此的看法，但在本章的最後部分，讓我簡單描述廣州的外國人群體，以及他們如何看待中國和中國人。

對於身在中國的大多數外國人而言，最重要的問題是中國簽證，以及如何能獲得續簽。這並不是所有人都擔憂的問題，大型企業的外籍僱員基本上毋須擔心，他們基本上可以自動獲得續簽。但是對於那些獨自工作的人來說，不論是商人、教師，或從事其他行業者，申請簽證被拒是時刻存在的危機。每個人都關心這個問題，即便是布拉德和史考特這樣的北美人也需一直記掛着他們的簽證到期日。不過，來自發展中國家的外國人對此更加擔憂，主要因為中國出入境管理當局辦理貧窮國家公民的簽證時一般更為嚴苛。

由於廣州的許多外國人經常擔心簽證問題，或成為逾期居留者，他們與中國保持着一種愛恨交織的情感，尤其是那些和中國人有戀愛關係的人，多數是結識了中國女性的外國男性。他也許愛她，也許還戀上她的國家。可是，如果他們的婚姻還不夠長久，中國會決意要他離開，不然會監禁他。一如既往，發達和發展中國家之分顯現出來。我們認識的幾名年輕歐洲和美國男子，都不清楚其女朋友究竟喜歡他們本身還是他們的護照。其中一人坦言：「她比我在家鄉能找到的對象漂亮得多。」如果他們結婚，女方就能拿到該國護照。發展中國家的男子只能靠自己解決中國簽證的問題，麥克的律師建議他考慮「假結婚」（paper marriage），以方便申請簽證。儘管娶中國女子不一定保證獲得長期簽證，我們訪問的許多外國人覺得也許這是有用的，認為這對出入境管理官員批准簽證申請有幫助。

愛情關係以外，一些對中華大地產生感情但卻無法留下的人，也有這種愛恨交織的感覺。奧馬爾說：「當我回到廣州，就像回到了自己的家鄉……但是中國政府也許會替我做決定（留多久），如果他們不給我續簽！」他對「異鄉」可以產生一種深刻的認識和感情，但條件是他要獲得簽證續簽。政府的邏輯很清晰：對於發展中國家的人，更希望他們在中國短暫停留，購買本國需要的產品，然後回國。在這一點上，中國與美日等發達國家毫無區別，都想和較貧窮國家的人保持距離。但是有些外國人不想離開中國，也許他們愛上了這裏某人或這

個地方，或者他們只想繼續留在中國賺錢。中國人用單一民族論——標準的中國論調來看待這件事，外國人始終是外國人，他們不屬於中國這個地方。這也正是讓身在中國的外國人感到自相矛盾之處，他們生活和愛上的地方不會成為他們的家園。

我們詢問遇到的每一名外國人，他們是否有中國朋友。小部分人說有，一般是那些長住中國和會講流利漢語的人，但大部分人都說沒有。大型外企職員的下屬往往是中國人，但這並不代表他們私下就能成為朋友。商人永遠不知道他們與中國中間商或供應商的關係是否算作友誼，還是對方只是為了利益，讓他們放下戒備，以便佔到更多便宜。

我們詢問一位西非商人，他和中間商是否能成為朋友，他覺得這個問題很好笑：「中國人不交朋友，只講錢，中國人不明白什麼是友誼。」後來他提到為何很難與中國人建立友誼，原因是語言障礙，另外就是中國人喝酒和吃豬肉。我們問他：「你不是應該學學中文嗎？」他說：「不，英語才是世界語！」另一位長住廣州的西非人說：「中國人覺得金錢比人際關係更重要，我不這麼認為。對，我沒有中國朋友，也許有一個，我曾經請他吃了頓飯。不，我不會說中文，其實我應該說。我以為這裏人人會講英語。現在我身處他們的國家，因此我應該學中文！」我們很少遇見會講中文的外國人，即便他們已經在中國住了很多年。有幾個人會講中文，但他們都沒有中國朋友，有中國朋友是很令人困惑的事情。他們也許有中國情人，但卻沒有中國朋友。

幾乎所有身處廣州的外國人都將這裏視作世界的未來，這也是本章所述大部分人來到廣州的原因，希望在中國夢裏分一杯羹。即便中國不能成為他們的家園，這個中國夢也是他們的夢想，而這也是他們來中國的原因。

註釋

1　Pieke在2011年寫了一篇關於「移民中國」的文章，認為這能「窺見未來」，至少在某種程度上廣州現在變成了這般景象。

2　本書描述的所有對象都如此，除了第7章中的一個特例外，所有名字皆為假名，往往為了保護受訪者身份，一些其他無關緊要的細節也被更改了。

3　我説的仿冒品，是和真貨一模一樣的產品，包括名牌標籤；偽劣品則仿照真貨的設計，其標籤相異或沒有標籤。

4　有些讀者也許反對這兩位女人的觀點，認為她們屈服於男性或過於討好他們，不論是艾米依附於丈夫或薇薇安出賣美貌。我們理解這種反對意見，但這也是我們看到廣州非洲女性的情況。廣州也有獨立自主的非洲女性，本書之後會提及其中的一些人。但由於非洲的性別規範，她們只是少數。

5　多數意見認為古代中國人對非洲人抱有負面態度，　見Dikötter（1992），Wilensky（2002），Wyatt（2010）；廣州的非洲人當時被作為奴隸處置Wyatt（2010：43–78）。也有説法（Li 2005）認為中國人的偏見是對普遍的外國人，而並非針對非洲人。

6　關於六十年代至八十年代在中國的非洲學生遭受種族歧視，詳見Sautman（1994）。Cheng（2011）也寫了關於中國人對非洲人的網絡言論。Lee（2014：51–53）描寫了廣州非洲人所受的種族歧視，另外還有Presswood（2013）所説的中國國際化如何會驅散種族主義。Dikötter（2015）詳細討論了中國人對種族的看法，他著作的最後一章「種族作為國籍（1949–2012）」尤其有助於為本書所描述的種族間緊張關係提供了背景。

7　普通話是中國的通用語言；粵語是廣東和香港民眾的母語。這兩種語言之間無法溝通，類似西班牙語和葡萄牙語的關係。

8　參考 Bhattacharyya, Gabriel, and Small（2001）和Macedo and Gounari（2005）的作品，其中探討了有關種族歧視和全球化的不同觀點。

9　Lan（2015a）探討了廣州國內外異族的相似性，強調這些人在廣州都有與眾不同的外來人特徵。參考Mallee and Pieke（2016）關於中國「國內及國際移民」的研究。

10　這是青山玲二郎 (Reijiro Aoyama) 估計的數字，一個 2003 年的網站估計大約有五千名「永久居住」在廣州的日本人：www.lifeofguangzhou.com/node_981/node_989/node_997/node_1007/2013/10/25/1382691061146318.shtml。

11　虛擬個人網絡 (VPN) 有助於繞開中國政府對境外互聯網內容的審查和屏蔽。這可以是公司或大學的 VPN，我在本研究期間使用香港中文大學提供給的 VPN，可自由訪問互聯網。此外，也可以像在廣州的許多外國人和中國人一樣，購買由專業網絡公司提供的 VPN 服務。

12　這是 2013 至 2014 年的情況，但之後幾年裏，VPN 在廣州沒那麼好用了，顯然由於中國網絡審查越來越嚴厲。

13　我們借鑒 Harney (2016) 的文章分析謠言，他探討了謠言在意大利那不勒斯的孟加拉商人中的角色。還可參見 Mathews, Lin and Yang (2014：238)。

14　Haugen (2013：89) 分析了尼日利亞人對中國政府的看法，認為其近乎巫術，「這是一股看不見的邪惡力量，導致了一系列社會問題。」如果這個比喻恰當，那麼謠言能有效地牽制這種邪惡力量，至少能有一定警示作用。

第 **3** 章

非洲人和中國人的關係

廣州的非洲商人——概論

本章聚焦在廣州的非洲商人，但「非洲」這個詞只是泛稱。有些身在廣州的阿拉伯人來自埃及、利比亞或阿爾及利亞，他們也是非洲人，但廣州人卻較少稱呼他們為「非洲人」。我在此提到的非洲人，特指撒哈拉沙漠以南的非洲人，直白一點就是黑膚色的非洲人，這也是廣州人說「非洲人」時所指的那群人。我集中描寫這群人，不僅是因為在廣州城裏的發展中國家商人中，他們人數最多，也因為他們在中國人頭腦裏的種族階級中最為顯眼。非洲各國人也許只有膚色相似，索馬里人與尼日利亞伊博人之分好比日本人和印度人，「非洲人」這個詞正如「亞洲人」一樣含糊不清。但是由於中國人和非洲人自己經常使用這個詞，因此我也在書中使用它。在某些情況下，受訪者不想讓別人知道他們的國籍，因此我常常用東非人、中非人或西非人作為他們的標籤。

非洲人移民到巴黎、紐約等地，一些頗有見地的民族誌也描寫了意大利的非洲移民。[1] 由於非洲大陸比世界其他地區更貧窮，即便它近年經濟有所增長，尼日利亞等非洲國家的經商文化仍促使人們到別處尋求更好的生活，如去歐洲、美國以至近年去中國。許多學者及大

眾媒體記載了身在非洲的中國人，[2]但直到最近幾年很少有人寫中國的非洲人。這種情況在過去幾年有所變化，我曾經聽到學者評論道：「在這個地球上，小北有最多的社會科學學者！」一些有趣的文章由此誕生，[3]但奇怪的是幾乎沒有人就此出書，也沒有全面描寫廣州非洲人及其他外國人的民族誌。[4]

我們不清楚廣州有多少非洲人，正如不清楚城市內其他外國人的人數。新聞過分誇大了廣州非洲人的人數，2007年的《廣州日報》聲稱有20萬人，2014年的香港《蘋果日報》聲稱有30萬人。[5]但是在2014年秋天伊博拉疫情爆發之際，廣州市政府被要求提供市內非洲人的確實人數，卻只給出了1.6萬人的數字。[6]2015年《廣州日報》報道，居住在廣州六個月以上的非洲人不超過5,000名（大多數非洲商人的居留期都不會超出六個月）。[7]我看過最完善的學者評估，Castillo估算約有1萬人，這個數字與之前被誇大的人數形成了鮮明對比。[8]研究期間，我粗略估計人數應該在1萬到2萬之間，這個數目在一年中變化較大。非洲商人一般在3月至12月來到廣州，1月或2月中國農曆新年時，中國工廠和商鋪將會閉門放假，於是非洲人會回到非洲，除非他們長居於廣州，或沒錢去其他地方。

九十年代末至千禧年代初，非洲商人開始來到天秀大廈和廣園西，後者早在2002年已有逐漸增長的尼日利亞人社區。1998年的亞洲金融危機是令非洲人前來廣州的重要因素，當年許多非洲商人離開了曼谷和雅加達來到這裏。[9]一名中國商人談論廣園西的尼日利亞人社區時指出，非洲人在廣州的黃金年代是2007至2009年，當時非洲人能輕易通過中介申請到簽證，或是聯繫到工廠或出口企業。一些長期觀察者稱，近年來廣州的非洲人人數有所下降，因為他們愈來愈難取得簽證。但是，估計2009年廣州的非洲人人數在1.5萬至2萬人，大致是我在本書估算的人數。[10]總有商人聲稱，只要他們無法從生意中賺得豐厚利潤，就會立即離開這個地方。一名肯尼亞商人的話與上一章奧馬爾的很相似：「非洲商人在五年內就會消失殆盡，去找更便

宜的貨源，熱潮已經結束了。」也有其他人反駁這種觀點，另一名肯尼亞商人說：「中國會成為全球經濟核心，我們非洲人會在很長一段時間裏成為其中一部分。」

我們估算廣州的女性非洲商人，在任何時段也許都佔非洲商人總人數的三成。有研究批評早期關於廣州非洲商人的分析研究，認為過於集中於男性，而忽略了女性商人。[11] 雖然有一定道理，但以往對女性商人研究不足的最大原因是她們多數不會在廣州逗留太久。我們發現，她們來到中國後普遍逗留約10天至14天就會返回非洲，因此要了解她們較為困難。我在小北住過一些酒店，其客戶主要是女性商人，而非洲男性商人則一般租住公寓。女性商人來購買貨物，然後返回非洲；而男性商人則逗留較長時間尋找貨源和採購，如果能夠的話最終成為運營商和中間商。由於女性非洲商人一般停留時間比較短暫，也許容易遭到中國供貨商和非洲中間商的剝削，因為她們身在中國的時間短，無法檢查已下訂單的貨品。也正因為她們停留短暫，令人難以深入了解，因此本書未能詳盡寫下她們的故事。

正如前文提到，英語是商人使用的通用語，他們基本上只會講幾個中文字，這使非洲商人與中國人之間有一道語言鴻溝。就我們所知，母語為英語或以英語接受教育的人一般不會學習中文，而那些母語非英語的往往很努力學習中文。一名烏干達女性商人告訴我們：「我會和中國人吵架，堅持讓他們講英語，英語是國際語言，中文不是。我對他們說：『你們應該去讀書！』」另一方面，有些講法語的非洲人知道多數中國人不會講法語，所以他們學習中文以便交流，我們認識的最會講中文的是剛果人。不出意外的是，從我們認識的人來看，比起尼日利亞人或其他國籍的人，剛果人似乎對中國印象較佳。

一個不易回答的重要問題是，非洲商人在廣州賺了多少錢？每個商人的情況很不一樣，許多商人並沒有詳細記錄收支狀況，而是將利潤直接投入下一批貨物，因此他們也許不清楚一年間究竟賺了多少錢。除此之外，人們往往誇大自己的盈利，以便讓自己看起來是成功

人士，又或是壓低自己的盈利，以免招來其他商人的妒忌。一名肯尼亞貨運中介説：「與我打交道的商人每年掙五萬美元。一個索馬里人告訴我，如果你每年做生意攢不了三萬美元，就是浪費時間，趕緊回家吧。」另一名東非人説：「你最初投資了多少人力物力決定了能在中國賺多少錢，如果你有十萬美元，並且努力工作，也許一年後能掙五萬或四萬美元。我的兄弟在美國打了17年工，現在卻連一千美元也拿不出手。」另一方面，一名尼日利亞逾期滯留者認為，他所認識的商人一般每年賺1.5萬到2萬美元。也許這是真的，因為他認識的商人都在廣州非法居住，這無疑會限制他們的收入，因為他們必須不斷查看周圍是否有警察，也要保持低調。但即便這個數字也許還是太高，因為許多這些商人都沒錢回家（見第5章）。

不過，在華從事貿易的利潤可謂豐厚，相當於許多商人在祖國收入的好幾倍。我們認識的非洲人幾乎都來自中產階級，沒有人能身無分文來到此地，然後通過中國貿易白手起家，因為乘飛機來中國的機票太貴了，大部分非洲人都無法承擔。來到中國的許多人受過良好教育，還持有大學學位。[12] 一名年輕的西非人告訴我們，有些來自非洲富裕家庭的年輕人被父母送到廣州作為懲罰。「他們在非洲不愛上學，一晚上可以花一千美元飲酒作樂，父母很生氣，把他們送來中國，因為來這裏的簽證比較好申請。很多家長以為他們在中國的生活很艱難。你在中國只能靠自己，變得成熟起來！」一般來説，來到廣州的非洲商人有足夠的經驗，知道如何做生意，儘管他們身處一個神秘而陌生的國度。

非洲商人都擔心自己的簽證問題，此外還有其他的擔憂。一名肯尼亞物流中介常常為同胞提供建議，告訴他們來中國之前應該作哪些心理準備，並因此頗有名氣，他回憶道：

> 如果非洲人想來中國，我會告訴他們這些事。那些初來乍到的
> 人總會害怕未知的世界，堅持讓我去機場接他們，有些人還揣

着肯尼亞現鈔來這裏，以為這是國際通用的貨幣。你在中國哪能兌換肯尼亞現鈔呢！甚至現在還有這樣的人，帶了30萬肯尼亞先令（約3,500美元）。我曾叫另一位客人帶多些美元，以便跟這個人兌換現鈔，我聯繫了這兩個客人解決兌換問題。你必須有這個常識，來的時候要帶美元。

你還需要告訴他們，入境時必須申報隨身帶的鈔票金額，不然如果你用不完這些錢，就不能攜帶超過5,000美元的鈔票出境。如果你在接受檢查時被發現帶了這麼多錢，他們就要你付相當於現金額10%的罰款，因為你入境時沒有申報，不能證明你帶了這些錢進入中國。機場沒有提醒你進行申報的文件，你只能事先知道這件事，尤其是在香港和中國內地之間的口岸。可能有人想從廣州白雲國際機場飛走，發現航班已滿座，於是希望來香港坐飛機，結果他沒留意，帶着錢來到口岸，這就麻煩了，你要付10%的錢才能過關。

另外你必須提防假幣，我有逾十個客人遇到這種麻煩事。一名無知的非洲女士乘出租車去機場，遞給司機一張百元人民幣鈔票。她付出的是真鈔，但司機卻給她換成偽鈔。那名女士慌了，她可能把自己所有的百元鈔票都給了司機，但他卻指都是偽鈔，並把鈔票退給她。事實上，他拿走了真鈔，然後給她換成偽鈔。另外，有些非洲人訂酒店，其實酒店有很多間分店，你必須清楚酒店地址在哪條街，記下酒店聯繫電話號碼……此外，如果你要叫別人製造任何產品，必須要求對方提供樣板，不能只是一張照片，而是要摸得着的樣板，不然他們會做出你不想要的東西……在中國，最麻煩的是溝通問題、黑出租車和偽鈔。如果政府能解決這三個問題，一切能更順利。這些問題導致非洲人對中國人的怨恨情緒。如果在中國遭遇詐騙，像上述例子給換成偽鈔，她回到非洲時見到販賣手機的中國人，就會恨屋及烏。

假如中國人對你作出奇怪或歧視性的舉動，你能如何應對呢？我提到曾有一名中國長者揉搓非洲人的皮膚，看是不是能「搓掉」黑膚色，那名非洲人立刻變得很憤怒，覺得自己的人格受到侵犯，但坐在一旁的我們另一位非洲朋友馬上告訴他：「那個男人很友好，他以前沒見過黑人，不要生氣了，笑一笑叫那人離開就行。」偶爾有中國人見到非洲人靠近時會掩住鼻子，這種舉動非常冒犯，但我們的非洲受訪者認為生氣絕對不是上策。極端情況下，怒火可能會給商人惹來牢獄之災，曾有一名氣急敗壞的西非商人覺得自己上當了，對另一名中國生意人動手，被公司的閉路電視錄像了，結果對方叫來警察逮捕了他。

身在中國的非洲商人最怕做生意時上當受騙。在中國社會，有時多多少少存在不經意的種族歧視，人們大可不必當真；但在商業世界，也許有人合謀要佔非洲買家的便宜，在異國他鄉的非洲人看起來可能懵懂無知，容易受騙。中國供貨商和生意人比非洲商人擁有更多權力，後者往往被前者支配。我拿到一份由盧旺達發展局中國代表處發出的文件，題為「在中國經商的簡介及建議，2013年版本」，其內容十分坦誠：

大家都認為在中國經商是一項不小的挑戰，有以下幾種原因：
首先，這是一個亞洲國家……
第二，其法制水平較低或缺失（例如執行合約）……
第三，中國公司清楚其非法行為不會收到處罰……[13]

「在中國做生意好比在一條蛇的腦袋上跳舞。」一名富有的中非商人告訴我們：「你知道你會上當受騙，問題只是在什麼時候、以什麼方式、損失了多少錢。和你打交道的中國公司任何時候都能玩死你，而你孤立無援。」不過，那些在中國待了一段時間的非洲商人，即便不會講中文，卻掌握了一定的應對之策。除了只與他們熟知的中國公司和供貨商來往以外，他們還有一些其他有創意的手段。一名肯尼亞

中間商提起自己曾經使用錄音筆，暗地裏在中國僱員的辦公室錄下他們說的話：

> 我曾有一個下屬，當我與中國供貨商發生爭執，她會掉過頭來幫那個供貨商，而不是幫我。他們用中文交談，卻不知道我有一支錄音筆。之後，我讓一位中文流利的朋友幫忙翻譯，告訴我他們講了什麼：「這個人是黑人，這裏又不是他的國家，拿走他的錢！」你可不能讓這樣的下屬留在辦公室啊！但現在與我共事的中國人還好，我錄下他們的話，朋友告訴我：「哦，這些人站在你這邊！」

許多非洲商人、物流中介和中間商有自己的辦公室，聘請中國人處理繁多的協商問題和文書工作，但是由於語言和文化交流障礙，他們不知道應該給予這些職員多少信任。上述例子使用錄音筆也許屬不正當手段，但這對他而言卻是不可或缺的，不然他怎麼確定中國下屬是在幫他還是幫中國同胞呢？

非洲商人和中國商人的一個重大分別，是我們遇見的非洲商人幾乎都有虔誠的信仰，不論他們是基督徒還是穆斯林，但多數中國人則沒有信仰。這導致許多非洲商人不信任中國商人，我們經常聽到有人評論：「我怎麼能相信一個不信上帝的人？」與此相關的事情還包括，中國人可能會吸煙喝酒，或享受性服務以慶祝達成一筆生意，這些都是虔誠的穆斯林絕對不會做的。正如一名西非穆斯林商人說：

> 我和中國人做生意的時候，他們喜歡請我吃飯，還在餐桌上給我酒喝。我不喝酒，但我的中國朋友說我必須喝，指這是中國人表示友好的意思。如果我拒絕喝酒，就是拒絕他們的好意，那我們的合作關係就會結束。我還必須接受他們的香煙，並且吸煙。我不理解這些行為，但我有時候只能遵從中國人的做法。

一名東非穆斯林商人也描述道：

> 我和中國人的生意關係不能太深入，因為中國人會請你吃海
> 鮮，然後帶你去喝酒，接著是做按摩，那裏會有一個「美好結
> 局」，他們會叫你挑一個女孩。如果你告訴他們「我不喝酒，我
> 也不想找女人」，他們會覺得「這個男人隱瞞了什麼事情」。我
> 確信如果自己喝酒嫖妓，我和中國人的生意能做得更好。

當然也有許多穆斯林男人喝酒嫖妓，也有很多中國男人不這麼
做，這位商人所說的「美好結局」是一個例外，而並非是與中國人做
生意所必需。但對虔誠的穆斯林而言，中國人的社會習俗對他們的生
意構成障礙，這需要他們在宗教和利益兩者中作出選擇。

商業詐騙

很少有非洲商人敢說自己沒上過中國供貨商的當。正如一名尼日
利亞商人認為，中國人的主要原則在於「騙外國人，但不要殺死他。
他們有權騙外國人，拿走他的錢，做任何違法之事，但不應該殺死那
個外國人」。他說這話的時候有點亂開玩笑。非洲商人所指的商業詐
騙一般不是那種會「殺」死人的程度，即令受騙者身無分文；普遍的
是要攫取更多錢，這種手段很常見，也令人難以應付。非洲商人也許
會盡量提防，在談生意時多加小心，謹慎地檢查產品以及送出的每一
箱貨物，但還是會受騙上當。

非洲買家和中國供貨商，包括在這兩者之間的中國和非洲中間
商，都不時有詐騙行為。非洲買家和中國供貨商都想賺更多的錢，有
些人甚至不惜出賣自己的良心。但是，中國供貨商比非洲買家有更多
的詐騙機會。非洲買家可以通過向中國供貨商賒賬後不付款來詐騙，
而中國供應商則從頭到尾都有各式各樣的詐騙機會。他們的手段包
括：一、在非洲買家面前扮成廠商，而非從工廠進貨的中間商，然後

用較高價格賣出工廠貨物；二、從非洲買家那裏拿走一批貨物的訂金（多數是總價的三成），然後消失；三、供貨質量比最初樣板低，這是最常見的詐騙手段；四、買家就某種樣品下訂單後，供貨商製造出成百上千更多數量的相同產品，然後直接賣給非洲零售顧客，打擊這個買家的生意。

中國的生意人清楚他們能輕而易舉地盤剝非洲商人，他們在這裏是外人。非洲商人也許學不會中國的語言和文化，但至少能小心行事。一名尼日利亞伊博商人說：

> 我來中國買農業機械，這需要我搏一搏，付錢後只有等待⋯⋯當你下飛機後，中國中間商立刻現身。他們跟着你三天，把你照顧得無微不至，甚至願意到廁所裏替你擦屁股！他們傾盡全力，直至拿到你的訂金，然後就消失了。

他關於廁所的說法應該是個比喻，但其餘內容似乎是準確的。非洲商人就算沒有被不誠實的中間商騙走訂金，能夠毫髮無損地與工廠談生意，但還是可能掉進其他陷阱。前文引述的尼日利亞商人告訴我，他在中國做生意學到了一門最大的學問，即不要用中國廠方的翻譯。如果達成生意，廠方翻譯可以拿到相當於利潤一成的佣金，因此會盡可能掩飾有關這筆交易的真相。他說自己聘請翻譯好得多，小北和廣園西有許多大學生，他們很願意做這份賺錢的自由職業。

中國公司詐騙非洲商人的另一個常見手段，是供應比訂貨樣板質量相異或較差的產品。商人有時向供貨商購買現貨，但更常見的是商人自帶樣板到工廠，讓對方製造這個產品。工廠也許會做出較差的產品，如果商人的簽證到期，必須返回非洲，那麼他就進退兩難了。另一名尼日利亞伊博商人告訴我們：「你說要黑色和藍色的上衣，結果他們給你寄來米白色和粉紅色的，都是他們賣不出的尾貨。然後他們就會說：『哎呀，真不好意思，這是貨倉出了問題，你能退貨回來嗎？』你沒辦法退貨，拿到貨物的時候，你已經在非洲了。」

一名尼日利亞豪薩（Hausa）人這麼說：

工廠設計師以前沒製造過我給他的這種產品，也許他原本的設計更省錢，或者比較方便製造。我發脾氣時，他答應按我說的去做，但不同意按之前和我商量好的價錢做，想要更多報酬。我說：「不行！你已經告訴我這個價錢，我也接受了！為什麼你現在要改價錢？」當我給他們設計的時候，有三四成機率遇到這種問題，其餘六成的人都會按我的要求去做。

如果商人在工廠製造產品前或在貨物運出前發現毛病，問題往往都能得到解決。但如果產品已經運出，就難解決了，正如這位商人感同身受：

我上星期碰到了麻煩，中國供貨商說有200件我想要的款式的衣服，我買了下來，讓他們通過空運送過來。我沒有檢查貨品，因為我信任她。我在尼日利亞的兄弟打開了那批貨，發現和我買的東西不太一樣，他說那種產品應該不好賣。但是如果他退回那些衣服，就會損失更多錢。我昨天拿到這批衣服，把貨退給供貨商。她向我道歉，說不知道為什麼會發生這種事情。我要求她分擔一部分損失，但最終她沒有付錢給我們，但給了我製造更多衣服以作補償。因此我虧損了，但金額不是太大，在這一批貨上損失了約500美元。對，我將會再次與她做生意，但我必須非常小心。你要知道，每天都會發生這種事情，我的朋友有很多類似的故事。有時候你一個人很難檢查整批貨品或整個集裝箱，你需要找一個中介幫忙。有時候供貨商不想損失客戶，所以雖然她做不到某件事，卻還是告訴你她可以做到。

這位商人的觀點較為中立，沒有因為自己的遭遇而認定「中國人是騙子」。儘管他想法中肯且待人和善，當我們和他的中國中介一起

吃飯時，那名中介半開玩笑地說他「容易上當」。我們後來問這位商人是不是覺得自己「容易上當」，他卻說自己雖然偶爾上當受騙，但仍然保持樂觀：「我覺得從新一批的服裝買賣，可取得相當於成本一倍的利潤，我希望能賣出一萬件衣服。」

如果一個非洲人和中國商人產生糾紛，大家都明白找警察是沒用的。中國警察不太可能會講英語（儘管據說有會講英語的警察被派駐到小北和廣園西的派出所），但就算非洲商人會講中文，警察也不願介入，除非發生了肢體暴力事件。有幾次，我們看到警方對非洲人與中國人之間的糾紛投訴置之不理，說：「你們自己解決。」一位長居廣州的中非中間商解釋，如果他和別人發生爭端，他會心平氣和地與對方理論，然後打電話給自己認識的中國人，讓他聆聽雙方意見並作出判斷。他之所以能這麼做，因為他認識值得信賴的中國人，但多數非洲商人不認識這樣的人，所以他們只能依靠會講中文的非洲同胞，這個策略就沒那麼奏效了，因為許多中國人不信任從中調解的非洲人。

欺詐手段千變萬化，但是卻很少有非洲商人上當，他們和中國商人、供貨商和廠方的交易似乎都是可靠的。雖然我們從非洲商人口中聽說了一些詐騙案，這些故事被不斷複述，但這是因為其內容給非洲商人留下深刻印象，而非因為它們經常發生。我們問一位中國女商人這些詐騙行為何時和為什麼發生，她堅稱大多數中國人不會欺騙非洲人；但即使有些人這樣做，也是因為「中國廠方認為與這些非洲顧客不會保持長期生意來往，他們覺得不論產品質量多差，反正是一次性的生意」。她還認為在多數情況下，中國人不會欺騙非洲人，但如果非洲人行為不當，中國人就當然會欺騙他們。因此，是否欺騙是由個人自行決定的，你可以騙那些你不喜歡而以後不會再見到的人。[14]

另外，語言問題也引致詐騙指控。合約一般以中文書寫，沒有英語翻譯，非洲商人簽合約時不清楚其中細則。除此之外，非洲商人和中國商人有着完全不同的文化背景，如果雙方沒有足夠的信任，那麼

一點語言上的誤解就足以引發詐騙指控，因為大家都不認為對方存有誠心或好意，這種情況似乎比較多見。

詐騙指控還有另一個起因：在撒哈拉以南的非洲，討價還價非常普遍，人們認為可以把開價砍到很低廉的價格。中國人也還價，但是不會有這麼大的差價。也就是說，非洲商人往往以為供貨商會漫天開價，所以他們會嘗試把價格壓到非常低；中國供貨商希望達成交易，不會設下底價，只會盡可能降價以做成生意，然後為對方提供劣質產品。中國供貨商根據談好的價格提供劣質產品，而拿到劣質產品的非洲商人以為自己上當了，而事實上一分價錢一分貨。

一名消息靈通的索馬里商人用下列語句描述了這種情形：

> 非洲人之所以覺得中國人是騙子，是因為非洲人總要壓到底價，如果你硬是要這麼做，圖省事的中國人當然會壓低價格以獲得利益。價錢被越壓越低，有的非洲人會要求更廉價的產品設計，另一些要看看樣板，然後把價錢壓得更低。中國廠家和批發商不會像歐洲或日本的製造商那樣說：「我們有自己的標準，不能低於那個標準。」市場逼他們更加廉價，討價還價是做生意的一部分，但如果你要還價，你必須清楚底線在哪裏。

一名西非商人笑談這種誤解所導致的結果：「你在非洲會發現，滿大街的垃圾商品都是中國製造的。」另一個更本地的問題是，非洲人常常指控中國人詐騙。有時中國商人的確有詐騙行為，目光短淺地對待非洲商人；有時語言障礙導致了這些詐騙指控，雙方在做生意的文化理解上也有差異。但上述問題歸根結底是缺乏信任所導致的。一名索馬里物流中介說：

> 非洲商人以為，中國供貨商的詐騙行為較實際上更多。我最近深入了解我的中國服裝供貨商，他們是一群誠懇和勤奮的正人君子，只有很少害群之馬。如果說「中國人都是騙徒」，這樣不對，詐騙的發生主要源於買家砍價太厲害。

他的話無疑是準確的，但這種分析卻不完全正確。詐騙指控的深層次原因在於雙方彼此缺乏信任。當跨文化碰撞造成誤解時，他們往往不會把「疑點利益」歸於對方。[15] 真實的詐騙事件確有發生，但更常見的是被標籤為詐騙的誤解和溝通問題。

在此次研究中，我們從未遇見中國供貨商和非洲商人在工廠發生激烈爭吵，但我們見過幾次非洲商人和中國商人吵得很厲害。我在下文敘述其中兩次事件，因為它們反映了非洲人和中國人彼此的誤解。

非洲人和中國人的爭端

2012年夏天，林丹和她的丈夫在一個大型貿易商場見到其中一次爭端，事件有關一樁服裝訂單。中國店主指控一名西非商人沒有為收到的貨物付清款項，而商人堅稱自己已經付了錢。商人無法提供付款收據，而店主也無法證明對方沒有付款。店主程先生和商人倫德爾（Rendell）大聲爭吵了幾分鐘後，走到大廈管理處尋求調解。可是，辦事處似乎沒有人明白西非商人在說什麼，只有林丹和她的丈夫能聽懂。即便是翻譯員也誤解了他的說法，那位翻譯員剛剛大學畢業，不太熟悉西非口音的英語。程先生不斷對著倫德爾怒吼，要求翻譯員把他的話向對方轉達：「你有沒有付錢？只要回答『是』或『不是』！」倫德爾說：

> 我兩天前下了訂金，然後我去其他店鋪繼續採購，我以為自己已經付清餘額，直到他們打電話給我要求我付錢，我沒有收據，但是我有印象自己已經付過錢了。如果他們堅稱我沒有付錢，我會付的，但是我現在沒有錢，因為我在其他店鋪也買了東西。我打電話給自己在西非的辦公室，他們會給我寄錢，而我明天就能付錢了。我會付錢的，不要罵我是騙子，我不是騙子！我在這做了很多年生意，如果你不信我，就不要把貨物給我。

聽到倫德爾的這番言論，50多歲的店主程氏夫婦和他們20多歲的女兒火冒三丈，因為他們已經寄出了貨物，並且付了無法退還的貨運費用。程先生吼道：

這個黑人騙了我們！我們已經跟他做了幾次生意，以為他很可靠，所以他這次付了4,000元人民幣訂金後，我們就直接寄出了貨物。這批貨目前在貨運公司那裏，我們沒辦法把貨拿回來了，因為那間公司已經關門了。也許我們明天也拿不回這批貨，貨也許已經被運了出去，但是這個黑人還是不願意付清餘款，他還欠我們8,380元人民幣！他想騙我們！

那位翻譯不理解倫德爾的意思，告訴大約八名圍觀的中國人：「他沒有錢，沒有訂金。」結果令那些人更加惱怒。最後倫德爾的朋友來到現場，他會講流利的中文，店主也認識他，並且保證會付清餘額8,380元。他以「爸爸」「媽媽」稱呼店主夫婦，說服他們相信他。程氏夫婦強調相信他，但堅持倫德爾必須在今晚付錢，不然他們不會讓他離開。結果爭論再次揚起，直到倫德爾的朋友說他家有這筆錢，他們才同意和倫德爾及其朋友一起去他家取錢。這場爭端在管理處持續了兩小時，接近半夜才得以解決。

爭端解決後，大廈經理告訴年輕的翻譯員：「你跟非洲人不需要談細節，只要問些簡單和直截了當的問題，他們總是胡言亂語，不需要聽他們講。我們的責任是保持商場秩序，客人能來做生意就行。」他又對中國店主說：

拿到所有款項前，你根本不應該寄出貨物。如果客人付了錢，你就應該給他們一張收據，自己留一份副本存底，這樣就不會發生這種矛盾。我可以很清楚地告訴你，如果你和中國商人做生意，根本拿不回你的餘款。

這段話內容既簡單又很能說明問題，粗心大意的程氏夫婦為沒有付清款項的客人寄出了貨物。面對一些熟識的非洲商人，中國商人有時會賒賬，但這個事件不屬於這個類型。另一方面，倫德爾已經把錢花在了其他商品上，我們不知道他是故意欺騙，還是單單忘了這件事，但事實是程氏打電話給他後，他回到了店鋪，也許是因為他忘了。如果他想詐騙，只需要不再露面，程氏就會損失這筆錢。無良的非洲商人有時就會這麼做，而他並不在此列。

程氏夫婦與倫德爾無法溝通，只能說非常簡單的英文，這也是他們不假思索控訴對方行騙的原因，而沒有把疑點利益歸於對方。大廈辦事處只有一名能力不足的翻譯員，以及一名精明但有種族歧視傾向的經理。倫德爾的朋友為他付錢，挽回了這個局面，雖然他在法理上沒有必要這麼做。但是辦事處內許多圍觀叫嚷着的中國人讓倫德爾無法輕易逃離——假如他的朋友沒能現身，也許人們就會叫來警察，而倫德爾可能會被關進監獄。

在這個案例中，中國商人其實欺壓了非洲商人，並將其作為人質。但也有一些情況是非洲人作出欺壓行為。我和林丹當時身在天秀大廈的一間店鋪裏，那裏售賣着廣受非洲女性歡迎的假髮。廣州的一間貿易公司，帶旅居英國的尼日利亞女士露比（Ruby）及其朋友來到這家店鋪。我們旁觀冗長的討價還價過程，露比連續四小時和年輕的中國店員黛西（Daisy）爭論。爭論最初圍繞秘魯和巴西的假髮價格是否應該同價（南美髮質比中國髮質更柔軟，更受青睞），爭論的差價是60元人民幣，也就是不到10美元。這兩名尼日利亞人聘請的中國年輕女中介蒂芙尼（Tiffany），在爭論期間跑來告訴黛西和在旁默默不語的男性老闆，說他們如果不願意降低價格，那麼自己以後再也不會帶顧客來他們的店鋪了。我把蒂芙妮請到一旁，問：「如果中國商人說，『你也是中國人啊，應該幫我們！』，那怎麼辦」她回答道：「我首先效忠於我的非洲客戶。」她還說自己有一位非洲男朋友。

露比仍然堅持自己應該以相同價錢買到所有類別的頭髮，而黛西

表示並不是所有假髮的價格都一樣，由於她要付佣金給蒂芙尼，她不能給出更低的價錢了。爭論持續了數小時，最後黛西屈服了。此時，露比開始索要梳子和手鍊等各種免費贈品。陪同露比的尼日利亞女士悄悄在一旁告訴我：「你知道，我真的覺得她太過分了，生意應該是雙贏的，而不是一邊贏另一邊輸。」

尼日利亞女人離開後，黛西憤怒得渾身發抖，說：

> 我從中午12點到傍晚一直跟那個女人打交道！她不斷地要求打折、再打折，我也給她很大的折扣了！她不斷地說啊說，我簡直不想賣假髮給她了！很多非洲人說：「給我這個，給我那個。」他們喜歡梳子、乳液之類的贈品，他們真是粗暴無理。我們是按規矩送贈品的，但他們有時候不停地要更多。你不覺得非洲人很貪婪嗎？我恨他們！那筆生意大概一萬元人民幣，我只拿到一點點佣金，但我才不在乎呢！我沒有吃午飯和晚飯！對，我不應該生氣，像個小孩一樣，但我已經受夠了非洲客人，我真心不喜歡他們的文化和舉止。但是我還年輕，只是個學生，沒有選擇，我必須繼續學習。

她的老闆告訴我們：「她太單純了，有些顧客很喜歡這樣的女孩，因為他們覺得她不會騙人。她雖然現在沒有經驗，以後就會變得更有經驗的。」

黛西後來告訴我們，當非洲人對她生氣的時候，自己就會害怕。她的個頭也許只有露比的一半，當露比向前朝她大叫時，嚇壞了她，她在露比走後當然會情緒反彈。在之前所描述的爭辯中，倫德爾和他的朋友也被一大群憤怒的中國人所震懾了，他們人數顯然比不上後者。這件事正好相反，露比的體型和聲量比黛西更大。我們幾次見到類似情形，憤怒的中國人圍住一個孤立無援的非洲商人，或者一些大聲吼叫的非洲人和一名中國店員打交道。肢體暴力事件很少發生，但這種恐嚇行為是兩方都不時採用的策略。

上述的兩個爭吵事件部分歸咎於個人層面的不同性格——有禮貌或粗暴的，態度紳士淑女或粗野暴躁的。在第一個例子中，中國人接近於粗野；而在第二個例子中粗野的則是非洲人。這常常與人們的社會階級和受教育程度有關——我們往往見到不論是中國人還是非洲人，受教育程度越高，就越不可能向對方作出敵意的回應，他們的舉止有一定禮數，也就不太可能造成混亂局面。但剛才所見的事例卻不太符合這種解釋：在第一個例子中，受過大學教育的中國翻譯員無法解決問題；而第二個例子，來自英國大都市的尼日利亞買家充當了欺壓者的角色。

　　這些例子反映出，非洲人與中國人在交流中對彼此都有一些基本的假設。中國商人有時認為這裏是他們的國家，而非洲不比中國發達，因此覺得非洲人無知和落後，正如第一個例子。反過來，非洲商人有時認為中國人總是想欺騙他們，所以必須把價格砍到最低，不論令對方多麼憎恨自己，正如第二個例子。這些誤人的文化假設很大程度上導致了中國和非洲商人之間的誤解。

中國人對非洲人的看法

　　非洲人和中國人之間需要有更多的互信，也許非政府組織是促成信任關係的重要中介。在廣州，有一個非政府組織專門促進非洲人與中國人的聯繫。2013年秋天，我和林丹數度造訪了這個組織，他們的首要目標是教非洲人適應廣州的生活，以及教導他們中文。2013年3月至11月期間，約50名非洲人參加了中文課，他們主要來自講法語的非洲國家。我們參加了以英語授課的中文課，其中有七八名非洲人；另外還有15至20名非洲人參加了以法語授課的中文課，人數還挺多。但是該組織的職員似乎對廣州的非洲人所知甚少，除了教中文以外，沒太大興趣幫助他們。有些訪問過這個機構的非洲人對其真正目的有所懷疑，一名西非人說：

職員從來不告訴我們中心(此NGO機構)的真正目的,但我知道他們想做什麼。他們教我們中文,只是給些小恩小惠,然後從我們身上撈更多的東西。我的一些朋友不明白,甚至想讓中心幫助他們續簽證。那正是中心想做的!他們監視我們,如果發現我們簽證過期了,就會捉我們。

他假定服務機構和中國政府有關連,向政府匯報非洲人的事情。確實有一天,他和其他幾名非洲學生見到一名職員和警察合作,在街上檢查非洲人的簽證。這名職員同時也是就讀於本地大學的人類學系碩士生,後來我問這個人,既然作為人類學家和社會工作者,為什麼還要幫中國警察檢查護照。從西方人的視角來看,幫助警察捕捉自己正在研究的對象,而不是幫助他們,似乎是不太道德的做法。他說警察要他做翻譯工作,他覺得自己應該伸出援手,並相信人類學家應該協助國家、為國服務。這種對人類學的闡釋和多數西方人類學家大相徑庭。當他的行為被流傳開來,一些最初對我們保持開放態度的非洲人開始不那麼相信我們了,有人問我們:「人類學家就是做這些的嗎?」我們只能說大部分並非如此,但這裏是中國,非政府組織和人類學家似乎為服務國家而存在(雖然我們認識的很多中國人類學家,強烈反對此類觀點)。

一場促進中非友好的公眾歡慶活動,也許歪曲了廣州中非關係的真實圖景。一名攝影師邀請了非政府組織、教授和其他來賓參觀他的攝影展,他的作品是在小北拍攝的非洲人照片,其中包括未經相片中人許可的非洲人面部特寫。這次活動以中文舉行,不設翻譯。並不令人意外的是,通過服務機構受邀的非洲人都沒有出席活動,除了林丹帶來的一位朋友。由於那位朋友是唯一在場的非洲人,他大為吃驚地被推到台上,代表非洲人對中國電視媒體勉強說一些話。歡慶中非友誼的活動由中國人為中國人舉辦,非洲人只不過是用來展覽的形象。

這次活動顯示出，服務機構對非洲人缺乏興趣，反映在更大環境下中國人對非洲人的態度：「這是我們的國家，不是他們的，為什麼我們要了解他們的國家？他們身在中國，所以應該學中文、了解中國。」因此，服務機構沒有專注於幫助非洲人解決他們的具體難題，而是僅僅教導他們中文。這種態度並不一定在商業機構存在。在我住宿的一間廉價賓館，那裏的職員一直拿着葡萄牙語教科書學習，因為他們的許多客人來自安哥拉；在一間假髮商鋪，我們看到職員經常拿着高階英語教科書學習。顯然在做生意上，人們不會對中文抱有民族主義的執着。

然而，當我們認識的一些中國人與非洲人有更多接觸後，他們更加厭惡、甚至鄙視對方，這在我們的幾次訪談中得到反映。第一段訪談主要由林丹以粵語進行，受訪者是年近40歲的女士美芬，她在廣園西有一間賣兒童服裝和提供國際長途電話服務的店鋪。她說：

> 我覺得非洲人（造訪她商鋪的尼日利亞人）很不講理，但他們是我的客人，所以我不能總是跟他們吵架。我靠他們光顧我的生意，所以多數情況下只會自己生悶氣……尼日利亞人基本上是廢物，但是他們做生意很精明。這裏的非洲人以為我們中國人需要他們，其實這不是事實。如果他們不來，我們可以做國內的生意，沒有非洲人我們的外貿也可以風生水起。我自己寧願掙少些錢，（也希望）把他們全部趕出我們的國家！我很快就不做這行了，我很厭惡他們……對，我有時候跟非洲人調情，但只是為了生意，讓非洲人認為我人好，然後才能一次又一次來光顧。他們每次問我是不是結婚了，我都不回答，只是微笑，我不會告訴他們我有丈夫。（不，我的英文不夠流利，但是足夠讓他們明白我的意思，尤其是我生氣的時候！）

有個男人在她的店鋪裏打了幾次短暫的電話到尼日利亞，每次大概一至三分鐘，最後屏幕顯示他應該支付5.5元，但是他拒絕付款，直接走開。美芬大聲叫他必須至少付2元，他回來付2元後，她認住

了對方的面孔，除非他付清費用，否則不會再讓他使用電話。美芬説自己從國際長途電話生意中賺的很少，但是仍然保留了這個生意，因為她認為這可以招來更多買衣服的顧客。有一次，一名尼日利亞男子和朋友一起，美芬要求他付清之前欠下的200元電話費，還告訴他們那個男人已經多年虧欠這筆款項。尼日利亞男子生氣了，説會殺了她。尼日利亞男子的一個朋友希望制止爭執，替他付了200元人民幣。

美芬依賴光顧她店鋪的尼日利亞人為生，但她瞧不起那些人，主要因為他們沒有付清費用。他們經常欠賬的一個原因是沒有錢——沒法用手機撥打國際長途電話的尼日利亞人，顯然是較窮的商人。但他們也因為美芬是女性，覺得自己能主導她。美芬告訴我們自己會與顧客調情，但這只是為了招徠生意，掩飾自己對那些人的想法，可是正如我們幾次在她店裏見到的情景，她無法掩蓋自己的憤怒。我們於2014年春天與她交談，不久她就關閉了廣園西的店鋪。

廣州的一些中國人和非洲人之間存在調情和相互吸引的元素，這在中國女性和非洲男性之間尤其常見。有些情況下，年輕的中國女性穿着性感，勾引非洲顧客同意生意條約和簽合同。我們常常見到店鋪的中國女職員穿着暴露，我們認識的一名職員曾經只穿黑色熱褲和黑色蕾絲胸罩，其他什麼都不穿。像她一樣的來自外地的女性，來到城裏盡力表現得與其他鄉下人不一樣，但是店鋪女職員為了增加銷售額而這麼穿，似乎是促成成功交易的策略。

我們與30多歲的中國男子比利（Billy）暢談，他會説流利的英語，自2007年起在尼日利亞商場運營着一間汽車零部件商店。

非洲人沒有受過良好教育，歐洲人比較好，因為他們來自發達國家。而且我不理解非洲人的宗教，他們很多是穆斯林，我覺得穆斯林都是瘋子，世界上的恐怖分子九成是穆斯林。我有些非洲朋友會幫我，但是我認為八成黑人都不是什麼好人。非洲人喜歡説大家都是好朋友，但其實他們不會像好朋友一樣對待

你。他們沒給你付錢，就要讓你發貨給他們，說因為你是好朋友，你應該信任他們。我曾經發貨到非洲，「我的朋友」收到貨後沒有付錢給我，現在還沒付錢。如果一個非洲人說你是好朋友，而你又接受了，你會不好意思回絕他們的請求，因為如果你讓朋友失望了，就會沒面子，所以中國人會上非洲人的當。我做生意的底線是非洲人必須在發貨前付清全部貨款。

對，廣州是存在歧視非洲人的現象，但部分原因在於他們自己。我有時在地鐵裏見到非洲人，他們體味很重。我承認自己對他們有負面看法，但大致上還是歡迎他們的，我靠他們做生意，我必須感激他們！如果我不喜歡他們，怎麼賺他們的錢呢？我在街上會幫那些需要幫助的非洲人。

比利的看法比美芬有更多反省的意味，但他也和美芬一樣直白，認為非洲人基本上不值得信賴。他說多數非洲人是壞人，儘管他緩和了自己的語氣，說對方是自己的生意主顧。一天晚上，林丹從一名出租車司機處聽到類似毫不掩飾的說法：

黑人很不好，你和他們講話的時候要當心。我不載黑人顧客，因為曾經有不好的經歷，他們本來應該給20元的時候只給了15元，如果我載他們去很遠的地方而他們不給錢，那我會損失很多收入。我不認為這是種族歧視，這是我的經歷……非洲人不懂得感恩。廣州是中國最開放的地方，歡迎他們這樣的外國人，但是非洲人不關注這點，也不感謝我們，只會發牢騷。

許多這些不滿是因為非洲人沒有支付應給的金額（尤其是尼日利亞人，因為這些訪談來自廣園西），不論是打電話、買汽車零部件、或是乘坐出租車。這有兩個原因，首先在尼日利亞和許多非洲國家，人們在生活中經常有討價還價的習慣，可是在中國，你坐進出租車後就不能跟司機講價了，計價器顯示多少錢就要付多少錢。第二，這些

商人也許沒多少錢，尤其是那些逾期滯留者，他們認為值得為一兩元錢講價，甚至不付錢而離開，即便這會令和他們打交道的中國商人感到憤怒。

我們和另一位中國店主阿梅(May)聊天，她30多歲，有大學學歷，對廣州的非洲人抱有同情心(以及與她有長期合作的一位非洲夥伴)：

> 許多中國年輕人上大學後拓寬了眼界，但是中國的很多老人還沒做到這點，他們沒見過多少外國人。良好的教育會讓人明白，人都是一樣的，生意就是生意。沒受過教育的中國人以為非洲人都很窮，所以不喜歡非洲人；他們喜歡美國人和英國人，因為覺得他們有錢。我讀大學的時候聽過邁克爾·傑克遜 (Michael Jackson)的音樂，很喜歡，我理解了膚色其實並不重要，觀念也因此改變。我以前只覺得所有黑人又窮又做壞事。中國現在漸漸經濟開放了，就像歷史上的美國。好比中國人想去美國，非洲人也想來中國，尋求更好的生活，道理是一樣的，而你通過做生意可獲得不錯的生活。可是在美國，人們說英語，非洲人與美國人可以很容易溝通。而在中國，來這裏的商人不會講中文，只能說英語，但中國商界和政府的人員卻不太會說英語。對很多來這裏的外國人來說，語言是首要問題，但這並不能阻止他們到來，因為金錢比語言更重要。

與大部分中國人比較，阿梅對非洲人的看法更為廣闊。如果更多中國人有她同樣的觀念，廣州將成為多元種族並存的和諧社會。[16]

非洲人對中國人的看法

很多非洲商人表示中國人對非洲所知甚少，正如阿梅提到的，有些非洲商人有時會告訴我們：「他們以為我們全部都又窮又髒。」「他們以為非洲是一個國家，而非一個大陸。」「我必須在谷歌地圖上向

他們指出我的祖國在哪裏。」然而在與我們交談的非洲商人裏，很少人會為其對中國缺乏認知而自責。許多商人還提到自己遭受種族歧視的經歷，例如公交車上的中國人不會坐在他們身邊。一名年近30歲的尼日利亞豪薩商人甘博（Ganbo）告訴我們：

> 不，我在這裏沒受到多少種族歧視。我上了公交車後，人們有時會遮掩鼻子。但是中國正在改變，因為他們見到了很多新鮮事物，他們必須適應。住在小北的中國人和其他地方的中國人不太一樣，他們已習慣見到黑人。但在其他地方，也許人們從未見過黑人，所以他們一直盯著你……現在小北的一些中國人甚至會講非洲的語言。

甘博認為中國人的態度正在轉變，趨向習慣他們的存在，但其他商人卻認為這反令他們遭受更多歧視。年近40歲的肯尼亞商人阿薩德（Asad）很願意就他所見到的種族歧視現象與中國人討論：

> 有位中國女士在這裏工作，她對非洲顧客很不客氣，我問她為什麼，她說：「我不喜歡跟這些人說話。」我問：「你拿誰的工資？我們不是說喜歡不喜歡的問題，這是生意，你必須對顧客微笑！」當我看到肯尼亞政府有多麼腐敗，中國政府看起來不錯，但是這裏的人民不行——你不能信任這裏的人。如果你能信任他們，就不必自己親自來到這裏了！你可以從內羅畢打電話訂貨。大家說中國是世界上的超級大國，但是如果人們的行為這樣，中國怎能稱得上是超級大國？
>
> 中國的毛病在於它是發達國家，但是文明水平不夠，也不夠稱得上是國際都會。中國政府是好的，但是人們並不開放。我喜歡他們的某些方面，例如女人在結婚前不會和男人發生性行為。這跟我祖國的情況一樣——那是好的，因為我是穆斯林。但是，我不喜歡待在中國，我寧願留在肯尼亞，身處於商

業社會的我們擔驚受怕。我曾經多次受到中國人欺騙，甚至在兩星期前，我跟一個中國人協議，讓他以70元人民幣的價格載我和貨物來到這裏。但我們到達時，他卻說：「你必須給我100元，如果不給，我會拿走你的一包貨物。」真是叢林法則！你什麼也做不了。

阿薩德的話是我們前述情況的反面。如果說非洲人有時通過拒絕向中國人支付所欠的費用來詐騙，中國人有時也通過提出過高的叫價來詐騙非洲人。正如阿薩德告訴我們，如果非洲商人能信任中國人，那他們就不需要大老遠來廣州檢查貨物，只需要在非洲下訂單即可。

還有一些人認為欺詐行為正在收斂，因為中國商人開始明白非洲商人也許想長期在中國做生意。40多歲的坦桑尼亞穆斯林哈吉（Haji）說道：

自2007年起，我不時來中國，每年四次。我們以前害怕上當受騙，但是最近已經有所改善了。中國人開始理解長期生意的道理。如果你現在給他們一個訂單，他們大多數不會騙你。老闆現在意識到語言溝通對生意的重要，所以他們聘請了會說英語的畢業生。我喜歡中國人，他們崇尚和平，相比起非洲國家沒那麼多暴力事件。不，我從未遭受中國人的種族歧視，因為我和生意人打交道，他們知道我有錢，所以待我很好。我只去那些和非洲人打交道的地方，就算他們不能和我溝通，也會試着微笑和歡迎你。現在我的兒子在中國上學，他讀醫科。

也許因為哈吉只造訪那些與非洲人打交道的地方，他才覺得欺詐行為減少。年近50歲的肯尼亞商人菲利普（Phillip）對種族歧視現象忍氣吞聲，但仍然想讓全家人來中國：

對種族歧視現象，你只能容忍，這是人生的一課。坐在你旁邊的中國人，永遠也不舒坦。我們在非洲有朋友，會去他們家裏

拜訪，但可不要期待中國人也這麼做。廣州這裏只談生意，我幾次遭受種族歧視，但是我不埋怨他們。我明白這是一個封閉的社會，人們不和外國人來往，尤其是黑人……我在肯尼亞有五個小孩，我想帶妻兒來中國，讓他們學廣州話。我相信中國是出走的方向：美國在世界上已走向下坡，但中國卻在上升。我正在學中文，可以用中文寫自己的名字。

對菲利普而言，未來屬於中國，而美國已經是明日黃花。他所經歷的種族歧視是歷史產物，中國未來充滿機遇，也許出現跨種族和諧共存。

30多歲的坦桑尼亞商人魯絲（Ruth）認為，中國人的欺詐行為也許是從外國人學來的，有些外國人誘騙中國人從事欺詐：

有些中國人很老實，他們大多數和外國人混在一起前很誠實。當外國人來到這裏，你意識到能以2元人民幣的價錢賣這杯子給中國人，賣給外國人則可以是3元。如果這個人很貪心，這可以引發他們的惡習：「嘿，有個騙人的好機會！」我所知道多數中國人是老實人，至少我這麼認為，不過我不完全清楚。我的基督教信仰幫助我與他們做生意，我為這些交易祈禱……當我坐進中國人的出租車時，司機有時會説：「噢，你的胸部很大。」或者類似的話。也許他和非洲女人、性工作者有過性行為。

在小北和廣園西可見的絕大多數非洲女性是商人，但也有性工作者，這從她們的穿着打扮可以分辨出來。30多歲的烏干達理髮師卡羅爾（Carol）有許多顧客是性工作者：

烏干達的中介告訴她們：「只要你付我4,500美元，我就可以帶你出國，那裏有工作機會。」她們必須為了還債而工作，她們有些人說：「不行，不行。」但是其他人留下來工作了，她們覺

得自己沒有別的出路。還清債務後，她們就是自由身了，有的人會回家，但也有的人繼續。她們在我的理髮店裏談論自己的客人，包括中國人、白人和非洲人，取決於工作地點。我聽說如果女商人來到中國時身無分文，她們會靠賣淫來買想要的貨物。如果我想賺錢，並決定閉上眼做那種工作，也許我現在已經發達了。

在上一章，薇薇安說過性工作，至少是街上的生意而非夜總會，其實並非特別賺錢。但魯絲的意思是，非洲性工作者的出現也許會影響中國人對非洲女性的整體看法。確實，非洲人和中國人之間的性行為也許深刻影響了人們的感知，尤其是非洲男性與中國女性的關係。正如肯尼亞人以諾（Enoch）所擔心的，他說：

又有人檢查我的護照了，後來我問一個朋友：「為什麼最近到處都有警察？」他回答道：「他們受夠了非洲人，非洲人做各種各樣的壞事。」然後他給我看了六七張照片，其中有一名非洲男人親密地抱着兩名中國女性，還有一張照片顯示三名非洲男人猥褻一名中國女性。他說：「這些都是現在中國人在微博和微信上看到的東西。」

他說：「怪不得中國人不喜歡非洲人，看看非洲人對中國人都做了什麼！」如前所述，2013年底警察越來越頻繁出現在小北，尤其是廣園西一帶。這些警察新的監督活動顯然為了打擊一些毒販和為數眾多的逾期滯留者。但也許這些關於非洲人不良行為的謠言，在中國擴散了反非洲人的情緒，令中國警方付諸行動。許多非洲人尤其是尼日利亞人，認為中國警方的打擊行動是不歡迎自己來到中國的指標式舉動。一名尼日利亞商人告訴我們：「如果要與非洲人打交道，中國應該愛他們，給他們空間。非洲人性格很倔，有脾氣，如果你對非洲人不好，他們會想着報復。」打擊行動時常提醒他們，中國不是他們的

家園。未來廣州非洲人與中國人的關係也許有待觀察，但現在廣州城內非洲人聚集的小北和廣園西，仍在蓬勃發展。[17]

註釋

1　書籍可參考 MacGaffey and Bazenguissa-Ganga（2000），有關巴黎的非洲商人和騙徒，Stoller（2002）描寫了紐約市的非洲街販，Lucht（2012）描寫了意大利南部的非洲移民。在眾多文章中，可參考 Mazzucato（2008）描寫的加納移民往返於加納和荷蘭，Pelican and Tatah（2009）描寫了從喀麥隆搬到海灣國家和中國的移民，Saul and Pelican（2014）研究了當代非洲移民的範例，Cissé（2013）比較了中國的非洲人和塞內加爾的中國人。

2　在眾多有關非洲的中國人的出版物中，可參考 Esteban（2010）和 Giese and Thiel（2012）所寫的有趣的民族誌，關於身處不同非洲國家的中國人。書籍可參考 Alden（2007）對非洲中國人的經濟分析，Park（2009）描寫了非洲南部中國人的民族誌，French（2014）描寫了不同非洲社會裏中國移民的民族誌。

3　有一些較早描述廣州非洲人的文章，例如 Bertoncello and Bredeloup（2007），Zhang（2008），李志剛等（2008），Li et. al.（2009），Le Bail（2009），Bodomo（2010），Lyons et. al.（2008, 2012），Müller and Wehrhahn（2011），及 Yang（2011, 2012），他們主要描述了該社會現象，往往以不同學科角度和理論進行討論。之後的文章變得更為專業化，例如 Haugen（2012）研究了廣州的尼日利亞逾期滯留者的社會流動性缺失，她在2013年又描寫了廣州的非洲五旬節會神學，Huynh（2015）描寫了廣州的女性非洲商人，Lan（2015b）描寫了廣州和拉各斯的尼日利亞人與中國人的婚姻，Han（2013）描寫了廣州非洲人和中國人的多語制，Castillo（2015b）描述了廣州的非洲音樂家和他們的夢想。近來還有一批較為理論化的文章，包括 Marfaing and Thiel（2015）描述的廣州西非商人的社交網絡和勢力範圍，Adams（2015）描寫了廣州非洲人生活的結構和能動性，Gilles（2015）描寫了廣州非洲人的跨地域社會空間，此外還有許多作品。

4　Bodomo（2012）寫了一本關於中國非洲人的書，內容主要來自對問卷調查的描述，儘管該作品也有其有趣之處（我在書中不同地方也會引用），但並未深入描述非洲人在廣州的生活和工作。要達到個目的，必須每天每月和這群人見面，及對他們進行訪談。當然，想要了解廣州和中國非洲人的讀者應該閱讀 Bodomo 的書，也應該閱讀 Neuwirth（2011），Lee（2014）和 Lan（2017）描述廣州非洲人的書本章節。

5　Lan（2015a：295）提供了 20 萬人的這個數目，最初發表在 2007 年 12月 13 日的《廣州日報》中。30 萬人的數目出現在 2014 年 8 月 8 日的《蘋果日報》，題為〈亞洲最大聚居地，恐傳播伊波拉，30 萬非洲人「佔領」廣州〉，http://hk.apple.nextmedia.com/international/art/20140830/18849439。

6　參考 Dayoo.com，〈截至 25 號廣州實際居住非洲人口約 1.6 萬〉，2014年 10 月 31 日。http://news.dayoo.com/guangzhou/201410/31/73437_38668054.htm。

7　〈廣州有 50 萬非洲人？誤傳！常住的僅 5 千多〉，《廣州日報》，2015 年12 月 28 日，http://news.21cn.com/guangdong/a/2015/1228/10/30426792.shtml（編者註：鏈接已失效）。

8　"How Many Africans are in Guangzhou?" *Africans in China* website, Roberto Castillo 2014, http://africansinchina.net/how-many-africans-are-there-in-guangzhou/.

9　Osnos（2009）；Bodomo（2012：11）；Lan（2015：113–34）.

10　Li, Ma, and Xue（2009：709）.

11　Hyunh（2015）.

12　Yang（2012：159）.

13　盧旺達發展局中國代表處在網頁發出了「在中國經商的簡介及建議，2013 年版本」，http://www.rwandainvest.com.cn/，我在 2014 年 5 月找到這則網頁內容，但之後無法再次查閱。

14　這位女士認為中國商人更傾向於欺騙舉止粗魯的非洲人，Jankowiak（1993：128–156）分析騎單車的中國人發生碰撞後的爭吵，也描述了這種觀點。Jankowiak 發現贏得圍觀群眾支持的最有效方法是不要生氣、不要爭執，而是盡量保持禮貌，也許非洲商人能聽聽這個建議。

15　信任的缺失顯然不只出現在中國人與非洲人或其他外國人之間，中國人當中也有這種情形。Yan（2009a）探究了一些案例，中國的「好撒馬

利亞人」有時幫助老年人，最後卻遭到後者的敲詐勒索，這反映了逐漸盛行個人主義的社會環境（Yan 2009b），以往的社會關係及約束被個人主義所取代。

16　Zhao（2010）及一些報紙和網絡文章描寫了中國人對非洲人看法的有趣現象。可以參考中國國際廣播電台關於廣州非洲人的網上系列節目，2012 年 10 月 30 日至 11 月 2 日：《非洲人在廣州：清真寺裏的非洲義工》，http://gb.cri.cn/27824/2012/11/07/6651s3915780.htm；《非洲人在廣州：外貿大學裏的非洲留學生》，http://gb.cri.cn/27824/2012/10/30/6651s3906282.htm；《非洲人在廣州：小北路上的非洲商人》，http://gb.cri.cn/27824/2012/10/31/6651s3907764.htm；《非洲人在廣州：廣州的「非洲酋長」》，http://gb.cri.cn/27824/2012/11/01/6651s3909542.htm；《非洲人在廣州：廣東人的非洲女婿》，http://gb.cri.cn/27824/2012/11/02/6651s3911220.htm；〈非洲小夥廣州淘金記：希望將來娶個中國老婆〉，《廣州日報》，2016 年 3 月 6 日，http://news.dayoo.com/guangzhou/201606/03/139995_47442614.htm。

17　Dirlikov and Jiang（2014）描述了 2014 年秋伊波拉疫情爆發後，廣州的中國人提高了對非洲人的警惕。

第 4 章

低端全球化

低端全球化及高端全球化

發達國家的人想到全球化，腦海裏一般會浮現跨國企業的產品和服務，如麥當勞、可口可樂、蘋果、三星、索尼、臉書、谷歌等。我稱這些為「高端全球化」，即由大型機構透過數十億元財政規劃、全球廣告宣傳及雄厚的律師隊伍來典型實施的全球化。在此以外還有另一種全球化，名為「低端全球化」。[1] 這是指「人和產品在較少資本運作下的非正式跨國流動，有時牽涉到半非法或非法的交易行為，往往與『發展中國家』相關，但在全球都顯著可見」。[2] 這是世界上多數人所經歷的全球化，它由那些有一些親朋好友的商人運作。他們購買較小數量的產品，常常通過街頭小販或路邊店鋪售賣給顧客，而非大型購物商場或商店。低端全球化多多少少在法律的監控下運作，它包括仿冒偽劣產品（仿冒蘋果、三星、耐克等原產品的設計，而不使用其品牌名稱），而這些產品可以透過賄賂順利通關，一般未經繳稅或繳稅較低。雖然這些行為往往非法，但不代表不道德。

2013 年 1 月，我和一名西非物流中介一起參加了由 20 多名美國商學教授組成的研討會。這些教授想探求中國商貿和全球化的現狀，面對教授的問題，中介理所當然地提起自己的生意有時會牽涉到

運輸中國製造的仿冒品到西非國家。他說：「我們告訴客人這是違法行為，但是如果他們把這種產品帶到我們這裏，我們還是會運出去，很多西非顧客想買這些產品。」一些美國教授表示譴責，懷疑他可能還涉足販賣人口。中介大為詫異，儘管他出於禮貌沒有向觀眾顯露自己的情緒，後來他生氣地告訴我：「我曾經在一間大型美國企業工作，有些美國同事每晚喝醉酒，還和別的女人發生婚外情。作為穆斯林，我絕對不可能有這種行為。[3]對，我運輸仿冒品，我每個同胞都使用仿冒品，但這不是不道德的行為。誰的道德更高尚，我還是那些美國人？」

從中介的觀點出發，他的道德更高尚，因為他有模範的個人生活和職業生涯，而運輸仿冒品與道德無關，而應該與發達國家的帝國主義密切相關。他覺得法律和道德根本不一樣，應該以一個人如何生活來權衡道德高低，法律不過是發達國家和企業隨意制訂的規則。雖然他的生意有時涉及非法行為，但絕不是不道德的，因為他一絲不苟地和客人打交道。

這是高端全球化和低端全球化的關鍵區別——大家對合法性的看法。在大多數非洲、中東或南亞國家與中國的貿易中，仿冒偽劣產品是常見貨品，商人如果想做生意，很少會忽略這些產品。除此之外，如果人們要在中國和大部分這些國家做生意，基本上難以避免那些必要的賄賂，不這麼做的人不會被當作品德高尚的人，而是傻子。

這兩種全球化形式還有一些其他重要區別。在高端全球化，合同是關鍵，破壞合約的商人將面臨制裁和訴訟；而在低端全球化，合同意義不大，法庭也被視為無用，信譽才是關鍵。低端全球化裏的商人，承擔不起自己的誠實和信譽受損。正如上述西非物流中介告訴我們的：「如果我騙了某人，他們不會去找法庭，但是他們可以打電話給我家裏的兄弟或父親，告訴他們我騙人的事情；他們可以告訴我家鄉的每一個人：『你認識在中國的那個人嗎？他騙了我，是個惡棍，大家小心點！』我的信譽就付之東流了。」

高端全球化和低端全球化的其他區別，在於社會實踐多於法律。低端全球化下的商業業務與高端全球化的比較，涉及金額和現金流都較小，更傾向注重與客戶端的社交關係。由於人際信任是這種全球化的基礎，因此這也許被視為做生意所必需的。簡單舉一個例子，一名東非物流中介告訴我們，他在廣州辦公室的角色基本上是「會見和接待」顧客。他的辦公室為客人提供茶水，設有舒適的椅子和沙發，並提供免費網絡服務和祖國的新聞廣播，客人有時來這裏待數小時與同鄉交際，並交流有關中國貿易和家鄉政治的資訊。他告訴我們，這麼做是為了有回頭客，維持客戶的忠誠。另一方面，我們認識的幾位高端物流中介，通常每月運輸的集裝箱多達逾200個而非僅20個，卻沒有為客人提供類似服務。他們的辦公室不是社交場所而僅僅是生意場所，客人填寫貨物運輸的表格，付錢後離開。高端中介表示，如果他們的辦公室看起來平易近人，客人的交際活動會影響他們的生意。

　　與此相關的還有幾項對比。我們所知的高端全球化商貿會做廣告，並有着顯眼的標誌。但我們所知的低端全球化卻不做廣告，因為他們的生意靠口耳相傳，有時甚至連門口都沒有標牌，因為他們所有顧客都知道他們是誰。在高端全球化的公司，如果新客戶攜帶現金、護照和訂單走進門，一般都沒有問題；但在低端全球化的公司，一般都是做與該公司老闆相同種族或國籍顧客的生意，如果其他國籍或種族的客人走上門，也許會遭到拒絕。正如做這種生意的尼日利亞伊博族老闆告訴我們的：「這種人怎麼可能來這裏？肯定有些地方不對勁兒。」在經商方式上來看，高端全球化也許要求現金、銀行匯票或國際匯票通過知名的銀行交易，但低端全球化則經常涉及非正式的匯款途徑。在技術方面，我們所知的高端全球化主要依賴電子郵件，方便查詢追蹤，遇到糾紛時也可作為依據；低端全球化則往往依賴更方便、非正式和暫時性的手機短訊。在損失金錢的角度來看，低端商貿比高端商貿的風險更高，反映了其運作的環境，因此也是其着重個人信譽的原因。

低端和高端生意是理論模型，正如低端和高端全球化一樣，任何生意都可能擁有兩種類別的特徵，每個商人也可能涉及這兩種類別的商貿。然而，我們描述這兩種全球化的特徵較為寬泛。有一次，我請來了東非物流中介阿德南（Adnan）和日本稅務會計師鈴木（Suzuki），帶他們去小北的一間土耳其餐廳吃晚飯，討論他們經商的異同之處。阿德南經營的物流生意有四名下屬，鈴木就職於一間有幾千名員工的國際知名會計公司。他們驚訝地發現需要用同樣友好的方式來對待顧客：鈴木的企業顧客會打電話邀請他一起打高爾夫球，他也會和那些顧客一起去移民局辦續簽及一系列其他服務；阿德南曾帶生病的客人去醫院，或者當其需要開賬戶時帶他們去銀行，當其需要續簽證時帶他們去移民局。可是他們對於法律的態度截然不同，鈴木說：「基本上，我幫助客人在不違法的前提下避稅。」這是他的工作，但如果他違法並被人發現，就會遭到公司解僱。阿德南說自己常常違法運輸仿冒品，因為這是客戶的要求，如果他不這麼做，就做不成生意了。鈴木和阿德南都是在滿足客戶，分別是鈴木不能犯法，而阿德南必須犯法。這兩個人成為朋友，驚嘆於彼此經商的方式。

楊瑒描寫了人們在低端全球化中解決糾紛的典型案例。[4] 2010年7月，兩名尼日利亞人發生了爭端，其中一位是商人，另一位是店主。商人指控店主偷走了自己的一些貨品，放在店裏售賣，後者則否認指控。一名由大廈內尼日利亞人推舉出來解決各類糾紛的「維和員」來到現場，把爭執雙方分開，讓他們各自說清楚事件來由。原來，商人早前以5,000美元的價格購買衣服，並把貨物運到附近的中國貨運公司。在他去倉庫的途中，肯定被懷疑是中國人的小偷跟上（因為如果是非洲小偷的話，應該會引起倉庫保安的注意）。小偷拿走了貨物，再賣給了那位尼日利亞店主。當商人路過店鋪時，認得包裝袋上的標記，因此火冒三丈。最終，維和員要求商人支付一定的賠償金額以取回衣服，因為這是他自己犯下的「錯誤」，導致了隨之而來的「厄運」。「維和員」之所以存在，是因為人們不能報警。在

合法以外的尼日利亞伊博族人必須靠自己來維持治安，以免驚動中國警方。

　　我也曾遇到類似事件，但涉及的不是非洲人而是維吾爾人。2014年1月，我和一位共產黨官員吃晚飯，他說如果我在研究過程中遇到「罪犯」，應該立即找警方協助。過了不久，我穿過一條通往新登峰賓館的地下通道，那裏有很多維吾爾小販，我感覺背後被人戳了一下。當我跨出通道時，就發覺自己小背包裏的電腦失竊了。我責怪自己的不小心，然後向一名維吾爾小販問誰偷走了我的東西。小販假裝不清楚，但最後透露小偷是維吾爾人。我急需取回電腦，裏面存了幾個星期的錄音，自己還沒來得及轉錄為文字，因此提出願意用2,000元人民幣來贖回電腦。維吾爾小販讓我等一等，並叫我坐在他們通道小攤後的凳子上。大概八名較為年長的維吾爾男子很快出現了，他們聚集起來討論此案，雖然我不懂維吾爾語，但是我知道他們在討論這件事，因為他們不斷講到「電腦」這個英語詞彙。我在那裏待了一個小時後，突然有人開始大喊，一名外表邋遢的男子被帶了過來。他們說這人就是小偷，對他拳打腳踢。半小時後，我取回了電腦。當初透露小偷是維吾爾人的男子和另外兩個男子現身，其中一人顯然是他們的老闆。我以為自己可以不用付之前答應的全額，於是給了他們600元人民幣，結果他們還退了100元給我，因為他們覺得我給太多錢了。

　　這些男人為什麼要歸還我的電腦？我認為是因為民族自豪感：「一個維吾爾同胞偷了這個老外的電腦，他會覺得我們維吾爾人都是小偷，我們要伸出援手！」電腦的失而復得歸結於一定的獎金，但其影響有限，更多是民族尊嚴所致。我對電腦失竊的高調反應本可以是報警，但這無疑會令我永遠拿不回自己的物品。基於人際信任而非正規體制的低調回應，是向與小偷有相同民族背景的人求助，其依據是民族尊嚴和同情心。我在當時並沒有細想，但幸好奏效了。上述第一個例子說明尼日利亞伊博族人可以做到族裔群體內部自律，這個例子也顯示維吾爾人可以做到這點。這種做法比報警更好，不僅因為人

們覺得警察沒有太大用處，也因為報警有些讓同胞自暴其短的傾向，所以最好私下解決爭端，在內部解決問題。更廣泛而言，這也是低端全球化解決矛盾的方式。

在很大程度上，低端和高端全球化的區別是發展中國家和發達國家商貿關係的區別，但並不總是如此。美國和世界各地也有低端全球化現象，非正式經濟以跨國方式存在着。[5] 在許多非洲國家的首都，有很多商店售賣正版的三星和蘋果手機以至其他潮流產品，與紐約、巴黎或首爾的商店並沒有多大不同。然而，在這些商店不遠之處很可能就有它們的低端競爭對手，以遠低於正品的價格販賣仿冒品給更多消費者。

參與低端全球化的不只是廣州的非洲人，各族裔的商人都涉足其中。我曾與一名年輕的印度商人交談，向他提及我聽說非洲商人平均運送八分之一個集裝箱的貨品回家鄉，而印度商人則運送十個集裝箱。對此他解釋說：

> 對，印度商人也許平均運送十個集裝箱，但這是因為利潤太低了。如果你以 10 美元的價格買了一件產品，也許只能賺回 10.10 美元。因為利潤太低，所以你需要運多個集裝箱的貨物才能賺到錢。非洲市場還不夠成熟，競爭沒這麼激烈。大家都知道非洲人喜歡把價錢砍得極低，但是印度人不能那麼做，因為他們購入的貨量大，所有人都知道價格是多少……你無法再講價了，市場已經呈飽和狀態。

他認為印度商貿方式確實如同我所描述的低端全球化，但它在特定的政府、社會和市場條件下運行，正如低端全球化在其他不同社會的形式變異。那麼中國呢？中國正在從低端全球化走向高端，但本書介紹的中國商人和供應商很多仍然繼續身處低端全球化的領域。低端全球化在彼此互信的人群中最為有效。正如我們在上一章看到的，因為大家缺乏互信，又缺乏在高端全球化下特有的法律架構和制度保

障，當低端全球化牽涉到不同族裔和文化背景的人，往往就引發衝突。這正是廣州非洲商人面對的情況。

低端全球化如何運行：採購、金錢、仿冒品、海關

廣州的非洲商人做生意的一般流程，是首先從中國商人購買貨品，或通過供貨商採購較大量和較專門的貨物。商人可以通過中間商找到供貨商，或通過阿里巴巴這樣的網站平台。如果商人找中間商，那麼商人也許和中間商一起造訪廠家，但讓中間商處理生產和貨運細節。如果商人不找中間商，也可以親力親為，仔細監督貨品從製造、運到倉庫、裝進集裝箱到送到非洲的過程。如果商人有值得信賴的中間商，就會讓中間商做這些工作，但他們往往自己親自督查。低端全球化的原則是「買家自負」（caveat emptor），一般需要商人親自在場謹慎監察一切。

採購和供應

最簡單的採購貨源，是訂購正在零售店販賣或廠家已經生產出來的產品，買家只需要挑選、購買和安排貨運即可。如果商人想讓廠家製造特定款式設計的產品，過程就較複雜。中國製造的特點是廠商可以在較短時間內，按商人提供的任何設計為非洲客人生產出從襯衣到手機的各類貨品。至少在某些情況下，廠家生產的是仿冒品，但這並不是問題。一名肯尼亞物流中介說：

> 有人買了一瓶Clear（聯合利華品牌）洗髮水，要求中國（山寨）廠家生產6,000瓶以供在索馬里銷售。他從沒有商標的概念，不知道自己根本不能這麼做，結果他的貨品被香港海關沒收了。他打電話給我，我告訴他必須消失一段時間，不然一定會進監獄。

這個牢獄之災是在香港，並非在中國大陸這個製造低端全球化產品的世界中心。有些中國廠家不會製造偽劣仿冒品，但多數廠家則會這麼做，他們不太害怕遭到政府機構的檢查。我們認識的一些非洲和阿拉伯商人專營中國廠家製造的偽劣仿冒品，但當中許多人提供了自己的設計，尤其是衣服。許多人都抱怨供應商生產的產品與他們的設計不同，品質較差劣，而商人經常為此擔憂。一位埃塞俄比亞商人告訴我們，如果拿到了次品，「在中國哭好過在非洲哭。」他的意思是，如果商人在離開中國前發現貨運中的產品有缺陷，也許可以更換這些產品，但如果他回非洲後才發現問題，基本上就不可能退換貨品了，除非肯付出更大的代價。

金額較小的訂單也許沒有合同，但金額較大的訂單一般會有。然而，這些合同一般只以中文書寫，商人說他們不敢要求中國商家翻譯，害怕對方說這麼做太麻煩並放棄交易。從事較大宗貿易的商人僱有負責解釋合同條款的中國職員，但我們認識的多數商人只會盲目地簽下合同。一名西非商人說：

> 對，我總是簽下自己都不明白的合同。我可以要求對方提供英文或法文版本的合同，但是廠家就需要花額外金錢聘請翻譯，他們會覺得「這個人太麻煩了」……如果他們提供英文合同，那是再好不過；如果沒有，我就簽中文合同。

一般規則似乎是，生意銀碼越大，越有必要簽署合約；但在另一方面，你越相信打交道的那個人，就越沒有簽合同的必要。

如果說時刻保持警惕就可以在與供貨商打交道時避免金錢損失，一位精明的剛果商人還有一個辦法：「一切慢慢來」，不要貿然下決定。非洲商人常常告訴我們，多數廣州的非洲商人都能通過做生意賺到錢，但這種說法成立的原因，是因為這只包括那些不斷返回廣州的商人，而不包括那些只來了一次就損失金錢，此後再也沒回來過的人。我們不知道這類商人所佔的比例，但是人數並非無足輕重。[6]

金錢

非洲商人多數用現金支付供貨商貨款，有些中國公司接受幾間非洲銀行的信用狀，有些較為富裕的商人會使用信用狀和其他銀行單據，但這都是例外——在大多數情況下，現金才是王道。非洲國家貨幣在中國一般無法兌換，所以商人會攜帶美元來中國。商人攜帶5,000、2萬或10萬美元到廣州，有時在銀行合法兌換成人民幣，但他們更多是通過小北的回族兌匯小販。當商人需要在中國和非洲之間匯款，一般不能也不會通過電匯或銀行轉賬的渠道，而是使用較為非正式的系統。索馬里人和肯尼亞人使用的「哈瓦拉」(Hawala)就是一種受國際管控的匯款系統。一位哈瓦拉中介告訴我們：

> 如果你想從廣州把100美元匯給身在索馬里的母親，只需要提交你的姓名和身份提示，我們會將她的全名告訴給那條索馬里村莊的中介，這就行了。實體的現金轉移並沒有發生。如果金額不大，比如100美金，我會收5%的費用；如果金額更大，我可能只收0.25%的費用。對，我想這就是洗錢。我怎樣能把錢從一個國家匯到另一個國家？我又不是銀行家！我可沒有匯款和收款的憑據！

有時匯款金額可以非常大，一位肯尼亞商人說：

> 曾經有個中國人對我的一個哈瓦拉中介朋友說：「我參與了內羅畢的一個建築工程，我在中國這裏給你200萬美元，你能否把錢匯到內羅畢？」我的朋友回答道：「當然沒問題。」他們就這麼做了，通過電話完成了匯款，非常簡單。這個中國人是個正經商人，在非洲有項目，他還能怎樣把錢匯過去？我敢說東非和中國之間的匯款中，一半以上的錢都是走這種途徑，幾乎每個非洲國家都有類似「哈瓦拉」這樣的系統。

如果東非的匯款系統有時候只能通過電話進行交易，那麼尼日利亞的匯款系統，則通過遞送員攜帶裝着現金的手提箱跨越邊界來完成匯款。我在香港認識了一名在尼日利亞和廣州之間處理匯款的中介。付款人在他於拉各斯或奧尼查（Onitsha，尼日利亞城市）的辦公室以尼日利亞奈拉（naira）付款，錢被匯到香港，他在香港給收款人美元，然後收款人把美元帶進中國內地。他每月交給客戶的金錢高達400萬美元，基本上都由遞送員從尼日利亞坐飛機帶過來。他毋須擔心被警察麻煩，因為這樣做在香港是合法的，但他確實要擔心遭到搶劫。他的一位前輩曾經遇劫，所以他在走廊裏安裝了攝像頭，隨時監察外面的情況。他必須絕對確定前來取款的人身份正確，有時會拒絕前來收款的客人。

人們依賴非正式兌匯系統的原因之一，是發展中國家的商人無法使用正規的兌匯渠道。我在香港見過一名蘇丹商人，他想在一間主要銀行開120萬美元的賬戶但遭拒絕，因為銀行擔心尤其來自美國的反洗錢措施。然而，非正式渠道永遠不受這些約束。

廣交會

每年兩屆在廣州舉行的中國進出口商品交易會（廣交會），雲集極其龐大的各種產品賣家。每屆為期數週的廣交會分為三期，佔用五個大型展貿廳：人們在交易會走完所有攤位就要花一整天的時間。所有第一次親眼見到廣交會盛況的人，都會驚嘆其規模之宏大——它是中國製造業的豐碑。有着高科技形象的廣交會，令人眼花繚亂，買家主要來自發達國家而非發展中國家。可是，也有些非洲和阿拉伯商人也會參觀廣交會，他們也許初次來到廣州，缺乏與供應商的聯繫，或者想尋找小北沒有的某些特定產品。中間商不喜歡廣交會，因為它令商人可以直接接觸廠家，他們的工作就沒那麼重要了。不過，中間商和商人一樣需要保持警惕。有些參展商其實是中間商，他們假裝是廠家代表，把其他廠家的產品賣給不知情的顧客，從中抽取利潤。用

一位巴西企業家的話來說，某些擁有工廠的參展商「也許佔用了他人的後院」——其產品的質量遠遠低於在廣交會上展示的悦目展品。正如他所説：「這些展廳看起來不錯，但是你不知道那些攤位背後的樣子，可能是一堆垃圾。你必須親自造訪廠家。」他計劃造訪20個廣交會攤位，然後從中挑選五個廠商，再選其中一個進行交易，另一個作為備選——這確實是看透了交易會華麗外表的明智策略。

2014年，我們和一位有豐富經驗的東非商人一起參觀廣交會，他當時想採購太陽能燈具。我們找了幾個供應商，商議購買八米長的燈桿和照明套件，要包括兩年保修，共計200件，以及包含集裝箱運輸服務。我們驚嘆商人判斷的速度之快，他觀察產品不超過30秒，就能斷定產品的做工，而且參展人員對他的反應也有很大差別——有些攤位的人熱情地向他打招呼，銷售人員的英語也很好；但也有些人不理睬他，職員也不會説英語，儘管廣交會主要面向外國買家。他告訴我們，如果攤位人員沒有對他招待周到，就算其產品一流，他也不會與那些人做生意。

圖 4.1　廣交會（楊瑒攝）

我們自己也去了廣交會——我假裝想要購買中國電子仿冒製品的美國商人，欲通過中國海關把產品運到美國，林丹和楊瑒扮演我的翻譯。我們首先與一位海關官員交談，她表示我們可以帶一些仿冒偽劣產品出境，中國海關會將其視為我們的私人物品。但是中國海關不允許大批出口仿冒品，她也不願意告訴我們合法與非法之間的具體界線。然後，我們與一位貨運中介聊天，她說可以幫忙把仿冒品運到美國，並且保證我的貨物可以進入美國，儘管我必須得自己與美國海關打交道。在廣交會這個正式場所，她把話說得如此坦白是很令人吃驚的。我們接着與一位律師討論，他說對於電子產品而言，關鍵是顧客是否會混淆正品和仿冒品。他的意思是，如果中國製造的手機上用上「Apply」或「Nokla」的品牌就是合法的。接下來我們又改為尋找紡織品廠商，問她的工廠能否按照一件襯衣的設計款式製造5,000件仿冒品。她回答説可以，指只要仿冒品與正品的設計不完全一致即可。我只需要稍微改動原裝品牌襯衣的設計，就可以用自己的品牌製造出5,000件仿冒產品，整個過程安全且清楚。

　　這些回應都令我們十分驚訝。我們清楚小北和廣園西有很多仿冒品，但不知道甚至連廣交會也有。不過問題關鍵是，這些產品並非設計與原裝名牌產品一模一樣的仿冒複製品，而是抄襲名牌設計卻有自己品牌名稱的廉價偽劣品（knockoffs）。前者可以遭到起訴，但後者卻不會，除非正品的外國生產商試圖起訴。

仿冒品和偽劣品

　　仿冒品盛行於小北，正如一位中非商人兼中介告訴我們的：

　　在世界各地，例如毒品的這類東西，如果他們捉到你，就會處
　　死你。但是如果是仿冒品，他們只會沒收你的貨物。我做生意
　　的這段時間，我曾至少五次被充公仿冒品。有一次是手機，另
　　一次是女士手袋，他們在貨物運走前在倉庫找到。還有一次是

電視機。如果你有憑據，就可以證明產品是正品；但如果沒有，那就無能為力了。不，他們不會檢控我，只會檢查貨品，如果發現是假貨就會沒收。如果他們捉到販賣假貨的賣家，那些人就麻煩了。不過我不是賣家，我只是買家，我可不知道這是仿冒品！所以你是安全的，儘管那些貨物會被充公。

從小北和廣園西買進賣出的仿冒品並不多。按照上述對仿冒品的定義，物流中介估計他們的顧客通過船運或空運輸出的貨品，仿冒品佔比不超過10%至20%。然而，在小北和廣園西販賣的產品多數是偽劣品，這些產品抄襲某種產品的風格或設計，只不過用了不同的品牌名稱，或根本沒有牌子。

仿冒品的銷量在過去五年間顯著下降，其中有科技上的原因——在智能手機出現以前，製造高品質的仿冒偽劣手機很容易，價錢比正品低很多；但以低造價製造高品質的仿冒智能手機則十分困難。[7]第二個原因是中國產品越來越好，我們認識至少一位商人會購買華為正品手機，而非仿冒偽劣產品，這也許是未來的潮流。第三個原因是中國當局執法越來越嚴格，政府有更多針對仿冒品的打擊行動，因此買賣這些產品的壓力更大了。據我們所知，現在一些販賣仿冒品的商人先把商標空運回家，接着用海運把冰箱、平面電視或其他沒有牌子的產品運回去，由身在家鄉的同夥再把商標貼到產品上面。[8]

仿冒品很容易被辨認，基本上任何從中國輸出有着著名品牌的產品，除了由擁有或代理該個品牌的公司輸出的以外，都幾乎是仿冒品。偽劣品則較難辨認。中國海關官員也許會充公仿冒品，但是對偽劣品的控管力度卻很寬鬆——要起訴偽劣品的製造商，只能通過原裝正品的公司向中國法院提出法律訴訟，過程十分耗時，許多外資企業都不想這樣麻煩。發展中國家對偽劣品的需求很大，因為人們想購買發達國家的產品，但卻無法付得起發達國家定下的價錢。一名中非物流中介明確地描述了這種情況：

古馳 (Gucci)、普拉達 (Prada)，中國人可以拿原裝正品製造出跟那些品牌看起來一樣的東西。對，我的生意是運輸仿冒品。大家想買好東西，價錢也便宜。有時候，中國官員來倉庫檢查有沒有仿冒品。如果產品上面沒有商標，就沒有問題。你可以在手機市場看到 iPhone 6，但是蘋果公司只生產了 iPhone 5，寫法和蘋果不一樣，這樣可以嗎？如果顧客帶來了 1,000 部 iPhone 5s，我應該受理嗎？當然會了！我們可是做買賣的！當然，你去哪裏都應該尊重當地法律，但是人家帶貨物到我們這裏，我們能做什麼？而且生產這些產品的也是中國人。

這些產品的買家不僅包括外國人，也有中國人。2008 年，據說在中國使用的手機有三成是山寨，或是正品手機的仿冒或偽劣品。[9] 美國媒體報道聲稱，這些產品在全世界流通着。[10] 廣州有手錶城和大沙頭這樣的商城，不受管制地售賣大量仿冒電子產品。警方偶然會進行搜查行動，但是似乎未能打擊這類逐利行為，至少在我們到訪觀察時是這樣。有一次，在警方的搜查行動數小時過後，我表示想批量購買仿冒品，結果被帶到一個特別儲物室，觀看各種質量和價格的各色仿冒品。我在香港訪問了一名私家偵探，他為歐美企業工作，偵查中國的盜版行為。他認為中國現在的執法工作比以前改善了，當局試圖關閉深圳的非法工廠，但數目之多令當局疲於奔命。他的工作是去各類仿冒品工廠，收集足夠證據令其倒閉。但有些公司在常規的經營時段生產正貨產品，在其他時段卻轉而生產仿冒品，令偵察更為艱難。他服務的企業明白不可能完全阻止盜版行為，只能聘用他這樣的人暫時阻撓，然後採取也許無法成功的法律行動。

當仿冒偽劣產品一直存在，法規也較為寬鬆，來自發展中國家的商人不可能不去出口這些貨品。正如一名肯尼亞物流中介所說：「我們公司有一條明確的規定，你可以看見我們向客人發出用中文、斯瓦西里語和英語書寫的訊息：『我們不接受仿冒品。』但當然，我們接受仿冒品，如果客人想讓我們運送這些產品，那我們必須這麼做。」

我們其中一個最有趣的受訪者，是一名自學成才發明了太陽能照明系統的東非人。我問他為什麼要花精力搞發明，而不是直接抄襲其他廠家的太陽能照明系統，然後以較低價格賣出去，這樣不就更能讓祖國農村的貧窮消費者受益嗎？他自己發明創造東西是不是太奢侈了？他回答道：

> 所以你想問我，為什麼我要發明東西？嗯，因為這樣做讓我很有滿足感。對，仿冒品可以幫助窮人，這是真的。仿冒品對我的祖國來說很好，購買帶攝像頭的諾基亞手機以前要花50美元，現在由於有了中國仿冒品，非洲窮人花10美元就能買到一部。對於發展中國家來說，仿冒品就是一切，如果沒有它，你什麼也買不起。這都是真的。但我不想製造仿冒品，我想發展自己的品牌、自己的產品。如果我做仿冒品，就不會引以為傲。我的一個朋友像你一樣，也問我：「為什麼你要費這麼多時間做發明？仿冒品的商機更大！」我不同意這個說法……但我每次都擔心中國廠家抄襲我的設計，這種擔憂像幽靈一般跟隨著我……

與發達國家的發明家也許可以單單因為其創造的產品而自豪不同，這位來自發展中國家的發明家，在某種程度上必須為其發明抱有一些歉意，因為他的家鄉還有許多貧困的同胞。正如本章前述的一些商人暗指的，進口仿冒品也許不僅是「較輕之害」(lesser evil)，而其廉價更成為美德。假藥也許會害死人，而假冒的電子產品則掠奪了創造者正當的報酬(雖然他們一般都已非常富有，不需要從發展中國家獲利)。上述反對意見都有其道理，但是仿冒品也把人們渴求的發達國家貨品，以窮人也能負擔得起的價錢帶到發展中國家。不過，抄襲不僅是富人面對的問題，發展中國家的發明家同樣擔心別人抄襲自己的品牌。

正如我們在上一章提到的，中國產品經常因為劣質而遭到批評，但責任不應只歸咎於製造各種仿冒偽劣品的中國廠家，那些堅持要以最低廉價錢進貨的非洲買家也應負責。然而，不管如何中國產品的惡名仍然存在。我在2014年2月到肯尼亞調查當地的中國貨品，幾次聽到了相同的冷笑話：一個肯尼亞女子愛上了內羅畢的一個中國男子，他想帶她回中國。她告訴母親，母親說：「噢，我的女兒，你要去中國了，那是一個遙遠的國家。如果你一定要去，那就去吧。」到廣州後，那個女人懷孕了，她打電話告訴母親，母親說：「噢，我的女兒，你要把小孩生在中國了，那是一個遙遠的國家。如果你一定要生，那就生吧。」九個月後，女兒又打電話給母親了：「媽媽，我有一個壞消息，寶寶胎死腹中了。」母親沉默了一會兒，說：「我就知道，中國製造的都是假貨。」

近年來，撒哈拉以南的非洲地區GDP增長在世界範圍內緊跟中國之後。[11] 商人無疑將繼續從中國帶回貨品，反映該地區越發富裕的現狀。但就我們所知，這種情況還未實現。在1980和1990年代，撒哈拉以南是歐美二手衣物的主要進口國。[12] 楊瑒訪問了一位加納商人，他提起在那個年代之後，購買中國的仿冒偽劣品是如何成為新潮流：

> 我的同胞已經厭倦了買垃圾和二手貨。非洲人買得起更好的產品了，只要價格合理。我們不再乞求別人不要的東西，中國可以給我們各種各樣的新產品，我進口中國產品，這對非洲有好處，我對此引以為傲。[13]

如果這些產品是仿冒偽劣品，那就這樣吧。

倉庫、機場和海關

貨物從供應商和倉庫出來，通過海運或空運送出去。機械、散貨和成衣一般用海運，小件電子產品和手機則用空運。中國輸往非洲的貨物多數採用集裝箱海運，這種運輸貨物方式在過去60年間給世界貿易帶來了革命性的變化。[14]

近年廣州的官方非洲貿易數據驚人地大幅上升，從1996年約1.65億美元增加至2010年的21億美元。[15]這些數據反映了部分現狀，但卻大大低估了真實情況。這並不是因為中非之間存在沒有註冊的集裝箱走私活動，而更多是因為按照慣例，商人在報關時都會把貨物低報40%至70%，以規避繳納稅費。正如一名尼日利亞商人告訴我們：「一般過程是如果你買了單價500元人民幣的零部件，填表時會寫單價是200元。你無論如何都要向海關繳稅，但是可以把價格壓到最低，稅款也就減少了。」一名肯尼亞商人說：「所有東西都要報關，包括仿冒品，不過我當然不會寫是仿冒品。如果我要運一對奢侈品鞋子，我只會寫『鞋子』。對，所有東西的價值都被低估了一半，所以貿易量其實是官方報關數據的兩倍。」

大部分小商人並非用整箱的集裝箱運貨，而是以大型船運中的小型托運物件形式。我們跟隨一名尼日利亞服裝商去倉庫看他的貨物打包情況。他的服裝被放進一台壓縮機，機器將衣服一類的貨物壓縮至最小的體積。他估計貨物被壓縮至約0.4立方米，衣服拿去拉各斯市場出售後可賣得約4,000美元，而船運的成本是50美元。他告訴我們，一立方米可以打包3,000件禮服襯衣，或4,000件T恤，或1,300條仿冒Levi's牛仔褲。他與倉庫的中國工人短暫大聲爭吵，工人想在壓縮前測量貨物的體積，因為當時已經是吃飯時間，工人想趕去吃飯。但他堅持工人要在壓縮貨物後才量體積，最後工人屈服跟從。

貨物在裝進集裝箱前，都會在倉庫由商人作最後檢視，然後就運到廣州黃埔港或香港貨運碼頭。空運的貨物一般被放在物流中介的辦公室，但也有很多小商人用自己的行李運送貨物。晚上的廣州白雲國際機場就像一個倉庫，商人隨身攜帶盡量多的物件，與航空公司職員討價還價，希望能攜帶超重的行李登機。那裏許多非洲人是來機場為其顧客送貨和帶貨的運送人，他們把他人的貨物交給那些即將返回非洲的人，付錢佔用他們的行李空間，一般收費是每10公斤50美元。

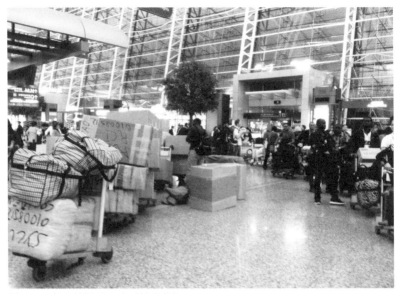

圖4.2　白雲機場的包裹（林丹攝）

　　小商人來到機場時，也許會害怕海關和限制行李重量的航空管理條例。林丹與兩位西非商人來到機場，他們的手提和托運行李都已經裝滿，裏面裝滿了男裝襯衣和其他貨物。托運行李必須稱重，但是手提行李也許不必經過這個程序。這兩位商人最後只好去洗手間，丟棄了幾公斤的貨品，浪費了之前買東西的錢，但至少能讓自己順利登機，實現他們一直熱切祈求的願望。由於海關官員和航空公司職員執行法規時力度不一，攜帶沉重行李的商人是否能登機，似乎取決於上帝的意願。

　　中國海關大致上遵守法律法規，對仿冒品的處置除外。非洲和阿拉伯物流中介通過中國中間人，令仿冒品順利通關──這些中間人通常是前海關職員。這些中介會採取兩種途徑：一是提前通知中國中間人，並支付一小筆費用；二是賭運氣，希望你運出的仿冒品不會在中途被截下來。正如一名東非物流中介告訴我們：「提前付給中國海關的費用是每三立方米150美元，如果你事先沒有付錢卻被捉住，那

就麻煩了。當然,那些錢進了官員的口袋!但是海關官員只能在讓仿冒品通關時接受賄賂。」一名前中國海關中間人也說:

> 中國海關只檢查不到3%的集裝箱,但是當政府進行打擊時,他們會擴大檢查範圍,檢查比例也許有20%至30%。如果集裝箱裏有大量仿冒品,海關中間人會事先向顧客收取每個集裝箱3,000至4,000元人民幣(約450至600美元),金額取決於內裏仿冒品的數量及貨品的價值。這也要看那些品牌有多著名。有些顧客不會告訴海關中間人自己正在運送仿冒品,在這種情況下如果沒有人檢查集裝箱,那就沒問題。但如果集裝箱遭到檢查,其中的仿冒品被發現了,顧客只有獨自承擔後果。他將要付2萬至3萬元人民幣,以便令貨品通關。很有「關係」的海關中間人可以讓一切順利進行,但如果仿冒品被人發現,商人就必須付錢。

中國物流中介據稱很會欺騙非洲顧客,卻無需受到處罰,因為後者並不清楚前者是怎樣做生意的。有些中介給出過低的價格,一名東非物流中介抱怨道:

> 顧客總是跟我們說:「你看,你們每個集裝箱收取了4,500美元的費用,我們找到一個只收3,000美元的人。」我必須向他們解釋後果如何,這些人想騙他們。第一個集裝箱可以通關,也許包括第二個,但是第三個就有麻煩了,你最後必須付很多錢。他們會說:「海關在你的集裝箱裏面找到仿冒品,你必須付2萬元,不然貨物就會被充公。」你落入那些公司的手裏,因為你想用很低的價格通關。事實上,海關也許和這件事毫無關係,欺騙你的是那間公司。但是顧客怎會知道這些事?

賄賂海關人員的事情,在中國只會在為了讓仿冒品通關的時候發生,但這種行為在肯尼亞和尼日利亞等一些非洲國家卻非常流行,而

在坦桑尼亞和埃塞俄比亞等國家則沒那麼嚴重。一名從中國出口鞋子到尼日利亞的商人告訴我們，給尼日利亞海關人員賄賂的計算規則：賄款相當於生意利潤的一半。這是大額的金額，但是因為其他進口商也都要付相同的費用，所以這不過是營業支出，幾近一般合法繳納的稅款。肯尼亞的情況也類似，我們問一名肯尼亞貨運中介有關賄賂海關的事情，他嗤笑道：「賄賂官員？這是遊戲規則，很自然！」關於賄賂，他說：「這是為什麼一公斤貨物的運費是8.5美元。如果我們不必為賄賂海關官員傷腦筋，運費可能只用6美元。即便你已經準備好所有法律文件，還是會有人過來跟你糾纏，他們不會錯過為難你的機會，除非你向他們行賄。」另一名商人告訴我們：

> 肯尼亞想發展自己的工業，所以試圖限制成衣進口，徵收高稅。你只能賄賂海關官員，他們會將一定數量的貨品報關，自己兜裏再裝一點。如果一共有160萬肯尼亞先令，他會把100萬交給政府，自己拿走60萬（一肯尼亞先令相當於大約一美分）。如果你在肯尼亞海關工作，就發達了！每個人都想當海關官員。

我並不是說肯尼亞等國家沒有盡力剷除賄賂行徑和仿冒品。肯尼亞在2015年發起了一次打擊仿冒品的大型運動，但是我們在廣州認識的物流中介只是聳聳肩說：「這不過是另一筆附加費，要多賄賂一位官員。」尼日利亞也有類似情況。我們結識了一名東非商人，他因為貪污丟掉了海關官員的工作。他說自己每天都能收到相當於月薪金額的賄款。他想通過在中國做生意東山再起，並以完全拒絕做任何台下交易而著稱。他的利潤因此減少了，他吸取教訓也太晚了。

本書提到肯尼亞、尼日利亞及其他國家的海關，它們都在多種互相矛盾的壓力和誘惑之下：既希望與國際接軌，又面臨着「往錢箱裏伸手」的巨大誘惑。[16] 海關官員是否受賄不完全與個人道德相關，而是政府人員是否獲發足夠的薪金，令他們可以抵抗受賄的誘惑，以及

社會是否存在有效的監管機制令受賄更為困難。美國、日本或法國的海關官員，會取笑試圖以100美元行賄的商人；但是如果賄款是100萬美元，而且受賄行為看來不可能被偵查，這些國家無疑也會有人受賄。美國人和日本人並不比肯尼亞人和尼日利亞人更道德，只不過他們受賄的需求和機會都較小。

低端全球化的口述故事

卡達爾（Khadar）

卡達爾是40多歲的索馬里裔肯尼亞商人，在內羅畢的伊斯特利（Eastleigh）擁有一間店鋪：

> 我從2007年起造訪中國，每年來四次購買女性時裝。我盡力理解女裝潮流，我的妻子是經理。像我這樣的穆斯林在肯尼亞是少數族裔，我的貨品賣給基督徒。雖然我是穆斯林，但購買性感服飾不成問題，這不過是做生意！我不會去中國廠家，而是去市場和商店。廠家每週會出產新的樣板，給商鋪參考。當我在2007年初次來中國時，驚訝地發現供貨商賣光了我要預訂的產品，並以其他貨物替代來欺騙我。不，我不會再去找那個供貨商！我在大學修讀過一門商業課程，我學到：「如果你虧待了某位客人，那位客人可以令你失去另外十位客人。」但是現在好了，我在這裏開立了銀行賬戶，可以從內羅畢匯錢過來。
>
> 我以前需要通過賄賂才能讓貨物在肯尼亞通關，但現在不用這麼做了。現屆政府對我們徵收高額稅費，並進行嚴屬管控，我們現在不能通過賄賂海關人員拿到優惠了。西方國家削減了對肯尼亞的經濟援助，所以政府只能從徵稅獲得收入，尤其是對港口徵稅。警察收受賄賂非常普遍，但港口海關人員不是這

樣，你不能這麼做。在蒙巴薩（Mombasa，肯尼亞港口城市）海港，你必須為每個集裝箱支付200萬肯尼亞先令（19,280美元），不過也要看是什麼貨品，但金額至少也要140萬先令。這都是合法的，你必須這麼做。政府向海關施加壓力以增加收入。我不能說海關是百分百廉潔，但也有五成或七成廉潔吧。不過，如果高層領導人貪污，就不可能完全清除貪污現象。在海關以外的許多政府部門，你要付錢才能打開方便之門。

為了減少支出，生意人什麼事都能做。他們不考慮政府或社會的利益，只為了一己私利，我也是這樣。早前我們為每個集裝箱只是支付了30萬肯尼亞先令，我們本應付180萬先令。現在，我必須支付100多萬。如果有人能夠收取80萬先令讓我的集裝箱通關，我會不會答應他？嗯，我不會相信這個人，因為現在還有其他檢查口，就算是嘗試去做也太危險了。

卡達爾表示肯尼亞政府正在盡力打擊海關貪腐問題，貪腐行為令政府無法得到收入。有些非洲國家是真正意義上的「竊盜統治」（kleptocracy），但多數國家都希望從徵稅中獲得收入，只不過做不到而已。海關和其他部門官員收入太低，受賄仍會是誘惑。解決方法是確保政府官員一直受到監控，不會單獨行事。卡達爾這樣的商人也許大致擁護廉潔政府，但是作為商人他們又痛恨廉潔政府，因為它會掠走他們的利潤。在大多數情況下，賄賂海關能減少費用支出，所以商人情願如此，即便作為公民他們並不希望這樣做。

大衛（David）

美國人大衛是舊金山的太陽能照明發明家：

我在美國設計太陽能燈具，產品在中國南部生產，銷售到各個發展中國家。中國有許多仿冒我設計的產品，許多地方都買得到。我發明了這個東西，申請過專利，所以起訴了這些仿冒品

製造商。我們最近在中國贏了一起官司，取得23,000美元的賠償。我們為自己的設計而辛苦付出，出於要保護我們正在發展的市場。如果有人設計出一個看似是方形盒子的產品，價錢是我們的一半，這是他們的自由。但是如果他們的產品看起來跟我們的專利一樣，我們就會盡力阻止他們。我們的專利不止覆蓋中國市場，還包括許多非洲國家。我們告訴顧客：「如果你在家鄉看見偽劣品，我們很可能和你合作，共同起訴那間製造仿冒偽劣品的公司。」即便我們無法在中國阻止那些人，我們還會在肯尼亞有第二道防線。也許當地很難就保護專利執法，但是至少我們能到海關部門說：「阻止這些進口貨物。」這是我們的賣點。

你有時寄一封律師函，他們就會停止生產仿冒品；但有些案件卻必須訴諸法院。中國政府希望營造創新先鋒的形象，所以他們說：「如果有中國公民獲得專利，我們會償還他1,500美元。」申請費只需800美元，所以很多人在網上尋找新產品。他們購買樣板，或者從網上下載圖片，然後在中國註冊他們沒有發明的專利，這樣就能獲利700美元……在中國發起法律訴訟很昂貴，我有幸找到一位願意應急處理案件的律師。我在中國從未輸過官司，不，我沒有見過中國法院偏袒中國人。我們早前起訴一家公司仿冒我們的產品，最近取得法院判決書。我的律師說：「我們勝訴了！」但是我需要看翻譯版本。判決可以成為要求對方提供摧毀模具的證據：拿著乙炔手電筒去那裏，把工廠模具切割成半。但是事實上，模具可以重新鑄造，如果有客人找到那家公司，他們會在同一條街上再開一間店鋪。只要有產品看起來像我們的標誌性設計，我就要清除這些仿冒品。我只是想折騰製造仿冒偽劣品的人，把他們趕到別處去仿冒。

我從來不做枱底交易，但是我的國內零售商也許要這樣做。我知道總有人提到要給「顧問費」，我不知道這筆錢是怎麼算的，

為了讓我們的產品進入國內，經常要花不少錢。如果有人知道將產品引進某國的可靠渠道，這是極大的商機。大商家不會碰非洲這個地方，因為這對他們而言太複雜了。我們總是需要把產品價格壓得很低，才能迎合非洲和其他發展中國家的市場。長遠來看，如果非洲消費者購買我們的產品，對他們來說更好；但是在短期而言，中國仿冒品雖然質量低劣，但是價格更便宜。這是我們面臨的最大問題，比仿冒行為更嚴重，我們必須教育不同國家的消費者。

大衛嘗試通過他的太陽能照明系統讓世界變得更好，同時從中獲利。他遇到兩個問題。首先，他的產品太容易遭到仿冒了，我們在廣州的一間小型商場裏，曾見過三家不同店鋪有類似他設計的產品。他可以透過打官司打擊這些行為，而且他也在中國勝訴了，但是他承認自己不能擊退仿冒者，只能令他們暫時收斂。第二，他在美國設計的產品，造價難免高於那些從中國來的產品。他試圖教育非洲消費者，告訴他們自己產品的質量不錯，但是發展中國家市場的一般消費者看到他的產品和更低廉的仿冒品，仍然會選擇後者。對多數非洲消費者而言，質量是模糊的概念，而擺在眼前的卻是即時的成本。然而，他仍在繼續努力，在國際舞台上有不錯的成績。

阿卜杜勒（Abdul）

阿卜杜勒來自中東，從家鄉的客人獲得訂單，然後在中國的工廠製造仿冒品。

我從家鄉拿到仿冒一個美國品牌夾克的訂單，原裝正品價格為250美元。我幾乎完全按照正品設計來生產，換了品牌名稱，把價格定在250元人民幣。價錢銀碼一樣，但是他們是美元，我的是人民幣，價錢只是六分一！我不擔心版權和訴訟問題，因為設計稍有不同，我只是從美國公司那裏獲得設計思路。

歐美品牌用料上乘，設計得很好，價錢也非常高。中國使用廉價的用料和人力，可以製造出十分相似的品牌，只不過用不同的名稱。在歐美生產很昂貴，但在中國卻非常便宜！第一世界國家不關心第三世界國家需要什麼，所以許多第三世界國家的人來到中國。但是，如果中國的價錢變高，也許第三世界國家的人會改變目的地。以前，這裏的工人每月拿2,500元人民幣薪水，現在已經變成5,000元。第一世界國家向中國施加壓力，中國才會這樣。

你看，這款名牌手錶的正品價錢高達25,000美元。但這隻仿冒（偽劣）手錶也很不錯，價錢卻只要600至700美元。哪個瘋子會去買正品？在東歐，每位年輕男士都想送這種手錶給女朋友，讓她看起來更美。這隻手錶和正品一模一樣，只是品牌名稱不同。空中服務員帶這些手錶回到東歐，可以輕鬆賺到快錢。

阿卜杜勒的話告訴我們，雖然中國公司製造仿冒偽劣產品，但有時是應外國商人的需求而造。對方下了訂單，中國廠家就會製造出來。阿卜杜勒是大衛反對的那種商人。如果阿卜杜勒的客人販賣仿冒大衛設計的廉價產品，他一點兒也不會為自己提供這類產品而感到羞愧，儘管太陽能燈對阿卜杜勒來說利潤不夠豐厚。阿卜杜勒對於自己的行為沒有什麼道德顧忌，對他來說，「第一世界不關心第三世界的需求」，所以他來中國為家鄉提供這些產品，並為自己賺點錢。我們想邀請大衛和阿卜杜勒一起去餐廳吃飯，儘管他們對於全球生產鏈的看法截然不同，但也許他們會喜歡對方，可惜這事沒有實現。

低端全球化的網絡

雖然這本書主要講廣州的低端全球化，但是廣州只不過是眾多國際樞紐之一。商人來廣州進貨，但也去浙江義烏，後者是廣州在中國

內地低端全球化產品的主要競爭對手。在中國之外，商人還會去泰國曼谷買紡織品，在阿聯酋迪拜購買各類商品。商人把貨品發送的路線，從廣州到香港（經常）、迪拜、中東和非洲的港口，然後再經陸路運到內陸城市。廣州不過是全球網絡中的一個節點。我在這一節簡要描述低端全球化網絡的六個節點：義烏、曼谷、伊斯坦布爾、迪拜、內羅畢（我曾在2014年至2015年造訪以上各地）和阿克拉（Accra，林丹曾於2013年底造訪）。

我和林丹乘坐一輛沒有座位、只有臥鋪的長途汽車來到義烏，牀鋪上有枕頭和牀單，車程17個小時。汽車上一半乘客是非洲人，與火車和飛機不同的是，乘客購票時毋須出示護照，因此對逾期滯留者來說是可行的出行方式。汽車上還有中國小偷，趁有人出去排隊上洗手間時搜掠別人的行李。我遇到了這種情況，還好眼尖的林丹讓我沒被洗劫。義烏的外國人社區比較小，外國人聚集的地區名為「賓王」，並因為當地最大一家阿拉伯餐廳的名字被稱作「Maeda」。這個區域只不過是幾條街道而已。我們在這裏遇見了來自尼日利亞、肯尼亞和阿拉伯的商人，也見到數名哥倫比亞性工作者，還邂逅了我們的肯尼亞朋友美琪（Maggie）。在這一節提到的地點，我們有意約見或恰巧遇到了我們在廣州認識的商人。

義烏的貿易中心是國際商貿城，其規模之大類似廣交會，但全年開放。商貿城樓高五層，內裏逾8,000間店鋪分佈在29道大門，每一處販賣着不同類型的商品。美琪在廣州購買衣服和手提袋，然後在義烏採購廚房用具和其他生活用品。身為小商人，她遭到我們一同造訪的大部分店鋪的無禮對待，他們的理想顧客似乎應該是有名片、穿西裝的，代表大企業下為數兩萬或五萬件產品的訂單，而不是像美琪這樣隨便走進來的客人。她進店前都會問最低批發量是多少，店鋪和廠家直銷店一般會帶着蔑視的口吻告訴她是200或300件。有一間店鋪的女士聽到美琪問價時，甚至沒有望着她，而是在手機裏按下數字，向她展示金額。美琪很惱怒：「這裏的人不懂得招待客人的方式！」

我和林丹身穿T恤、背上背包，假裝客人拜訪不同的商鋪，也遭到店員冷漠對待。看來美琪並非因為是非洲女子而遭到冷遇，而是因為她是一個小角色。她最終找到了一間店鋪，對方要求最少購買十箱產品，但毋須是同一件商品，可以是店內任何商品，美琪終於找到了可以做交易的地方。義烏距離擁有大量工廠的廣東省如此遙遠，但卻成為低端全球化的重要地點，其中原因並不清楚。但無論如何，這是中國除廣州以外，所有從事低端全球化的商人都幾乎知道的地方。但正如美琪所經歷的，義烏有些商人參與的並非是低端而是高端的全球化，這無疑給他們帶來更多的收入。[17]

在商人中，曼谷因為紡織品比廣州的質量和價錢較高而著名。位於彩虹雲霄酒店（Bauyoke Sky Hotel）附近的帕圖南（Pratunam），是商人到訪的重要地區。在東非市場的紡織品，當中兩至三成並非來自中國而是曼谷。曼谷的一名物流中介對全球紡織品貿易頗為熟悉，他告訴我：「曼谷的設計較好，幾乎是純棉製……很多時候，商人從這裏帶走商品，嘗試在中國製造仿冒品。但是他們失敗了，因為這裏產品的質量更好。泰國船運公司不會使用壓縮機，因為它會損害紡織品的質量，改變物料和外觀。」在泰國，只有小量裝有成衣的集裝箱運往東非，數量比不上廣州。「他們也許在廣州運出100個集裝箱，而在泰國只有40個。因為更多非洲人想買便宜貨。只有一成的內羅畢人買得起這些高質量貨品。」泰國的布料價格的確比中國高30%至40%，所以人們處理這些布料的做法完全不同：在東非市場，就算像我這樣不識貨的客人觸摸到衣料，也可以立刻發現衣服產自泰國。我沒聽說過泰國製造仿冒品，只知道泰國市場有中國製造的仿冒電子產品。中國仿冒泰國的布料較為劣質，因此不為人們接納。

伊斯坦布爾是另一個中國另類商品的集散地。在一次廣交會上，一名土耳其貿易代表向我們坦言：「我們像中國人一樣製造仿冒品（偽劣品），但我們的產品質量更好。土耳其的產品質量比中國好，而價錢則比歐洲的低廉。」確實，許多阿拉伯世界和其他地區的人也許蔑

視中國產品，青睞土耳其產品，因為對他們來說，土耳其象徵着歐洲。正如曼谷的紡織品，商人在伊斯坦布爾購買的貨品被認為更好，有代表性的產品包括男士服裝和鞋子，但也包括嬰兒用品和重型機械。人們認為它們的質量比中國貨品要好，但價錢也更高。一名在伊斯坦布爾開設辦公室的東非物流中介告訴我：「多數東非商人不會來這裏，他們總是追求最便宜的貨品批發採購，他們會去中國。」他說自己公司每個月只運七到十個集裝箱到肯尼亞，其中95%的貨品都是正品。反觀他的公司從中國運往肯尼亞的集裝箱每月也許有30個，當中正品比例佔約70%（在這裏他所指的「非正品」，意思是偽劣品，而非仿冒品）。我問他關於仿冒品的問題，因為有不少關於土耳其仿冒品的新聞報道。[18] 他回答說（非常坦誠，因為我以前不認識他）：

> 土耳其有仿冒品，但是質量很好。你只能打包一些仿冒品，也許兩三件、五件或十件，分裝在不同的箱子裏，但是不能把它們打包在一起。你不能像在中國的做法一樣，運送100件這種或那種的仿冒品。如果土耳其海關只發現一件仿冒品，就會充公整個集裝箱的貨物。對，我有時為客人放兩三件仿冒品，和其他貨物包裝在一處，他們不會發現的。但是這裏與中國不一樣，中國到處都是仿冒品。如果你想仿冒土耳其的產品，可以拿到中國仿造，然後運回非洲。對，你可以在這裏製造西裝，然後運回非洲，再貼上標籤。但是生意人總是比較急，想在同一個地方做完所有事情。中國的仿冒品製造速度更快、價錢也更便宜，比起土耳其，你在中國可以打包更多的仿冒品！我們商人總想尋找可以賄賂的對象，我們鑽空子，但是土耳其沒這麼多空子給我們鑽。

從土耳其運送貨物到肯尼亞需要40天，因為集裝箱貨船經過紅海時會有延誤。因此，如果商人從土耳其把貨物海運就沒那麼方便。土耳其是一個小眾市場（niche market），相對中國而言，它象徵着離高端

全球化更近一步 —— 假設中國的經濟增長和司法系統繼續沿目前路徑發展，也許在十年或十五年內也會如此。

如果說伊斯坦布爾處於低端全球化的邊緣，那麼迪拜就位於中心地帶了。與曼谷和伊斯坦布爾不同，迪拜售賣着各式各樣的中國製造產品，包括仿冒品，非洲商人可以選擇去迪拜或廣州。最近有一篇文章寫道：「有了迪拜，誰還需要中國？」[19] 有些商人來到迪拜，因為他們無法拿到中國簽證，還有些商人來回於迪拜和中國兩地。另外還有一些拜訪迪拜的常客。一名坦桑尼亞商人問我：「這是我做生意的地方，為什麼我要去中國？」在過去五年間，他曾往返達累斯薩拉姆（Dar-es-Salaam，坦桑尼亞城市）和迪拜近20次。還有一些商人夢想着要去中國，但是沒有人脈，也許他們覺得中國是一個有異於迪拜的遙遠異國，認為可以在中國賺大錢，所以十分嚮往。相比其他樞紐地點，迪拜的商人會詢問我中國的生意如何，總會把我當作生意夥伴。

迪拜整體上看起來像洛杉磯，甚至像拉斯維加斯。但是在迪爾拉（Deira）這個發展中國家商人造訪之地，與當地其他地區都不同：狹窄的巷道裏有許多小型批發商鋪和破舊的旅館。這裏批發各種商品，覆蓋了中央的薩布哈街（Al Sabkha Street）周邊兩百碼的區域。本地人佔阿拉伯聯合酋長國人口不到20%，迪拜也是如此，所以多數工作由外國人擔當，包括販賣低端全球化的產品。在迪拜做粗重活兒的主要是埃塞俄比亞人和肯尼亞人，但在迪爾拉與非洲商人打交道的往往是印度人，他們都熟悉東非商人的文化。迪拜還有一間大型的中國商貿城，名叫「龍城」（Dragon Mart），但是我在迪拜遇到的商人不去那裏，而是去迪爾拉。

我住在一間破舊但昂貴的酒店，隔壁是商人儲存已購買貨品的倉庫。這在迪拜比較常見，多數商人採購已經製成的貨品。這些一般來自中國的貨品被送到迪拜，目的地是中東和非洲市場，而它們的價錢比在廣州看到的較高。由於貨品已經是現成的，因此交易速度快，商人可以買完就回家，而不需要留下來等候廠家生產。這也意味着詐騙行為較少見，廠家沒有機會製造比商人所帶樣板更劣質的產

品——商人見到的通常就是他們可以買到手的商品。迪拜商人面臨的一個問題是商品類型沒有廣州那麼豐富，對於希望進口新產品的商人而言，迪拜沒有廣州那麼吸引。但是相對曼谷和伊斯坦布爾而言，在迪拜轉口中國貨品的選擇更多樣化。

我在迪拜不止遇到坦桑尼亞人和肯尼亞人，還有安哥拉人、尼日利亞人、剛果人、加納人以及其他地方來的商人。由於非洲許多地方都有穆斯林，所以他們不認為迪爾拉有多麼不同，而廣州就不一樣了。商人可以在中國買到比迪拜更便宜的商品，有時甚至是半價，但這麼做也有缺點。從廣州運送集裝箱到許多中非城市需時60天，而從迪拜到這些地方只要15天，商人的投資在運輸期間是被凍結的。為了去中國做生意，商人需要一大筆啟動資金和等候的資本，迪拜的周轉率較高，意味着商人的投資風險低很多。另外商人交易的商品性質也是一個因素，購買迪拜的二手車比較合理，因為中國的二手車較少，很多阿聯酋司機在六個月後就會賣掉自己的車，因此在這裏購買二手車比較容易。熟悉迪拜和中國市場的商人和物流中介告訴我，在很多方面來說，在迪拜做生意比中國更容易：那裏的人可以說英語，欺詐事件也較罕見。但他們表示，大體上在中國做生意更好，原因很簡單，在迪拜「所有東西都產自其他地方」，而生意人總想去原產地採購。近年來，迪爾拉的非洲商人數目明顯減少了，許多非洲人轉而流入中國，但迪爾拉對許多商人來說，仍然是中國以外的一個選擇，也是低端全球化的一個樞紐。

來到非洲，伊斯特利（Eastleigh）是肯尼亞內羅畢的一個索馬里族裔社區。在2014年，每逢下雨的時候，當地沒鋪好的路全被水淹了，但那裏也是一個經濟蓬勃發展的地方。[20] 這裏從來都沒有規劃作商業區，是由頗有經商頭腦的索馬里人意外發展而成。儘管伊斯特利直到近年才有排水、供水和市政設施，但這裏匯聚的金錢令人咋舌。廣州的一名東非商人說，他所有兄弟姐妹都在美國，而他寧可待在伊斯特利，他稱那個地方為「打了興奮劑的華爾街」，因為當地

人經手的金額十分龐大。另一名曾居於加拿大的商人，把加拿大受管控的資本主義和伊斯特利的情況作出對比：

> 在加拿大做生意難於上青天。我嘗試在那裏做小買賣，但是沒有什麼可以做的。如果你想成為擦鞋匠，必須接受擦鞋培訓；如果你想開小賣部，必須接受零售培訓。太令人抓狂了！官僚主義過於盛行！這裏就不一樣了，如果你做得好，就能吸引顧客，僅此而已。

伊斯特利有一座其貌不揚的大廈，名為阿邁勒廣場（Amal Plaza），裏面有許多小型服飾商店。另一名商人説道：「如果我現在出售自己的商鋪，可以得到16萬美元，隔壁鄰居的鋪子就賣了這個價錢。」這些商鋪面積都不過五尺乘五尺，但因為這個市場是東非成衣貿易的中心，顧客來自肯尼亞、坦桑尼亞、烏干達、盧旺達、埃塞俄比亞和南蘇丹，因此充滿了商機和利潤。阿邁勒廣場的客人主要是基督徒，有些身穿黑色罩袍的索馬里女人販賣着性感服裝，對象是穿着性感的肯尼亞女人，但在這個穆斯林佔多數的社區裏不會發生衝突。一名阿邁勒廣場的職員説：「對，穆斯林見到穿着性感的女人，這是個問題。但你要知道，肯尼亞是基督教國家，所以你必須有耐性。伊斯特利人不會叫那些基督徒買家別來這個地方。」

圖4.3　伊斯特利（麥高登攝）

文化上，伊斯特利像是融合了火熱資本主義和伊斯蘭教的結合體，到處都是清真寺和伊斯蘭書店，但也有西方美國式的城市面容，有三間專賣漢堡包的大型餐廳，有點像五十年代的食肆。伊斯特利充滿了商機，但也有很多人説它是危險之境。我在當地期間，肯尼亞政府通過手機發出了炸彈襲擊警告。索馬里青年黨在肯尼亞發動了各種襲擊，包括在2013年對西門商場（Westgate）的襲擊，以回應較早前肯尼亞入侵索馬里。伊斯特利作為內羅畢的索馬里族裔中心，成為受到懷疑的恐襲源頭，警察遍佈四周。一名索馬里商人説：「肯尼亞警察不關心你有沒有身份證或護照，只想拿錢。如果你不給錢，他們會指控你是青年黨成員，把你關起來。」我所在的酒店常有索馬里政客造訪，門口的警衛告訴我：「如果警察向你伸手要錢，不要給他，我們必須給他們錢，你卻不必。」許多伊斯特利的索馬里人沒有肯尼亞身份證，因為拿到身份證要用十年之久。他們很多是尋求政治庇護，容易遭到警察迫害。

　　當地晚上顯然有幫派活動，但卻沒有警察規管。索馬里商人聲稱：「他們有刀，可以殺死你，搶走你的手機。」據説這些幫派成員都是年輕人，其身在美國的父母讓他們回國好好學習伊斯蘭教，結果這些在美國長大的年輕人變成了罪犯。我在伊斯特利的一個陌生地區下了公交車，走了半英里路左右，有幾個人嘲弄着大喊：「你迷路了嗎？」像是預示我即將遭到搶劫。我和一名司機討價還價，想坐車回到酒店，對方卻要求高昂的車費，這時一位穿着黑色罩袍的年輕女士出現了，她對我説：「跟着我，我帶你回去。」後來我才知道，她在美國上大學，身為索馬里移民的父母讓她回到伊斯特利以接受更伊斯蘭化的教育。我們正走着，幾名索馬里人向我們大喊大叫，她向我轉述那些人説的話：「為什麼你與一個男人一起走路？」「為什麼你與一個白種男人一起走路？」此後，我安靜地跟在她後面，保持十步的距離。四十分鐘後，我們到達了我的酒店，她低調地揮手告別，沒有回頭。

我在伊斯特利除了遇上這些小小的冒險，其他時間主要待在物流公司，與商人和中介談他們的生意。從廣州運貨品到伊斯特利的物流公司有六家，每個月總共運輸約120個集裝箱，貨品主要是成衣，但也包括家具、鞋子、建築材料、電子產品和家用電器。當地也有從泰國和土耳其運來貨品，但規模較中國貨品小得多。此外還有從印度和馬來西亞進口的產品，但人們告訴我，在伊斯特利出售的六成貨品都來自中國。在伊斯特利接待我的是一名來自廣州的索馬里裔肯尼亞物流中介，他坦言：「今天我們在辦公室見到許多嫉妒我的人，他們想去中國。有個人每天來辦公室對我說：『我要去中國，但是我沒有護照。』我告訴他：『如果你拿到了護照，就可以去了。』」但對於肯尼亞的索馬里人來說，拿到能讓他們去中國的護照彷彿是天方夜譚。

另外，林丹造訪了加納的阿克拉（Accra），那裏是售賣中國產品最大型的西非市場之一。人們通過海運將集裝箱從廣州運到尼日利亞拉各斯，然後從尼日利亞用卡車把貨品運到貝寧、多哥，最終到達阿克拉，總共花費了40天。林丹的加納朋友加里（Gary）駕車前往多哥，安排將進口的一批服裝從多哥的洛美（Lomé，多哥城市）運到阿克拉。這批服裝在一個月前從廣州運送，預計在幾天內就運抵阿克拉。加里本來可以安排服裝直接從廣州運到阿克拉，但這樣會更加耗時，因為廣州到拉各斯的船運更加頻繁。加納和多哥之間的海關官員很清楚這條貨運路線，因此會向每名司機收取一兩美元，以便讓他們的貨車順利通關，不被扣留。

加里每隔三四個月就會從廣州買入新衣服，有時候自己前往採購，有時則依靠一個住在廣州的加納商人朋友。當他在阿克拉拿到衣服時，就會將貨品送到姨媽在阿克拉市中心的倉庫，通知老客戶有新貨了。他還會把貨品運到自己開了店鋪的一個鄰近城市，以及加納的多個地方。他有一輛從香港買來的二手福特汽車，並用這輛車運送貨品給客人。加里告訴林丹，他最近一次從廣州買了4,000件襯衣，每

件15元人民幣，他在加納以每件15塞地（Ghanaian cedi）的價錢出售，15元人民幣相當於5.8塞地，如果他能賣出4,000件襯衣，就能掙到32,000塞地（即13,562美元）。每次船運貨品一般能在三個月內賣清，儘管有時存在賣不出某件產品的情況。林丹與加里在一起的時候，加里告訴一個初來乍到的商人，如果她能從廣州帶回一個行李箱的假髮並賣出去，利潤足以支付來回機票的費用。

正如加里的做法，中國貨品可以通過低端全球化的操作，以個人方式運輸和分發給當地零售商，或由在阿克拉市中心馬克拉市場（Makola）的中國商人大量運送。馬克拉市場的中國貨品琳瑯滿目，從服飾、手袋、剪刀到衛生巾比比皆是，市場周邊還有浙江商人，出售家鄉工廠生產的鞋子。在馬克拉賣鞋的加納小販多數從這些中國商鋪進貨，儘管林丹曾遇到幾個加納小販，他們聲稱售賣的鞋子並非來自馬克拉的中國人，而來自廣州廣園西的尼日利亞市場。

圖 4.4　阿克拉的馬克拉市場（林丹攝）

我在廣州遇到的一些非洲商人擔心，身在非洲的中國人最終會取代他們，但林丹在加納遇到的中國人卻不認為中國的非洲商人是競爭對手。中國人一般從事大宗的批發業務，不論是那些在中國有工廠的鞋商，還是國有企業。一間鞋廠的中國職員告訴林丹，他們的企業每年在西非能賣出200至300個集裝箱的鞋子，遠超過非洲商人倒賣的鞋子數量。但他指出，當人們的時尚改變時，有些鞋子賣不出去。他說：「我們工廠針對非洲客源生產鞋子，但非洲人『品味獨特』，和中國人很不一樣，我弄不清楚。」總而言之，雖然非洲的中國人逐漸增加，但非洲人在中國進行採購和貿易的空間仍在，因為他們了解非洲顧客的需求和市場走向。相比起中國企業，非洲商人可以靈活調整貿易策略，因為他們交易的產品數量比較小。林丹在加納期間，發現仍然有加納人到中國尋求商業機遇，但我們不知道這種情況可以維持多久。

註釋

1　「低端全球化」(low-end globalization)又被許多作者稱為「由下而上的全球化」(globalization from below)，包括我自己曾編寫的一本書。我選擇使用「低端全球化」，因為政治運動人士有時會使用「由下而上的全球化」，而這並不是我此處的用意。不過，不論被稱為什麼，它的實質內容更重要。

2　參考Mathews and Vega (2012：1)，還可參考Ribeiro (2006, 2009)；Mathews (2011：19–20)；Mathews, Ribeiro, and Vega (2012)；Mathews and Yang (2012)；以及 Neuwirth (2011)。如需更廣泛的分析角度，可參考Hansen, Little, and Milgram (2013)；Abraham and Schendel (2005)；以及 Smart and Smart (2005)。低端全球化大致與過往作者所說的「非正式經濟」類似，見 Hart (1973)；Portes, Castells, and Benton (1989)；Hansen and Vaa (2004)，但這些作者主要注重單一國家內的貿易，「低端全球化」則主要關於世界不同國家之間的貿易。

3　穆斯林男性也許有多位妻子，這是伊斯蘭教所允許的，但是他們不能有情婦(儘管有些人還是這樣做了)。

4　Yang（2011：66）．

5　參考 Shepherd（2012）關於美國低端全球化的討論，他探討了華盛頓首都的街道攤販。

6　Yang（2012：160）估計大約一半最初來到廣州的尼日利亞商人損失了所有金錢，後來再也沒回到廣州。

7　2006至2009年，手機仿冒品大批湧現，得益於一間名為聯發科技的台灣公司，他們製造的芯片能製造一大批手機（見 Lin 2011：18–19），這波浪潮隨智能手機的出現而戛然而止。2013年，聯發科技宣佈可以做出智能手機的母板，但是我們還沒有在小北見到廉價而優質的智能手機。

8　這種情況下，仿冒品和偽劣品的區別較為模糊。如果商人把電視之類的偽劣品裝進集裝箱，然後把商標空運回去，最後在自己國家把商標粘在電視機上，那麼在商標被貼上去之前，這些電視機是偽劣品，之後就是仿冒品了。

9　Lin（2011：18）．

10　例如，可參考 Mark Turnage, "A Mind- Blowing Number of Counterfeit Goods Come from China," *Business Insider*, June 25, 2013, http://www.businessinsider.com/most- counterfeit- goods- are- from- china- 2013-6#ixzz3X6v0viI6; 還可參考 Angelo Young, "How China's Alibaba Helps Counterfeit Goods Reach US Pirates, Amazon," *International Business Times*, January 28, 2015, http://www.ibtimes.com/how-chinas-alibaba-helps counterfeit-goods-reach-us-pirates amazon-1798174.

11　這個數據每年都有變化。2016年2月，中國經濟波動，印度經濟增長率超過中國。非洲國家因中國經濟下滑受到牽連，因為他們的GDP增長依賴於向中國出口原材料。儘管如此，許多發展中國家的GDP增長率繼續增長，超越發達國家。

12　Hansen（1999：347, 352）．

13　Yang（2011：79）．

14　George（2013）．

15　Li, Lyons and Brown（2012：57），也可見 Castillo（2014：237）的引用。

16　Chalfin的民族誌描寫了加納科托卡國際機場的海關，討論了海關官員及上司希望採納世界海關組織等國際標準的想法（2012：525），但她也暗示了海關工作含有巨大利益，因為收受賄賂可以帶來不少金錢，以及非洲政府一半的稅收來自海關（524，528，535n11）。

17 參考 Cissé（2015）對於義烏非洲商人的詳盡分析。Bodomo and Ma
    （2010）認為義烏正在超越廣州成為中非貿易地，因為非洲人在那裏受
    到更正面的對待。

18 例如參見網上各類報道，例如 "Turkey Cracks Down on Counterfeit
    Goods," *The Guardian* 17 Oct. 2011, http://www.theguardian.com/world/
    2011/oct/17/turkey-counterfeit-goods-trade。

19 參考 Keshodkar（2014）。

20 參考 Carrier and Lochery（2013）以及 Carrier（2012）的文章，他們探討
    了伊斯特利如何通過索馬里貿易網絡發展起來。

第5章

廣州的合法及非法活動

合法及非法的兩條路

　　相比起國籍、宗教或膚色，是否具備合法居留身份最能作為辨認廣州非洲商人的標尺了，即他們是否合法居住在中國。這往往是非常私人的問題。我們幾次去某位朋友的工作地點拜訪他，結果發現他已經被警察逮捕，在牢獄中等待被遣返回國。我們不僅不能去監牢探視他，也和他的其他朋友一樣根本不知道他是非法居留者，直到有一天他人間蒸發才知道實情。如果有人在中國被投進監獄，官方不會公開宣布；你不會知道某個人是不是坐牢了，也不知道他們在哪裏坐牢、坐多久的牢。監獄中的逾期滯留者最終能打電話給外面的人，但不論如何，他們之前已經消失了至少幾個星期。正如中國的其他事情，永遠沒有確定的消息，因為不同的警察和不同的管轄區做法都不一樣，而且多數材料都以中文書寫，非洲人無法理解，也不知道是如何執行。正如在其他領域，謠言十分盛行。

　　幾乎所有的商人都是合法抵達中國的，我們沒聽說哪個人以無記錄的方式潛入中國，儘管這在香港等地是有可能。多數人嚴格遵循簽證法規，有時需要支付大筆金錢或每個月離開中國一次，以便續簽證。但有些人則任由簽證過期，成為非法的逾期滯留者。一些商人這

樣做的原因，是他們在協商船運的過程中，身邊沒有可信賴的物流中介或中間人——因此他們覺得必須逾期滯留，不然就會損失所有資金。一名商人這樣評論道：「中國公司也許會告訴你七天內就有貨了，到時卻並非如此。你還沒檢查貨物，他們不可能強制你離開！所以你就逾期滯留了。」商人成為逾期滯留者的第二個原因，是續簽證的費用似乎高得嚇人。第三個原因是身為中間商的商人不希望丟了客人，正如一名中間人說：「如果你回非洲續簽證，就意味着要換掉手機卡，客人找不到你，也許會找另一個供貨商。你必須時刻與客人保持聯繫。」這也許意味着要逾期滯留。

逾期滯留者來自各個國家，我們認識的有來自也門、烏干達、加蓬、肯尼亞和其他國家，也認識一些來自美國、歐洲和日本的人在廣州非法工作，即便他們不是逾期滯留者。但最常見的逾期滯留者是尼日利亞人，尤其是尼日利亞的伊博族人。在尼日利亞人於廣州進行商貿的主要地點廣園西，在2013年的時候似乎大部分的店主都是逾期滯留者，我們聽說的比例也許高達八成。為什麼特別是尼日利亞的伊博族人？一個簡單原因就是尼日利亞人人多勢眾。許多商人都說尼日利亞人是廣州市內人數最多的外國人群體，所以他們當中總會有人逾期滯留。第二個原因是，續簽證對尼日利亞人來說尤其困難。一名逾期滯留者說：「如果你要續簽證，中介會索要兩萬元人民幣，替你更新六個月的簽證。我可付不起這個價格，太貴了。有些國家上了中國的黑名單，尼日利亞就是其中之一，所以續簽證費用很昂貴。」我們不知道尼日利亞是否上了中國的黑名單，但似乎尼日利亞人續簽證時確實需要比其他國籍的人花費更多錢。

文化因素也有造成了一定影響。研究發現，廣州的尼日利亞籍逾期滯留者「缺乏業務上的成功」，「這最終令移民不再回國，因為社會預期他們能在海外發家致富。」[1]我們也發現了這個現象，這與廣州其他民族和國籍的人形成了鮮明對比。一名肯尼亞商人告訴我們：「如果我無法續簽證，我就會回國。我不知道他們為什麼要留下來，成為

非法居留的人。」一名尼日利亞籍逾期滯留者明確地說明了這個文化因素：「每個伊博族人都知道錢的價值，衣錦還鄉的時候能有所交代，你的父母和親人都會在那裏，還有在你一無所有時照顧你的人。你希望向人展示自己已經長大了，能令他們笑逐顏開。」另一個人說：

> 對，如果你離開一段時間後再回來，就必須為自己的離去作解釋。濫藥者喜歡大吵大叫，他們在家鄉住大酒店，亂搞亂鬧，用錢打發警察，或者用錢恐嚇他人。如果你不想受到恐嚇，也必須有點錢。如果他們開蘭博基尼，至少你得開一輛達特桑。他們住豪宅，但我也有兩個臥室的公寓。對，總會有各種誘惑，人總是想索要更多的東西。如果一個人在這裏混得不好，不會願意回家，不可能的。

東非人告訴我們，不論他們是否能發家致富，家人都會很高興見到他們；但對於很多伊博族人來說，男性氣概似乎決定了他們不能空手而歸。他們寧願在中國成為逾期滯留者，也不願承擔無法衣錦還鄉的羞辱。在我們的訪談中，尼日利亞的伊博族人不像其他國家的人，一般不會掩飾自己逾期滯留的身份，也許因為多數人都是逾期滯留者，自己假裝不是反而很奇怪？但沒人認為這種身份值得自豪。

對於自己為何成為逾期滯留者，我們訪談的許多尼日利亞人都顯得十分憤怒。一名商人說：「尼日利亞有那麼多中國人，我們政府不會騷擾他們。為什麼中國政府要這樣對待我們？」楊瑒遇到的另一名商人說：「我們從自己人身上賺錢，賺的是非洲人的錢，沒有搶中國人的工作。事實上，我們為中國人創造了工作機會，那中國人為什麼還要管我們的事？」[2]另一名商人認為中國人對尼日利亞伊博族人的態度尤其惡劣，因為他們太會做生意了：「中國商人可以輕易騙倒剛果人和肯尼亞人，但是他們不容易對尼日利亞伊博族人行騙。」我們向他指出，世界上沒有哪個政府能完全容忍非法移民的存在，但問題在於，為什麼中國政府要令尼日利亞人拿續簽難上加難，使他們不得不

成為逾期滯留者？一個可能是，其他國籍的人在簽證失效前會回國，中國政府假定尼日利亞人也會回去，但他們並沒有這麼做。另一個可能是，尼日利亞人可能真的上了非正式的黑名單，因此要為簽證支付高昂費用。不同國籍的非洲人給我們提供了他們的續簽證價格，我們懷疑後者是真實原因，但這並無法核實。

廣州的尼日利亞伊博族人曾與當局發生摩擦並引發抗議事件。2005年，一間較著名的尼日利亞教會牧師被驅逐出境，理由是他在教會宣講中拒絕中國當局的指令（見第七章）。2009年7月中旬，一名簽證過期的尼日利亞人在逃跑時受傷，有些新聞報道説他因此死亡，有些則説沒有死亡。[3]事後近百名非洲人包圍了廣州的一個公安分局抗議。2012年，中國通過了新的《出境入境管理法》以打擊「三非」，即非法入境、非法居留和非法就業。[4]法律自2013年7月起生效，同年8月廣州市開展打擊逾期滯留者的行動，廣園西每天都有警察進行搜捕，隨後幾個月裏數百名逾期滯留者被逮捕，改變了廣園西以至整個廣州非洲貿易的常規。[5]在繼續發掘這個問題之前，我先探討廣州的非洲人和阿拉伯人關於簽證的憂慮，因為他們都有可能成為逾期滯留者。

有關簽證和護照的憂慮，牢獄和被逐出境

所有非洲商人都要擔心辦簽證的問題，要在簽證失效前把貨物運出去。不確定因素無處不在，以前人們可以坐火車到香港續簽證，但現在這個途徑已經愈來愈困難。我們組織過一次中國人與非洲人對話的活動，一名東非人對另一名中國官員及其兒子説：「如果要改善廣州非洲人的生活，最重要就是放開簽證的發放，允許非洲人來這裏做買賣。」中國官員説：「想要去美國的中國人也遇到這個問題，他們拿不到簽證⋯⋯中國人去非洲沒有問題，但是大多數人想拿到去美國的簽證。」一般規則是，一個國家越富裕，人們越不容易拿到那裏的簽

證。富裕國家希望阻隔較貧窮國家的人，或者讓他們的逗留時間盡可能短，但這對話並不能紓緩許多非洲人的不滿。另一名西非人說：「我認為中國人不想要我這樣的人再來這裏了，自從2005年之後，出入境變得越來越困難。非洲的中國人很自由，為什麼不能讓中國的非洲人過得舒坦一些？」

廣州正如中國的其他地方，護照或者中國公民的居民身份證都是出門隨身必備的。我每次在廣州入住酒店，不論酒店多麼殘舊簡陋，都需要出示護照，不然拿不到房間。有時警察會在街上截停我，想查看我的護照。如果我沒帶護照，就必須被護送回酒店，也許還要付罰款。楊瑒記錄了一名尼日利亞伊博族人的訪談：

> (警方)要求所有事都要用護照登記……當我找到住的房子，他們要看我的護照；我要租一間店鋪，他們要看我的護照。你們中國人真麻煩，我們國家(尼日利亞)有好多中國人，我們從來不找他們的麻煩。[6]

這種情況下，丟失護照將是夢魘。一名肯尼亞物流中介說：「我總是擔心自己的護照問題，比其他東西更要緊！如果我把外套放在一邊，護照在兩分鐘內就會不見了，被小偷取走。」因為廣州沒有肯尼亞領事館，補領新護照過程漫長，期間他將成為非法居留者。

護照裏簽證必須未有失效，這對於那些有穩定中國簽證的外國人來說，比如日本企業的職員，並不構成問題。但對我們認識的幾乎所有非洲商人而言，簽證問題一直懸在心頭。許多來中國的商人所持的簽證只允許他們逗留不超過30天，如果他們住在民居而非酒店，就必須在入境後24小時內到派出所登記。如果不這麼做，他們就要面臨罰款或牢獄之災。一名肯尼亞物流中介說：

> 昨晚，我的朋友打電話給我，我必須去給他付2,000元人民幣。如果不給錢，他們就會把你關起來。他有一年的簽證，但

是沒有去登記。他需要每個月去香港續簽證，每次續簽證後，還得再到廣州的派出所登記。如果你每次必須這麼做，一年的簽證還有什麼用？有些國家的人受到青睞，蘇丹人和安哥拉人只需要每六個月登記一次，但是我們必須每個月都辦理登記。肯尼亞和中國的友好關係剛剛開始，所以……

簽證失效前，商人可以直接回家，如果生意已經辦妥，多數人也確實會這麼做，之後再在家鄉申請新的中國簽證。或者他們可以去香港、澳門、馬來西亞或泰國，在那邊找專門辦理中國簽證續簽的中介。這可是令人疲憊不堪的過程。在一次教會活動上，我們聽到一個故事，敘述者是一名簽證快要過期的尼日利亞商人。他去了澳門，然後又到馬來西亞，接著到泰國辦續簽證，總是失敗而歸，看起來他無法回到中國了——但不知為何，他最終在泰國拿了了續簽，能夠重返中國，他為此誠心感謝上帝。

如果簽證申請被拒，意味着申請人中國貿易的終結，林丹記錄了一名尼日爾商人的遭遇：

2013年9月3日，阿米爾（Amir）在中國簽證到期前的一天，在廣州申請續簽證。他原本期待能拿到一個月的續簽，但是處理申請的廣州出入境管理官員告訴阿米爾，他們只能給他的簽證延長至9月10日。他的朋友給他幾個建議：去馬來西亞或澳門申請中國續簽，或者到9月10日再在廣州申請續簽，又或者回國申請新的簽證。第二天，9月4日，阿當阿米爾返回廣州的出入境管理局取護照，被告知簽證還沒辦好，讓他在一個星期內再回來拿。他很高興，感到這意味着自己能夠拿到一個月的簽證，因為他認為中國出入境管理局不會讓他一拿到簽證就要立馬離開。但當他在9月9日去取護照時，發現自己只能逗留至9月10日。朋友建議他去澳門或香港辦一張假「機票」，扮成要從澳門或香港離境去第三國。他嘗試從羅湖口岸到香港，但

是遭到拒絕，阿米爾只有兩個選擇了——要麼買一張真的機票回尼日爾，要麼在廣州成為逾期滯留者。他在如何選擇的問題上擔心不已，無法安睡或進食。

他最終決定回尼日爾，我們再也沒有聽到關於他的消息。

有些人能拿到多次入境簽證，只要每30天出入中國邊境一次，就能在中國逗留一年之久。這些人往往去澳門或香港口岸，盡快地從邊境出去再入境。但是像阿米爾這樣，香港或澳門當局也許不允許他們入境。我們認識一個烏干達人，她提到自己每30天離開中國的困難之處：

> 這是一年多次入境的簽證，但是每次只能逗留30天。我不能去香港，因為他們不讓我入境，我也不能去澳門。所以我會去泰國，但是要花銷不少錢。我會買鞋子，可以賺點錢，但是不容易。很多身在廣州的人會選擇逾期滯留，不然就要把錢全部用在續簽證上，當他們想回家的時候，已經一無所有了。我可不想變成那樣。

有些非洲人拿到商務簽證或學生簽證，這些是理想的一年期簽證。商務簽證要求申請人提供中國公司的邀請函，學生簽證則要求他們提供高等教育院校的入讀證明。偽造文件的風氣很盛行，比如有許多販賣各種邀請函的中介，但是這些簽證的申請標準也越來越嚴格了——儘管我們見到許多持有學生簽證的商人，但他們很少去上那些幫助自己簽證的漢語課程。

我們認識的許多商人持旅遊簽證，他們可以買貨，但是不能工作。持旅遊簽證者如果經營商鋪或者在辦公室工作可能會被拘留，這並非因為他們逾期滯留，而是因為他們非法工作。我們知道有幾名非洲商人提到辦理工作許可的費用太高了，沒辦法申請到，我們聽說通過中介拿到工作許可要花費四萬元人民幣。我們認識的多數非洲商人

持旅遊簽證工作，但他們擔心警察會出現，取消他們的簽證，或者從他們身上撈好處，這種情況顯然不時發生。

一名肯尼亞中間商認為旅遊簽證方便他工作：「中國出入境管理當局察覺到我們正在促進中非貿易。如果我現在不在這裏，那些供應商不會接到非洲客戶。他們意識到這點，他們知道我這幾個月不可能只是個遊客！」但是也有商人提到，自己對中非貿易的貢獻似乎沒有受到出入境當局的肯定。一名西非商人告訴我們：

> 我有六個月的中國簽證，但是不清楚下次還能不能申請到。出入境當局的職員問我：「你為什麼不回自己的國家？」我回答道：「我不能回國，我在這裏有筆生意。很多中國人留在我的祖國〔所以我應該能留在此處〕。」那個人卻說：「那不關我們的事。」

我們和商人都不清楚，出入境管理的操作是否牽涉經濟因素。中國的出入境管理部門，是否知道和肯定非洲商人對廣州和中國經濟的貢獻？

非洲商人可以在枱底下申請新的簽證，以克服體制上的障礙，但他們普遍認為與幾年前相比，現在要這樣做已經較困難。第二個方法是使用多個護照。一個來自非洲某國的人用一年簽證入境中國，他在簽證到期的兩個月之前，讓家鄉的中介幫忙替他申請到新的護照和簽證，聲稱自己「遺失了護照」。非洲的中介請某個從家鄉去澳門的人隨身帶上這本新護照和簽證，然後他就用舊護照離開中國到澳門取新護照，接着就持新護照再次入境中國，這樣就可以在中國再逗留12個月。顯然，他通過這種途徑已經在中國逗留了許多年，雖然現在未必再可以。另一種規避的途徑是兩個人使用同一本護照，因為他們說中國人「分辨不清非洲人的外貌」。「但他們現在學會分辨了。」一個烏干達人告訴我們，「我有個朋友就被捉到了，我之前給他發過我的護照號碼和名字。現在，他們會問你很多問題，你要告訴他們自己的

出生日期……他們要求你簽名，而你做不到，因為他們也會要求另一個人簽名，那個人的簽名看起來不一樣，他們就知道你撒謊了。」中國正在加緊管制力度，在體制中博弈更為困難了。

2012年前，如果逾期滯留者被捉到，就要繳納5,000元人民幣的罰款。罰金後來再增加至1萬元。有些商人告訴我們，罰金在2014年底再增加至12,000元，而且逾期滯留者在五年內不能進入中國。一名逾期滯留者表示：「有些人說警察會在幾個月後放你走，有些人說如果你沒錢，他們就會一直把你關在牢房裏。不過，我也聽說如果你在牢裏待了一個月後，他們會帶你去機場，還給你買回家的機票。或者他們要求你的家人付款。」大家都不知道真實的情形如何。如果逾期滯留者運氣不錯，又及時繳交罰款，也許不需要坐牢；但也有可能在他還未付清罰款前，就一直被無限期監禁。人們都說中國的監獄很可怕，非洲犯人會遭到毒打，而且會因為飲食條件惡劣而生病和營養不良。獄中的食物很貧乏，所以被囚者須要依賴外人貢獻金錢，才能在獄中長期生存。[7]但正如非洲人在廣州生活的很多其他方面，人們因揣測而催生出各種謠言。一名消息靈通的商人說：

如果你在廣州被捕，也許要坐一個月的牢。如果你在廣州被捉了，必須自己買票回家。但如果你在南海（佛山市的市轄區）被捉，也許根本不用坐牢，他們逮捕你之後會給你買票，把你遣返回國。有些非洲人不想再過這種日子了，情願被捕。但如果你找警察自首，他們也許會對你說「不好意思」，他們不受理！

確實，逾期滯留者大致相信南海等地的執法人員對他們更寬容，而廣州的執法人員據說比較嚴苛。[8]我們認識的許多逾期滯留者住在廣州市外，正是出於這類考慮。

逾期滯留者利用各種策略改善自己的處境。本章稍後會提到埃德溫（Edwin），他的策略就是謹慎投資賺錢，然後去一個接受自首的地

區自首並繳交罰款,就能免除牢獄之災,同時又能衣錦還鄉回到尼日利亞。這是每個逾期滯留的商人的夢想,但是看起來難於上青天——多數逾期滯留者只能在經濟條件許可下回家。少數逾期滯留者做得不賴,尤其是那些有中國妻子或女朋友的人。[9]他們擁有製造紡織品的工廠,產品直接發貨到尼日利亞。還有些人充當中介為客戶商談大筆生意,從中抽取5%的傭金,收入十分可觀。但大多數非洲商人做的貿易額較小,幸運的話只能賺足夠的錢買機票回家。但即便如此,這也只是廣州大多數逾期滯留者的夢想而已。

另一個策略是尋求政治庇護,在2013至2014年間才開始被人使用。聯合國難民署北京辦事處在2012年起開始接收索馬里難民,[10]並於2013年起接收尼日利亞難民,其中包括我們的一個朋友,他到北京的聯合國難民署進行了面談。成為難民的好處是,你在街上不必害怕被逮捕——難民沒有正式的身份證明,但有一張說明自己狀態的官方文件。我們的朋友說:

> 上星期,我走在廣園西路上,很自信地向前直走,不打算逃避。我看見十米開外有一些便衣警察正在檢查身份文件,背後也有幾個假裝行人的警察。以前遇到這種情況時,我會感到害怕,會趕緊跑開。但是那一天,我很興奮,因為我持有聯合國的文件!我心想:「儘管來吧!」然後我就能出示身份證明了。有些警察看到了我,但是沒有人把我截停下來。

但是,難民不能工作,如果被發現了,他們的身份文件會立即遭到沒收,並被警方逮捕。上述這個朋友講完他的故事幾個月後,就因為被發現非法打工,並被遣返回國了。

多數逾期滯留者都不會採用上述策略——他們沒有第一種策略所需的足夠金錢,也不願意嘗試第二種途徑,因為如果他們被發現工作後就會被捕遣返回國,但他們卻必須工作賺錢。所以,他們僅僅祈求自己某筆投資能發大財。由於被捕的危險愈來愈大,許多逾期滯留

者選擇留在家中，僱請中國人打理店鋪生意，自己則通過電話遙控生意。由於他們無法自由行動，他們的發財之夢更遙不可及。

警察

我們在廣州認識的每個非洲人都擔心警察，但擔心的程度各有不同。一名在廣州有合法居留身份的東非物流中介說：「在小北，即便你持有正確無誤的簽證，警察也許還是會截停你，為了拿到錢，與你拉扯幾個小時。不過我已經有簽證了，為什麼要付他們錢？」一名在小北經營非正式出租屋的西非商人，提到警察有時半夜來查簽證：「他們騷擾我和留宿在此的客人，儘管我們都是合法的。警察來查簽證的時候，要求我們付50元人民幣，如果不給錢，他們就不歸還我們的護照。他們不給收據，這是賄賂。」我們認識的一名中國高級警官，矢言絕大部分警察都不會收取賄款，認為「只有少於5%的人」會這樣做。但是我們聽許多非洲商人也堅稱，當周圍沒有具公權力的旁觀者，索賄行為就會持續發生：例如，警察在夜晚搜查一座公寓大樓，從非洲人身上搜刮錢財。對於這些沒有犯事的人來說，這些賄款金額一般不大，50元人民幣大約是7.5美元，但這對增進外國商人和中國當局之間的互信實在毫無裨益。[11]

商人認為這些賄賂跟被蚊叮蟲咬差不多，雖然令人厭惡，但不是什麼大事。但至少在某些情況下，本來他們與警方的交涉不會構成大礙，但卻可能釀成大禍。一名身在中國的東非大學生告訴我們，便衣警察要求他的西非朋友出示護照，結果那位朋友認不出對方是警察，於是說：「不，我才不會給你們看呢！」結果他推撞了一名警察，警察將他制伏並帶走了。那位朋友失去了其大學獎學金，並遭大學退學，其他人沒辦法聯繫上他。也許他坐了幾個星期的牢房，然後被遣返回國。不過，這個例子不太尋常。一般來說，我認識長期在中國的非洲和阿拉伯商人也許無法向警方出示護照（「對不起，我漏在家

裏了」),但這不會造成什麼後果,只不過被警告而已。

另一方面,對於逾期滯留者來說,一次警方的突襲行動可能會令他們在中國的生活戛然而止。第二章的金斯利(Kingsley)描述了他的感受,感到自己彷彿是探索頻道節目中在河邊飲水的羚羊。幾個月後,我們再次談起他的這番描述,他說:「對,我仍然覺得自己是探索頻道裏的羚羊,水中的鱷魚還在等着我呢!」他主要靠在家中打電話遙控自己的生意,只在夜晚去廣園西的辦公室,以便躲避那些「鱷魚」。他判斷警察突襲行動一般在日間工作時段進行,警察在下午5時就會收拾好回家,他之後才跑出來,能較為安全地做生意。他更確切地告訴我們:「警察往往在星期二和星期四檢查身份文件,而且他們不會在中午12時至下午2時、下午6時至7時這兩段時間工作。」截至2016年1月,他都還沒有被警察捉到過。

尼日利亞商人長久以來害怕警察,但是這種懼怕心理並沒有阻礙他們工作。許多稍有成就的逾期滯留商人在廣園西的商場擁有店鋪,並在那裏進行商貿和日常生活。他們對潛在的警察突襲行動非常警覺,只要收到消息,就會準備好逃往最近的出口。不過他們一般不需要這樣做,因為突擊行動不太常見。可是,情況在2013年8月13日警方突擊檢查金龍麗華酒店以後改變了。

警察包圍這間離廣園西尼日利亞商城幾百碼以外的酒店,抓捕尼日利亞的海洛因毒販,逮捕了幾個人。街邊的尼日利亞人說有八人被捕,正如第二章提過的,有說三人甚至多達二十人因為擔心根據中國法律販毒罪可以判處死刑,從大樓最高處的窗戶跳了下來墮樓身亡,但也有說法認為沒有人死亡。在接下來的幾天,廣州報章報道指有1,300名警察參與了此次行動,逮捕了168名「罪犯」,當中大部分來自西非,也有一些中國人。[12] 新聞沒有提及傷亡,但我們的幾位尼日利亞朋友給我們看了手機裏的照片,顯示有死者遺體在路面被覆蓋,他們堅稱這是實際發生了的情況。突擊行動之後的幾天,我們與許多非洲人和中國人交談,見到人們有各種不同的反應。尼日利亞商人不

出所料非常憤怒，嚷嚷道：「為什麼針對尼日利亞人？我們的生意對中國有貢獻！」但有些非洲商人覺得這些突擊行動是好事，因為販賣海洛因此類硬性毒品是不可容忍的罪行，而且令尼日利亞人和廣州的非洲人蒙羞。一名東非商人說：

> 我認為中國政府嚴厲處置（毒販）是好事，他們對待逾期滯留者的方法也不錯，因為這些人行為不良，尤其是尼日利亞人。如果你是逾期滯留者，在一個國家非法逗留並非不好，但他們的行為不當！

這種說法反映了許多非洲人對尼日利亞伊博族人的恐懼。伊博族人普遍被視為是聰明的生意人，但也很容易與他人發生衝突。（在突擊行動後確實有一個傳言，認為中國警方打擊尼日利亞人的原因不是打擊毒品，而是有一群尼日利亞人毆打了中國警察。）不過，這也反映了大家普遍的看法，儘管不應容忍販毒和其他不良行徑，大家也不應該直觀認為是逾期滯留者犯下了這些罪行，他們大多數人僅僅是在謀生。

曾與我們交談的幾個人擔心，這些突擊行動會導致逾期滯留者身陷囹圄。廣園西有一位中國店主很同情這些人，他告訴我們：「有些身在中國的逾期滯留者為了賺更多錢，嘗試做販毒這類高風險的非法生意，但大部分人都不會這麼做。但是，中國警察現在好像把所有逾期滯留者都視為毒販。」林丹在2014年初有機會與一位中國出入境管理官員見面，對方暗示警察和出入境當局最希望逮捕毒販，如果警察的行動傷害了非洲人群體，尤其是逾期滯留者，那實在是太糟糕了。貧窮問題導致許多尼日利亞人在很多小事情上觸犯法規。楊場在2010年夏天見過他們的這種日常小詭計。[13]當時，廣州的公交車使用電子讀卡器，從市民的城市交通卡中扣除車費，但沒有尼日利亞人使用交通卡。一名尼日利亞人告訴她：「你不需要這麼蠢的卡，用口哨聲模仿讀卡的聲效即可，司機不會注意的。」他示範如何假裝拿著

卡，同時發出和讀卡器一模一樣的口哨聲，結果就能免費乘車了。這是輕微的違法行為，但對於中國人來說，這正印證了他們的想像，即其他逾期滯留者也會在其他方面做出違法行為。

另一方面，逾期滯留者的非法身份有時也會令他們遭受中國人的欺凌，一名年輕的尼日利亞人告訴楊瑒：

> 我上一任房東很邪惡，我每個月按時交租，但是她想拿更多的錢。她知道我簽證有問題，所以威脅要向警方舉報我。我很害怕，所以每個月多交給她一些錢。她還要求我每次回家前給她5到10元人民幣。如果我不給錢，她就會斷電⋯⋯不知道為何，她認為我理應遭到這種待遇，我也是人啊！[14]

在金龍酒店事件發生數月後，我和林丹見到一系列警方打擊行動，例如2013年12月發生的這件事：

> 今天下午3點左右，商城地庫層的店鋪突然關閉了，尼日利亞籍的店主都停止了手頭的工作，拉下店鋪的金屬門簾，到過道中央集合，並等待指示看去哪個出口，以便逃離警方的檢查。兩名中國保安很快出現了，查到警察進來的位置後，立刻指引尼日利亞人離開商城。他們告訴非洲人應該往哪個方向跑，逃去附近的居民區，警察很難在那裏找到他們。

廣園西的商城有多個出口，所以在警察突擊行動時，除非有幾十名警力參與，否則人們很容易逃走。除非逾期滯留的非洲商人在錯誤的時間出現在錯誤的地點，或是被發現後奔跑而非步行，被捕的風險並不大。由於管理大廈的中國人從非洲租客那裏賺錢，大廈保安會幫助逾期滯留的租客逃離。

有些非洲人以為一些中國人和非洲人之間的糾葛，總是出於種族因素。我們有時聽有人這麼說：「中國人合謀着要把國內的非洲人趕走。」但事實情況更加錯綜複雜。包括上述大廈保安等的中國人為非

洲人伸出援手，只要不損害自己的工作就行。一名中國女商人把幾間店鋪轉租給非洲人（他們沒有工作簽證，所以無法直接租用店面），她告訴我們：「我不想見到租客被捉。她還欠我一個月的鋪租，如果被捉，我什麼都拿不回來了！」這位女士不停抱怨身邊的非洲商人，但心裏很清楚她的經濟來源依靠那些人的存在。

當逾期滯留者一旦被捕，也許還能有出路。有人在2010年告訴楊瑒怎樣做：

> 如果對方是警察⋯⋯我可以給他幾千元人民幣，他就會放我走。你做這件事的時候要非常謹慎隱蔽。我認識一個已經進了警察局的人，即將被遣返回國。警察把手機還給了他，問他是否有一萬元人民幣和護照。這個人很機靈，立刻打電話給朋友，讓對方送錢和假護照過來。警察拿走了護照和錢，把這個人放走了。當然，如果當時有很多警察，就不可能達成此事。[15]

我和林丹在2014年聽到類似的故事。另一名逾期滯留者說：

> 如果你被警察逮捕了，代價是17,000元人民幣——罰金本身12,000元，飛往非洲的機票大概5,000元。每個人到出入境管理部門後都必須繳付罰款，但在抵達之前，如果警察向你伸手要錢，你可以付3,000到5,000元。這取決於他們向你索要多少金額，然後警察就會放你走。但是如果你打算給錢，不能自己開口問，因為這看起來像是行賄，而你會因此惹來更多的麻煩。作為替代，他們會開口向你索賄。你需要小心。

我們認識的逾期滯留者一般不會行賄，有些精明的人為自己的離開交涉，但多數人只會人間蒸發，被關進監獄。2013年8月中旬開始，每天都有警察突襲行動，據說每次都會逮捕三四十或八十名逾期滯留者。最初，廣園西的非洲店主只在晚上出現，那時警察一般都已經下班回家了。但在幾個月的警察突襲行動後，他們再也不露面了，

除非他們需要處理某些文件，需要聘請或說服中國人。在某些情況，他們改派女朋友或妻子出面打理店鋪。警察企圖逮捕逾期滯留者，但同時把打擊網絡擴大到那些沒有適當簽證和工作許可的人：有些尼日利亞人不是逾期滯留者，但沒有獲得工作許可，所以他們也可能遭到逮捕。除此之外，如果簽證或工作許可的簽發地不是廣州而是其他城市，也會被視為無效，持證者也可能因此被捕。

警方密集的突擊行動，導致不止廣園西而是各處的非洲商人都瀰漫著恐慌。正如一名尼日利亞商人告訴我們：「非洲人這些日子害怕出門，尤其那些沒有簽證的人。中國警察甚至會截停公交車、出租車和私人車輛，他們在所有地方設置路障。我見過公交車在晚間被截停，警察上車檢查護照和簽證。非洲人現在都心驚膽戰。」另一個人說：「這些非洲商鋪都經營不下去了……中國不喜歡非洲人。」

我們通過教會結識了許多逾期滯留者，並曾詢問一名非常虔誠的基督徒：「你有沒有應付這件事的方法？」他回答道：「沒有。中國不是一個基督教的國度，我們無能為力，只能坦然接受現狀。我們需要向上帝祈禱，希望祂能阻止這些突擊行動。」另一方面，一名滿腔怒火的尼日利亞商人說：「如果中國警察繼續這麼做，我們就放火燒掉大樓，這一整個地區將陷入火海！」2013年11月到2014年1月，警方的突擊行動每日進行，累積效應逐漸顯現，願意留下經營店鋪的商人也愈來愈少，客源也因此減少了。到了2014年春天，廣園西的商貿城淪為鬼城，只有一些中國女子或非常少數具合法居留權的非洲男子繼續經營著很少商鋪，大多數店鋪已經關門，只見灰色的金屬門簾。2015年秋初和秋末，我再次造訪廣園西，發現雖然還有不少尼日利亞人和其他非洲國家的顧客，卻很少有尼日利亞人經營的店鋪，櫥櫃邊的職員幾乎都是中國人。我聽說在2013年8月當時身在廣州的逾期滯留者，當中六成人都在2015年12月前被捕。那些繼續留下來的都遠離了廣園西，改為通過電話做生意，並一直避免離開寓所和到街上活動。

逾期滯留者及其朋友的故事

埃德溫（Edwin）

　　年約35歲的埃德溫努力經營，希望儲夠錢回到尼日利亞，直接坐飛機回家，以免在中國有牢獄之災。2012年和2013年初，我和楊瑒與他交談了數次。2013年12月，他在離開廣州的前一天，與我和林丹最後一次聊天。

> 我在2002年第一次來到中國，只逗留了一個月，買完貨就回尼日利亞了。我在2006年決定留下來做生意，因為在尼日利亞申請中國簽證太麻煩了。我來這裏之前是學徒，跟從一位師傅學習。當你在尼日利亞從師四五年後，他們會好好照顧你，給你錢白手起家。我從尼日利亞的師傅學會如何經商，但我來到這裏以後學到更多。我想自己現在比在尼日利亞的師傅賺得更多錢了。
>
> 我是一名逾期滯留者，廣園西逾半的商人都沒有合法證件。在中國逾期滯留很容易。如果你要坐飛機，必須有護照和簽證。但我是到批發市場和廠家為尼日利亞的客人訂貨，所以要到中國不同的省份。我可以乘汽車去義烏或其他地方，因為沒有人會檢查你的護照。如果我要發貨回家，我就直接寄給自己在尼日利亞做生意的兄弟。其他人會寄給朋友，但是也許他們再也拿不回那筆錢了。有一次，某個我自以為可以信任的人讓我損失了6,000美元，所以現在我直接把錢和貨品寄給兄弟，只能是給我的兄弟……我的客人寄來樣板，然後我去下訂單。你看看我手機上的這筆訂單，六千件貨，每件9.5元人民幣，但我收他11元人民幣。對，我賺了錢，但是我不能儲下來，因為我沒有銀行賬戶，我隨身攜帶4萬元人民幣。我把所有賺到的利潤，都用來採購新貨品。不過，我很開心，因為我來到中國的時候一無所有，現在能帶點什麼回家了。我正以38,000美

元的價格購買一輛二手馬克卡車（Mack truck），運回尼日利亞，然後把它租出去，當地很多公司都需要這種車，這樣我可賺錢。

我在這裏已經九年，從沒被警察截停過。我每天早晚做祈禱，也許這是讓我倖免的原因。在2003年至2005年間，我的護照有四個簽證，當時我是合法的。此後我沒有申請續簽了，因為出入境當局不給我簽證。有些國家上了中國的黑名單，尼日利亞就是其中之一……我會講中文，以前有一個中國女朋友，但她拒絕教我中文。我們分手後，我逼自己去學，雖然說得不是十分流利，但至少我能做到四成的溝通水平。

我想念親朋好友，那些尼日利亞的兄弟姐妹和朋友。我今天早上打電話給大哥，他問我：「你什麼時候回來？」他們三年來都說：「回來吧！回來吧！」不，我不喜歡中國的姑娘，她們太拜金了，很多人沒出過國門。我喜歡中國，但只是為了做生意。如果以前的我知道現在這一切，是否還會來中國？不會。如果我當時沒來中國，我現在已經在尼日利亞結婚生子了，但我並不後悔。如果一個尼日利亞的年輕人問我是否應該來中國，我會說：「如果你有一點錢，就在尼日利亞做生意，不要來中國。他們不給我簽證，所以我們為什麼還要來這裏？你最好在那邊開創自己的人生，不要變成逾期滯留者。」對，我會想念中國，想念我的朋友和生意夥伴，但是我為了將來的子女努力工作，這樣他們就不必來中國了，除非中國的簽證政策有所改變。現在我們好像奴隸一樣，一點權利也沒有。

正如大多數逾期滯留者一樣，埃德溫謹慎地為歸國之行作安排，包括從北京的尼日利亞大使館獲取「緊急出國證書」，以100美元更換護照，然後到南海區公安局繳交所有罰款。他說警察對自己很友善，可是發現他已經在中國當了九年的逾期滯留者時，還是吃了一驚。當

埃德溫的歸國之行得到確認時，他簡直是世界上最快樂的人了。我們後來打電話給身在尼日利亞的他，他說自己很快會迎娶一個年輕的尼日利亞姑娘，兩人的微信照片看起來非常幸福。但是與他最熟絡的楊場發現，其實埃德溫在尼日利亞被別人騙走了大部分積蓄，他無法抬頭見家人，於是留在了拉各斯，沒有回鄉下，顯然他也無法結婚。缺乏金錢和榮耀令他寸步難行，這也反映了我們認識的許多尼日利亞逾期滯留者的境遇，儘管多數人不像他這樣可以回到尼日利亞。

本（Ben）

30多歲的本是另一名逾期滯留者，比埃德溫更加玩世不恭。我和他見面時會一起喝杜松子酒，談話內容也愈來愈有趣，最後他會叫林丹關掉錄音機。

廣園西85%的尼日利亞人都是非法的逾期滯留者。我認識有些人因為不堪成為非法居留者的壓力而跳樓。我差點被警察捉到的那一次是怎樣的？有一天，一個朋友打電話叫我出去喝啤酒，我當時站在這裏打電話，一輛客貨車停在我面前，六個身穿便衣的男子跳了出來，沒有穿警服，但我知道他們是警察。我很幸運，因為他們試着拉開車門，結果有點困難，後來我在他們跳出車前就逃走了。他們高喊叫我停下來。他們遵守交通規則，但是我可不，我跑着穿過高速公路。不，我那天沒有和朋友一起喝啤酒！回到家後，我自言自語道：「上帝啊，你今天又顯靈了！」

前天，他們在這個商場裏捉了兩個人。每個人都不知所措，任何時候都會發生點什麼事。如果我現在接到電話說他們正在來這裏，我會立刻關掉店鋪逃走，直接跑出門。我當然知道出口的位置，你去到一個做生意的地方，首先必須清楚怎麼進去和出來！警察不可能站在所有出口旁邊。後面有出口，還有通往

其他商場的通道，而且我是非洲人，跑得比中國警察更快，可以翻過圍欄！如果我可以跟中國政府溝通，我會叫他們對我們寬容一些，承認我們的護照。如果有人申請續簽證，就予以批准。尼日利亞人對這裏的經濟增長作了貢獻！中國政府知道，每天有成百萬美元從尼日利亞流向這裏，為什麼還要剝奪我們的權利？尼日利亞的中國人什麼都可以做，你去辦理續簽能得到批准，可以開辦工廠和經營商鋪，但是我們在廣州都不能這麼做！

對，我有一個中國女朋友，但是即便我娶她，也無法拿到永久居留權或是公民身份。我希望有一天，中國政府能更寬容，我就不必像鼠輩一樣活着了……如果我能夠通過黑市拿到護照，會不會離開中國？不會。中國出入境當局知道我這個人的存在，有我的名字！我不可能從天而降啊！如果我在佛山自首，就必須支付12,000元的罰款，另外為自己買機票。有些人在這裏住了十年，仍然付不起這筆錢，生活一點也不容易！你在這裏見到的大多數人不是不想回家，有些人根本沒錢付罰款或買機票。他們的生活很拮据，大家都不想變成非法居民，你不知道會發生什麼事情。

關於在金龍酒店發生的事件，大家都不知道有多少人死亡，我們不清楚有多少人從六樓跳了下來。從此以後，各個地方都有護照檢查點，有時中國經理告訴我們，希望我們不要走，因為他們靠我們賺錢。對，尼日利亞人毆打了一名中國警察，因為他們遭到太多騷擾了。即便你要抽查，也不應該每天都查。我所在的環境並不安全，但是我知道上帝在照料着我，因此……我避免去麻煩地，那些容易被檢查的地點，包括火車站、地鐵和公交車。我坐出租車，這樣更安全。警察有時候截停公交車檢查，那些公交車有空調，窗戶是密閉的，你逃不出去。出租車更昂貴，但是還有什麼辦法？

我賺到錢了嗎？不是很多，算是付得起租金吧。為了能回尼日利亞，我要攢夠多少錢？嗯，一個人的慾望是無法滿足的，但是你回家前必須做好準備，你回去時兜裏的東西不可能和來的時候一樣少。你去了另一個國度，應該有點戰利品。對，如果你給我10萬美元，我就可以回去了！5萬美元？如果有人能幫我辦好證件，我可能也會回去，這樣5萬美金就夠了。對，我做好了計劃，但是你有時候沒足夠的錢執行這個計劃，只能説無能為力。我希望自己有一天能夠離開這裏。

對，你要回家。尼日利亞的文化是這樣的，一個人如果離開了很長一段時間，就必須回去探望自己的父老鄉親，他們在你一無所有的時候伸出了援手。沒有人會説：「我愛上中國了，不想回家。」我不想讓弟弟來中國，這裏的生活太艱辛了。我想讓他讀書，在尼日利亞當個公務員，老了以後還能領養老金。如果尼日利亞政府有所作為，我不會來中國。我痛恨尼日利亞的政府，因為那些人太腐敗了。如果你在尼日利亞，唯一賺錢的方法就是勾結政府。對我的生意來説，管治不佳的政府更加有利——我們可以賄賂海關人員，但長遠來看這不是可持續發展的模式，對子孫後代不好。尼日利亞擁有獨自發展立國的資源，但是沒有穩定的電力供應。什麼都運作不了，因為官員搜刮走了一切好處。

我在2015年再拜訪了本，當時他仍在廣州。他在安全的時候仍會到廣園西的店鋪，夢想着攢夠錢後衣錦還鄉。

伊薩克（Isaac）

我們通過尼日利亞教會結識了伊薩克，來中國淘金的他同樣是30多歲。相比起埃德溫和本，上帝在伊薩克人生的中心位置。我們在2013年至2014年間與他幾次訪談，當時正值警察突擊檢查的高峰。

我的店鋪已經被關閉了四個月，我有四個月沒交鋪租。管理處打電話給我，告訴我不要回來，因為周圍有很多警察。他們說會開門替我打包貨物，存放在他們的倉庫裏。有機會的話，我會去那裏付錢，取回自己的東西。我必須付清之前欠下的租金，不然他們可能會拿走我的一些貨物，事後還不承認。我每個月要交3,000元人民幣的鋪租，那批貨價值4萬元人民幣。

兩個月後，他對我們說：

我向管理處繳交了欠下的鋪租，但是當我要去取回貨物時，有些貨不見了。我追問他們，對方說：「這就是我們看到的貨了。」對，我覺得管理處欺騙了我，因為我當時不在場。我拍賣掉了這些貨，取得18,000元人民幣。由於我之前欠了他們的錢，所以要支付8,000元罰款，最後兜裏剩下1萬元。沒有法律文件的店主總會遇到這些問題，客人問我為什麼店鋪被關了，我說是因為警察和文件。對，我現在見不了新顧客，除非上帝賜福，不然我只能和老主顧打交道。

我店鋪所在的大廈和政府之間有一些瓜葛，有個非洲人死在這裏，他是一名逾期滯留者，因為害怕被便衣警察逮捕，從頂樓跳了下來。當我們聽說此事，開始集結抗議，美國有線電視新聞網絡（CNN）報道了這起抗議事件，世界人民都知道這起新聞，那應該是兩年前的事情了。我覺得中國人現在的做法是為了報復。在金龍酒店事件後，警察第一次來這裏，接着一次又一次地來這裏，他們沒發現什麼毒販，為什麼還要纏着我們？警察不斷回到這裏，騷擾清白無辜的人。

一個非洲人會傾其所有來到中國，以便讓家人脫離貧困，上帝因他施行。當一個人為了家人脫貧來到一個新地方，你卻不給他簽證，那他就不會回去，因為他知道回去相等於自殺。逾期

滯留者不等同於罪犯、墮落之人或毒販，但是不論中國怎樣了，如果我今天拿到簽證，那最讓我自豪的事情就是回家。有時候當你的簽證快要到期，但你卻沒有錢回國辦理續簽，還能怎麼辦？……保安殺死了一個尼日利亞人，把那個人推倒在地，他的頭撞向地板，結果死了——對，我認識這個人。他們會說那個男孩自己死掉的，不會吐出真相，你對此無能為力。尼日利亞人保護不了自己。我們寸步難行，因為這不是我們的國家，這裏每個人都在找出路。但是如果你沒有錢，如何能離開？

我需要多少錢才能離開，包括付清罰款、買機票、榮歸故里？罰款12,000元，機票7,000元，然後你回家的時候還需要錢……對，如果你給我15,000美金，我現在就走，我明天早上就會去廣州附近的佛山，付清罰款，他們會給我一紙文件，要求我五天內離開。有些傻瓜如果拿到這筆錢，會採購貨物運回家，有的人可能把這筆錢用於吃喝。你有錢的時候，必須儲下來！但是現在，很多逾期滯留者沒辦法做生意，他們蹲在家中飢腸轆轆，一筆生意都沒有，只能在家裏等死。不，我們不會燒掉廣園西！我們是基督徒，不能那樣做，只能尋找另一個出路……

我在瑞士有一個朋友，我倆大概同時離開尼日利亞，他現在已經成家了，還成為瑞士永久居民。對，我當然很嫉妒他，但是我為他感到高興！我曾經申請去歐洲，但是他們騙了我，騙走了我的錢。我沒有家，也沒有結婚，如果我在九年前去了瑞士，也許現在已經有點作為了。不，我不怪罪上帝，上帝讓我來這裏肯定有些原因。我給家裏寄錢，但是兄弟以為我在瑞士一樣的地方，所以他花光了錢：「你身居海外，肯定過得比我們好，所以寄回來的錢歸我們了。」我的父親要我再寄2,000美元，之前的1,000美元不見了。我問他：「我之前寄給你的錢去

哪裏了？」「我去醫院買了這些那些的⋯⋯」「但是這筆錢是用來做生意，讓你用來掙錢養家的！」他花光了錢，他不想死。感謝上帝，我將在2月返回尼日利亞。在2月前，我預期能儲夠12,000美元歸家。當我回家的時候，就不必央求父親供我吃喝，我已經太年長了！對，也許上帝派我來中國，讓我成為更好的基督徒。上帝讓我踏上漫長的旅程，讓我能學會許多事情。我回家前不會知道這個漫長旅程的意義何在，有一天我會明白的。

兩個星期前，他們在教堂裏逮捕了我們中的一人，我們一共籌集了8,000元人民幣付清他的罰款，贖了他出來。現在，警察在每個地方突襲我們，當他們逮捕他的時候，我們正在教堂裏。警察捉住他，發現他沒有護照，於是強行把他押進車裏帶走了。他後來給我們打電話：「嗨，我的弟兄，我進去了。」對，警察會毆打你！如果你對他們不表示尊敬，有人會把你打得落花流水，很多尼日利亞人死在了監獄裏。他們只給你吃白飯、馬鈴薯和水，你很快就會生病。但是坐牢還不是個問題，因為你會因此變得更堅強。對我而言，坐牢不在上帝的計劃之中——我不會在那裏的，上帝會照料我。

我們在2015年秋天嘗試聯繫伊薩克，但並不成功，他的手機已關機。他的一個朋友說，他已經儲夠錢回到尼日利亞，但是我們無法證實。

拉爾夫（Ralph）

60多歲的台灣商人拉爾夫在廣園西開了一間店鋪，銷售汽車零部件和中藥。「我在台灣出生，大學畢業後去了美國，當年20多歲的我娶了一個意大利人，接着去紐約生子度日。」婚姻破裂後，他丟掉了工作，回到台灣做家族生意。他又在台灣再婚生子，終於在20多年前

搬到了廣州。他多年來在廣州投資經營銷往非洲的貿易商品，但虧蝕了許多錢。他的妻子得了癌症，於是他找來一位中醫大夫：

> 大夫對我說：「如果這種藥能治好你的妻子，你要給我20萬元人民幣；如果治不好，我給你100萬元。」我們簽了合同，結果我的妻子活下來了，所以我要付他20萬元。這位大夫不想將秘方公之於眾，因為那是昔日皇帝御用秘方，但他最後答應幫助我，所以我開始跟著他學中醫——他教會我所有的知識。

如今，儘管他做的日常生意是汽車零部件，大部分收入來源卻是中藥。他將中藥賣給那些沒錢去醫院的尼日利亞人。他也成為了尼日利亞的代言人，與中國人溝通：

> 我曾會見一名中國官員，問他：「你們在街上逮捕黑人，你覺得這樣公平嗎？客人都不敢來這塊地方了！」有的人沒有身份證明文件，自有一些理由，他們也沒辦法。台灣人來到這裏投資，但是非洲人來這裏是為生存。在尼日利亞的農村，村民派其中一人到中國採購貨物。如果他因為被騙而損失了所有金錢，就無法回去，所以只得逾期滯留。我告訴這名中國官員，警察不應該總是來這裏，如果他們把尼日利亞人逼急了，那些人只能開始搶劫和販毒。

> 尼日利亞人嘛，你什麼都不能信他們，尤其是與錢相關的事情。我在尼日利亞人的商場裏工作，盡力保持誠信經營。你必須向他們示範什麼是信守承諾。中國以前和尼日利亞一樣：你不能相信其他人說的話。但是中國變得富裕了，與約十年前比較，中國人變得更可靠了。當然，現在還是有些人不太好，但是……

拉爾夫的店鋪裏張貼了「顧客評價」，上面還有那些人的電話號碼，以證明他的藥品功效：「治癒高血壓、糖尿病、月經異常、腹

痛、少精症、陽痿。」因為他知道很多尼日利亞人生活拮据，他這些藥很多都不收費或只收很少的錢。我不知道拉爾夫對尼日利亞人的中藥治療是否有效，因為我本身有糖尿病，隨身攜帶了測量血糖的儀器。有一個尼日利亞人聲稱拉爾夫治好了他的糖尿病，於是我測了他的血糖，結果發現他的血糖水平高得嚇人。可是這個人沒錢，如果沒錢的你身處廣園西，病發的時候還能怎麼辦？你只能去找拉爾夫，他的藥不一定奏效（我試過完全沒用），但他還算是善人，精神上幫助了身邊的尼日利亞人，儘管並不能醫治他們的病。

*　*　*

　　這四個人的故事告訴我們，廣州逾期滯留者的生活充滿了不確定性，甚至充滿了恐懼。本形容這是「鼠輩」的生活，同時他們拼命攢錢，以便能自豪地衣錦還鄉。三位伊博族人處境很不一樣。埃德溫想賺錢安排回國，他是我們所知少數能按自己意願回家的尼日利亞逾期滯留者，包括按照自己的計劃和途徑（儘管他在尼日利亞的遭遇顯然不如希望的那麼成功）。在我們交談之時，本和伊薩克都還未能達成上述目標，主要原因在於他們沒有所需的資本。本提起自己從廣州回尼日利亞至少需要5萬美元，伊薩克則需要15,000美元——但這些數字都是預估的，因為他們現在都沒有那麼多錢，兜裏有足夠錢後才能離開，這一點也不容易。作為商人的他們覺得必須把錢投資在貨物上，或是如埃德溫所說的：如果在中國，錢要儲在自己的口袋裏；如果在尼日利亞，就會被家人花個精光。伊薩克的賬戶就是這樣被清空的。

　　本的中國女朋友不能幫助他拿到簽證，但可以給予一定的人情關懷，即便他對於這點羞於啟齒。伊薩克有上帝，認為祂照料和保護了自己，上帝是他人生的中心。雖然埃德溫也有宗教信仰，但頗有生意頭腦的他能打好包袱回國。這些逾期滯留者都後悔令自己陷入異國的

危險境地，並遭受不公的待遇，但這又是唯一能逃離尼日利亞的方法。在他們看來，尼日利亞是萬事行不通的國家，儘管那裏是家。

最後還有拉爾夫，他是極少數幫助這些逾期滯留者的外來人。他本來可以事不關己高高掛起，但卻以優惠或免費的價格把中藥兜售給一窮二白的客人。我們不清楚他的藥究竟能否治癒造訪他店鋪的人，但是對於那些沒有錢和合法居留身份、而又無法去醫院的人來說，他的出現也算是一種慰藉。他多年來學會不能相信尼日利亞客人，但他同時也理解了很多問題是錢作怪。他告訴我們：「中國以前和尼日利亞一樣。」身為台灣人的他被中國人看作是外人，他幫助那些同樣是外人的尼日利亞人，也許也出於這個原因。

註釋

1　Haugen（2012：73）.

2　Yang（2011：26）.

3　Yang（2012：154）. 有些媒體報道此人因此死亡，但《南華早報》後來報道說他只是嚴重受傷。參考 Chloe Lai, "Feared Dead After Fall, Nigerian Alive But Critically Ill," *South China Morning Post*, 17 July 2009.

4　Lan（2015a：293）.

5　Lan 提到 2013 年打擊毒品交易的運動（Lan 2015a：301）。她還討論了「廣東省是中國出境入境管理法演變的實驗基地」（2015a：291），其特點是「中央政府內支持非洲一派與廣州當局在出入境管理上反對非洲人一派的角力」（2015a：291）。許多人認為廣州相對於國內其他城市，對待逾期滯留的外國人最為嚴厲，Lan 分析了 2011 年的廣東法例，提供省內非法外國居民信息的當地人可以獲得獎賞，但她提到這會帶來許多未能預計到的後果。Bork-Hüffer and Yuan（2014：571–72）也討論了中國在過去幾年裏，「言辭上已從過去嚴格管控在華外國人轉移到着重吸引他們入境」，但事實上「現在的中國政權不希望大量增加在華外國人的人數，對外籍居民在華採取謹慎的態度」。

6　Yang（2012：162）.

7　參考 Haugen（2012：73）。

8　同上，頁74。

9　法律上逾期滯留者不能與中國人結婚，但是他們可以通過宗教儀式娶或嫁中國人，儘管中國政府不承認這類婚姻，我們只能說逾期滯留者娶或嫁了中國人。

10　參考 Meilian Lin, "Home Away From Home: More Foreign Asylum Seekers Turning to China for Help," *Global Times*, December 23, 2013.

11　Lan（2015a：295）提到在2011年廣東法例生效前，在處理外國人事宜時，「只有外事警察才會截停外國人，查驗他們的護照。但是在廣東法例中，『外事警察』的字眼被改為了『人民警察』……這個用詞的變化極大地擴大了當地警方的權力」，令警察在與外國人打交道時「更容易滋生腐敗和濫用權力」。

12　參考一則英文報道，"Guangzhou Authorities Arrest 168 in Drug Raid; Includes Foreigners," *eChinacities.com*, August 14, 2013, http://www. echinacities.com/news/Guangzhou-Authorities-Arrest-168-in-Drug-Raid-Includes-Foreigners。

13　Yang（2011：63–64）.

14　Yang（2011：84）.

15　Yang（2011：73）.

第6章

物流中介、中間商、文化大使

物流中介

　　大部分身在廣州的非洲人是商人。他們絕大部分都是合法入境，很多人一般只在廣州逗留幾個星期，將貨物運回國，然後再回去出售。許多人每年來中國購貨兩次、四次或六次，但他們的主要基地在非洲，那裏才是他們擁有或經營零售店或其他生意的地方。不過，也有一些非洲人持有長期簽證，可以長時間在中國合法逗留。他們通過各種正當或灰色途徑獲得簽證，例如通過付一大筆錢、人脈關係、同中國人結婚；也有些人利用自己的社會和文化資本獲得職場優勢，例如成為物流中介。有些非洲逾期滯留者也符合這一條件，他們往往是受到眾人信任的人。[1]基本上，幾乎每名商人都有自己的物流中介，即處理船運或空運貨物的人——除非他們買的貨物很輕，自己可以隨身攜帶，或是他們在一家公司採購大批訂單，貨物足以裝滿整個集裝箱。這些物流中介一般也是中間商，或是扮演着其他角色——他們是文化大使，服務於那些來到廣州的非洲商人以及招待他們的中國人。

　　物流中介負責將客人的貨物通過海運或空運，從中國運到非洲的機場或港口，發貨點一般是中國內地的港口或是香港機場，收貨點包

括蒙巴薩、埃爾多雷特（Eldoret，肯尼亞城市）、拉各斯或馬塔迪（Matadi，剛果海港城市）等地。這些中介一般不做非洲大陸的物流生意，只負責把貨物運到非洲。到達蒙巴薩等東非港口的船運時間也許要花25到30天，到達洛美等西非港口則需要40天或更久。一名物流中介這麼說：「我們每個星期五晚上8點發貨。有一架飛機從中國起飛，還有的從土耳其、曼谷、印度起飛——它們全匯聚在迪拜。然後我們公司租的一班貨機把這些貨全部載走，運到我們在埃爾多雷特的基地。於是，那些貨物只用六天就能到達目的地。」

一般來說，非洲的物流中介主要服務本族裔的客人，用集裝箱運輸貨品的物流中介也會有儲存海運貨物的倉庫。他們把印有中英文說明的卡片交給客人，上面寫着「把貨發到這座倉庫」，客人訂貨後會把這張卡片遞給供應商。倉庫裏的貨品按發貨港口分門別類，如果某個類別存放的貨品已經達到68立方米，就會被裝進一個集裝箱運走，而客人也將獲告知自己的集裝箱號碼。一般來說，至少對於發往肯尼亞的貨品而言，客人並非在中國而是在肯尼亞付清運輸費用。「如果你是老主顧，我的手下會在一兩天後去你那裏拿錢。」這是因為許多外資經營的物流公司，都不能在中國合法收費。

廣州市可能有兩百名非洲物流中介，他們基本上都與中國物流公司有合作關係，因為後者在世界各地有大批的集裝箱生意，較由非洲物流中介自己做運輸生意，價錢會更便宜。此外，中國物流公司專長於在中國海關得到合法或非法的通關渠道。非洲物流中介的工作是檢查貨物，向顧客保證貨品的質量，另外提供至關重要的客戶服務。大部分物流中介是跨國物流企業的合夥人或職員，辦公室遍佈拉各斯、內羅畢和迪拜等城市。廣州的非洲物流中介幾乎都是男性，只有非常少數的女性。

圖 6.1　物流公司的廣告（楊瑒攝）

圖 6.2　物流公司裏的地圖（林丹攝）

據我們所知，物流中介每個月的海運發貨量有 5 至 40 個集裝箱，空運發貨量則有數噸，他們一般在小北和廣園西有小型店鋪或辦公室。每個集裝箱的船運利潤在 100 至 800 美元不等，視乎一個滿的集裝箱貨物是為一個還是多個客人發貨，以及貨品是否需要多層包裹。一名中介這樣描述：

> 我們運出越多立方米的貨品，賺到的錢也就越多。如果你裝下很重的建築器械，貨物體積很大，就會浪費很多空間，但是對於服裝這類貨品，我們很容易就能裝滿集裝箱，使用很多的立方米。我們按每立方米 367 美元的標準收費，一個 40 呎的集裝箱大約有 68 立方米的體積，所以我們每個集裝箱的收費是 25,000 美元。眼前的這個集裝箱由 20 位不同的客人使用。這就是你賺錢的方法，如果你只做一個顧客的生意，而且只運出一個集裝箱，根本賺不到利潤。

　　一個裝滿服裝的集裝箱，貨物價值約 20 萬至 30 萬美元。因此，即便是生意規模較小的物流中介也許每個月都在運送幾百萬美元的貨品——這個金額是實際價值，不一定是客人申報海關的數額。空運與海運的不同在於，空運以重量而非體積作為單位，即以公斤而非立方米進行計量。一名做空運的物流中介告訴我們，他按每公斤 8.5 美元的價格收費，當天接到了一筆接近四噸貨物的訂單，那是一批重 3,500 公斤的電腦部件。他說自己要每星期運送兩噸貨物，即每個月運送八噸的貨物，才能達到收支平衡。

　　我認識的高端物流中介會在倉庫安裝閉路電視，以便持續監控那裏的狀況。其他的中介基於對中國倉庫職員有一定信任，只是在裝載集裝箱的時候才去倉庫。他們這樣做有兩個原因，首先是集裝箱的裝載方式：非洲物流中介要充分利用 40 呎的集裝箱，有各式各樣裝載貨物的策略，但是他們的中國員工使用叉車的時候，也許只注重如何以最快速度把貨物放進去。第二，這涉及如何打包仿冒品。多數集裝箱

不會被檢查，對於許多海關人員來說，檢查40呎的集裝箱太難了。全球範圍來看，只有不到5%的跨境集裝箱受到檢查。[2]儘管如此，運出仿冒品的時候還是要多加小心，因為一旦這些貨品被發現並遭充公，整個集裝箱的運輸時間可能被拖延數週。一名肯尼亞物流中介告訴我們：「如果我要把iPad仿冒品藏在集裝箱裏，我會將它們放在最裏面的冰箱中。然後我在冰箱外加上一個木製的保護殼。」除了要藏匿仿冒品，他們還必須逃避繳交關稅。一名尼日利亞物流中介說：「我裝貨的時候先放服裝（放進集裝箱最裏面難以接觸的位置），因為它們的稅費最高。建築材料的稅費不太多，電腦部件也不多，我就將這些擺在上面。為了不交那麼多關稅，我們把稅費最低的貨物最後裝箱。如果有人要打開集裝箱，第一眼就會看見這些東西。」[3]

圖6.3　裝載集裝箱（林丹攝）

　　讓物流中介頭疼的另一個問題是姓名。為客人保密非常重要，因為供貨商不想讓物流中介知道自己顧客的姓名，害怕他們搶客源，利用客人自個兒賺錢。客人也不希望其他客人知道自己供貨商的名字，擔心他們通過這批貨單成為競爭對手。物流中介當然更不想讓供貨商

和客人走得太近，因為他們可能會甩開自己的這個中間環節。因此，保密是不言而喻的。但是如果物流中介要發的貨物沒有寫上客人的姓名和聯繫電話，這批貨又運不出去。一名東非物流中介這樣解釋：

> 我上星期空運了一批貨，其中有一箱沒有運出去，因為上面沒寫收貨人姓名，供貨商沒有寫客人的名字，造成客人有兩個星期做不成生意！這種情況在中國很常見……實際上，廠家應該直接發貨給客人，客人把貨物交給我，並給出自己的名字。沒有人名的貨怎麼發得出去！就上星期的這件事，我們只能通過客人投訴知道他的名字。這在國際貿易中並不正常，你怎樣運出沒有收貨人姓名的貨品？但這種事情似乎經常發生。

圖 6.4 倉庫中待發的貨物（麥高登攝）

正如我們所見，低端全球化在中國遇到了跨文化的障礙。如果客人越過物流中介，直接與供貨商進行交易，就能賺取更多的利潤，因為廠家負責運輸環節。但是客人一般需要同胞的協助，而不是直接與中國人直接打交道，以免招來其他風險，此外還有仿冒品的問題。一名東非物流中介向我們坦言：

我們的宗旨是，我們不知道你的貨來自哪裏，但如果你拿來任何貨物，我們都會為你運送。不過，我們不運送名牌產品。應該說，技術上我們不會運送這些東西，實際上還是會的……我們辦公室裏有一份名牌產品的清單，這些是我們不運輸的產品，因為如果這些東西從中國運出去就一定是仿冒品，比如香奈兒（Chanel）、愛馬仕（Hermes）、路易威登（Louis Vuitton）、Hugo Boss、耐克等等……我可不相信它們是真貨。但如果你交給我們，我們就會運出去。

但是，有時候運氣也會用盡。一名物流中介的集裝箱在2015年遭到海關扣押：

集裝箱裏面有太多仿冒品，可允許的仿冒品數量是5立方米，但是客人沒有告訴我們，當然部分原因在於他們自己也不知道哪些是仿冒品，所以我們也沒能告知在海關的聯繫人。如果我們知道集裝箱裏有很多仿冒品，就會提早告訴海關聯繫人，並支付費用。不，我沒有見過那個人，但是我的中國朋友認識他。如果要給錢，我們本來只需要給50美元。結果集裝箱被扣押後，我們被罰款2,000美元，而且貨品被拖延了十天。好多憤怒的客人打電話給我。不過也有可能是中介編造謊言，從我們這裏拿更多錢。當然，不會有正式的通知或收據寫着：「繳交2,000美元。」這是枱面下的交易。如果是我曾來檢查貨物，便會知道其中有這些仿冒品，但我不是貨物的所有者，所以不能怪我。我們損失的2,000美元，相當於運送四個集裝箱的利潤。

在農曆新年前夕，他的貨品被扣押了。據稱，中國海關中介在這段時期需要更多的錢給家人，所以盡可能地搜刮錢財。那時候他本應更謹慎，如果他提前向中國海關人員支付一小筆費用，就不會碰上這個麻煩。對於物流中介而言，集裝箱受到拖延是重大失誤，他的生意取決於是否能按時運抵貨物，一點失誤和厄運意味着他做不到這點。

廣州的物流中介面對的眾多風險之一是毒品。一名中介以略為誇張的語氣告訴我們：

　　有個客人打電話來：「我想來中國做生意，請你給我寄邀請信。」你會怎麼辦？你不認識這個人，但是又需要他的生意。那個你從未見過的客人說：「我今晚就到了，我從沒來過中國，請來機場接我。」你只能相信上帝，你甚至不知道她是不是肚子裏裝了毒藥。但是如果你不做這件事，也會有其他人做，搶走生意。我們總像是在走鋼絲，這是危險的生意。

　　據我們所知，物流中介對毒品問題的擔心多於實際。但有一次在2014年3月，一名客人將一件包裹交給了一名非洲物流中介的中國員工，說裏面裝有寄往尼日利亞的牛奶加熱器。那名員工起了疑心：一個牛奶加熱器不過20元人民幣，為什麼這名客人要花400元的錢空運？他的貨物只有10公斤，為什麼要支付45公斤的空運費用（貨運公司要求的最低運輸重量）？起初她以為客人想運出仿冒品，但當她檢查包裹內容時，看見裏面確實是牛奶加熱和茶壺，但加熱器底座彎曲，重量較正常重。當她拆開底座，發現裏面有一公斤粉末，她和同事認為應該就是冰毒。[4]

　　她和同事及非洲老闆都躊躇着下一步該怎麼做，一個做法是打電話給客人，把包裹還給他，不報警；但是如果警察來到發現他們存放了裝毒品的包裹，就會陷入險境。另一個做法是報警，但是如果警察逮捕客人時捉不到人，那個客人也許會因他們報警而向他們報復。他們掂量了許久，最終還是報了警，警察來到辦公室檢查商場之前的監控錄像，通過這個客人的手機號碼找到了他的蹤跡，第二天就逮捕了那個人（不清楚為什麼他會留下真實的號碼）。警察告訴物流中介的員工，說這個男人是尼日利亞人，還有一個懷孕的中國妻子。在中國，販賣冰毒可被判處死刑。

　　後來，那名員工獲邀到公安局出席一個有關毒品的會議，但是她

沒有去，讓另一間物流公司的人到場替她簽署出席紀錄。疑犯被捕後，她的非洲老闆鬆了一口氣，因為只要疑犯還在逃，他就不能留在辦公室，原因是他沒有工作簽證，警察也許會查看他的證件。他曾經一度逃離，對員工說：「你來處理這件事，我不是你的合作夥伴，也不是你的老闆！」但疑犯被捕後，他就能安全地回到工作地點了。

上述的故事很戲劇化。物流中介處理的多數事情都很平凡，比如不斷回覆接到的客人電話。一名物流中介沮喪地解釋說：「貨運中介就像是應召女郎，客人可以隨時打電話過來，甚至是星期天清晨5點，我們還要好聲好氣地說話……對，我們必須好好對待客人，不然我的辦公室會門可羅雀！」我們的耳邊不斷聽到這類對話：「是的，我非常確定在辦公室見到了你的貨物。它們是出自多個還是單一供貨商？我星期五就會空運出去。請不要擔心，我們一收到貨就會發出。」

中國供貨商有時也會投訴物流中介。當物流中介在客人還沒付錢就已經把貨運到了物流倉庫，供貨商也許會把怒火轉移到物流中介的頭上。我們認識的一名中介受到供貨商的質問，認為他協同客人進行詐騙，中介告訴對方：「我自己也被那個客人騙了啊。」他告訴我們：

> 這有時候能奏效，我們還從未試過遭人襲擊。這件事發生後，對，我責怪那個客人沒有付錢。我不會對着客人大吵大叫，而是讓員工去做。那個客人脾氣很不好，非常不禮貌。我們讓一個身在內羅畢的人到那個客人的店鋪，當着很多人的面說：「你要知道，你搞垮了我們的生意！」店主尷尬不已。如果這還不奏效，他會打電話給這客人的父母。但千萬不要報警，警察會問：「你怎麼證明？」所以最好的方法是讓這種人丟面子。

物流中介還擔心貨物被偷。整個集裝箱不會消失，而海運的貨品比空運更安全，因為貴重的小型物件更容易被人順手牽羊。一名來自東非的空運專家說：

你沒辦法確定偷盜行為會發生在何處，因為這批貨轉了好多手，從廠家到中間商，經過了深圳或香港、迪拜，到達肯尼亞。有時候貨品被海關人員拿走了，有時候是中國工人，有時候是香港的倉庫，有時候又是迪拜。也有可能是新手員工登記錯了送貨地址，結果貨物運到阿富汗去了。

正如一名尼日利亞空運專家說：「如果航空公司弄丟了我的包裹，只會按重量賠償貨物的兩成價值，其餘損失由物流公司承擔。有時，航空公司的工人趁保安不注意，偷拿了貨物。這種情況經常發生在極度貧窮的城市，比如亞的斯亞貝巴（Addis Ababa，埃塞俄比亞首都）。窮人為了謀生什麼都做得出來。」曾經有一個客人丟失了貨物，在他的辦公室裏騷擾他。「我必須隨時準備好保護自己。」

中間商

幾乎所有我們認識的物流中介同時也是中間商。中間商扮演的經濟角色像是一道橋樑，搭建起顧客和生產商之間的買賣關係。正如人類學家已經探討過的，中間商的角色在全球化中相當關鍵，他們在賺取利潤的同時，也許跨越了不同的文化，充當了全球化的代理人。[5]一般來說，廣州的非洲物流中介會有一些不親自飛來中國的客戶，這些客人情願把錢交給他們信任的人手裏，並付一定的佣金，讓後者替他們做生意。一名中介這樣描述：「如果你運氣不錯，客人也許會對你說：『我再也不來中國了，你下次替我下訂單。』她會按每個集裝箱的貨物額外付給你100美元，或者5%的佣金。」還有許多中介的客人希望省卻麻煩，不想去探尋所買貨品的最佳貨源在哪裏，所以找物流中介做這件事，當然也會支付佣金。此外，還有一些客人雖然兜裏有錢，卻不知道應該買什麼東西。

物流中介與中國供貨商打交道時，主要負責把貨品從廠家運到他們的倉庫裏。在許多情況下，他們大致信賴那些經常往來的中國供貨商。中介也與其他非洲同胞或同族人有些來往，即有相同文化背景的中間商通過商人朋友的擔保，在做生意的過程中扮演重要角色。一名索馬里裔肯尼亞中間商說：

> 有個人今天從肯尼亞打電話給我，要我替他買太陽能設備。我不認識這個人，不知道是誰把我的聯繫方式告訴他，不過我當然會為他找到貨源，因為那是我的工作。有人告訴他我的名字。現在我拿到了13,000美元的發票，這個人雖然沒見過我，卻會把錢寄過來。如果我拿了錢跑路，他去哪裏找我？但是他估計我在這裏有一定名氣，正在測試我。如果我這單做得不錯，以後還會有更多生意。我們這個圈子很小，即使我拿錢跑掉了，也無處藏身！

並非所有物流中介都是中間商，同樣地，並非所有中間商都做物流生意。確實，大部分有在華經營經驗的非洲商人都想成為中間商，如果他們有認識的人從家鄉來到廣州，他們也許偶爾會扮演中間商的角色。我們認識一些讀醫學的非洲學生，同時身兼中間商；與其他眾多商人和中間商不同的是，他們的漢語說得很好。但是相比起來，物流中介更有優勢，因為他們與顧客和供貨商已經建立了互信，所以做中間商會得到不錯的收入。

我們的受訪者一般會收到不少潛在顧客的查詢，但大部分都是徒勞。一名肯尼亞物流中介／中間商說：

> 有人打電話來說要買果汁機，但卻說不出想要多大容量的；還有人打電話問採購膠袋，卻說不清楚想要多大的。我每天收到兩三個查詢的電話，但也許每星期或每月只有一次是認真的生意，99%的查詢都沒有下文。

這個人說如果自己像客人一樣做相同產品的商貿，他們會以為他竊取了設計，而那些客人最需要保守的秘密就是設計。除了商人自己，只有廠家和物流中介知道設計細節。這位受訪者可以從事世界上任何產品的貿易，從果汁機到膠袋，但不能做他恰恰最了解的服裝貿易。訂單有時跨越多個國家，比如有個荷蘭人想把立陶宛雞爪（鳳爪）出口到中國，他向我的索馬里中間商朋友打聽此事，朋友告訴我們：「那個人想找買家，看起來很專業，給我手機發了各種細則要求。歐洲人把雞爪看作是垃圾，中國人卻喜歡吃，這正是這筆交易的美妙之處。他已經有四個裝滿雞爪的集裝箱準備發過來了。」這筆交易最終雖然沒能做成，但是這是中間商想做的事：連接世界範圍潛在的買賣雙方，使交易達成雙贏，當然也惠及中間商自己。一名加納物流中介說：

> 我們有一位來自莫桑比克的顧客，想採購清真的冷凍雞。我們在中國找不到這種產品，但是我知道荷蘭製造清真雞肉，銷售給西歐市場，所以我去了荷蘭。我四處打探後，發現荷蘭大多數的雞肉來自巴西，荷蘭人只是重新包裝了而已。我有一位來自巴西的顧客，於是讓他介紹我認識清真雞肉的廠家——他做到了，價格特別吸引人。我不僅從中國採購，還在許多其他的地方進行採購。只要有需求，我們就必須去做，這是我們的工作。我在荷蘭結識了一個來自伊拉克的人，他說自己的父親參加了競選，一旦贏了，就會把很多合同交給我們處理。這就是我想找的機遇。

生意似乎能做成時，佣金又成了問題。一名尼日利亞物流中介告訴我們：

> 應該收取多少佣金？那要看你採購的是什麼類型的貨品。如果是重型機械，你也許可以要10%的佣金，因為這不是你去一家

店鋪直接可以買到的東西，你可能要拜訪中國另一個省份的廠家。對，你從這10%的佣金裏支付自己的花費。其他商品的佣金也許是3%或5%。你達成買賣，但商人最終也許還可以還一點價，你會想：「我也許可以放棄1%或2%」。訂單量越大，佣金越低。

其他來自不同國家的物流中介告訴我們，他們收取的標準佣金是3%，不同國家的人各自有自己計算佣金的方法。一名剛果中介說，因為客人是從親戚的朋友連繫認識的，所以他很難開口要錢。我們認識的一個烏干達人會向客人索要東西，但索馬里人從不會這樣做，還會免費提供這些服務。如果中間商能從中國廠家和非洲顧客兩邊同時拿到佣金，那就完美了(我們認識的一些中間商會這麼吹噓)。然而，我們感覺這只是例外，佣金一般只來自其中一方，即顧客。中間商拿到佣金後，會安排下訂單，檢查成品，最後負責運送過程。

幾乎所有商人都想成為中間商；但同樣地，經驗豐富的商人又極力避免中間商經手。對於連接起非洲商人和中國廠方的人來說，中間商賺佣金賺得太輕鬆了，商人往往覺得這筆錢是不必要的支出，還不如自己直接聯絡廠家。確實，中間商自己也努力跨過其他中間商搭的橋。一名剛果中間商向我們描述，他是如何越過另一名中國中間商的：他在海報背面窺見了廠家商標，拿到了他們的電話號碼，然後直接打電話過去。廠家一開始不願意與他打交道，但是他塞了500美元給工廠職員，他們就忘卻了那個中間商。另一方面，一名加納中間商描述自己是如何受到鄙視：

我把一名西非顧客介紹給廠家。我們把貨物裝進集裝箱的時候，我看見她的兄弟去找中國經理，互相交換電話號碼，準備以後直接做生意。我們給廠家帶來了一位顧客，我花了很多時間替客人設計產品和尋找廠家。但是她以後可以自己打電話給工廠，拿到更低廉的價格，她沒有意識到我們和廠家簽了保證

產品質量的合同。如果她以後拿到較劣質的產品，就會說這個廠家不好。對，大多數廠家會嘗試去除你這一環，避免付佣金。當客人想越過我們中間商的時候，我們什麼也做不了。在中國，你可沒辦法起訴他們。

一名肯尼亞中間商也遇到類似的事情。他説：「一旦你允許客人拜訪廠家，就已經太遲了，下一次他們再也不需要你了。客人認識廠家後，為什麼還需要你幫忙聯絡？」

我們見到的所有中間商都極力認為，自己為客人提供的幫助至關重要。前述的那名加納中間商説：

我們有一位加納客人想採購洗衣粉，想用她自己的品牌製造。我告訴她這行的秘密，即你可以買35克的小包裝洗衣粉，廠家會給你更便宜的報價，但是他們會包34克的洗衣粉，而不是35克。一般的非洲買家只會看到成品，覺得包裝精美，檢查洗衣粉可以洗出泡沫，就心滿意足了。但是客人不知道我們想保護他們，他們應該好好檢查。

一名尼日利亞中間商這樣解釋：

如果沒有人幫忙檢查貨物，商人可能就會有金錢損失。他們可以回到非洲，直接向中國廠家下訂單：「給我發20萬件。」中國廠家可能會給你較為劣質的成品。如果你是中間商，必須負責檢查貨品的大小、質量和數量。如果沒有中間商，就沒人幫你做這些事情。

正如這些評論指出，有良心的中間商不只是拿客人的佣金，然後去阿里巴巴網站尋找相關廠家的資訊，沒有那麼簡單易行的方法。中間商多次告誡我們：「你絕對不能相信阿里巴巴給的資料。」不僅因為最終敲定的價格並沒有網上列出來的那麼誘人，而且上面列出來的

許多公司並不生產這些貨品，或是根本不存在，它們只是想剝削利潤的空殼企業。有良心的中間商也許一開始會使用阿里巴巴，但接着會利用中國和非洲人脈找到有口碑的廠家，並親自到廠家查看產品質量，然後仔細檢查成品，看成品是否符合客人的要求。如果客人採購的貨品在中間商專業領域以外，就不太容易了。一名塞內加爾物流中介說：

> 採購的時候，我嘗試找廣東省內的公司，以便能親自參觀。如果廠家地址不在省內，我就派員工去拜訪，確保那間公司是真的。如果公司不假，我們就會安排訂貨，我在香港和中國大陸認識一些專家，就讓他們去檢查貨物。他們會取樣分析，然後監督裝箱過程。

這位受訪者比大多數中間商更有良心(收費也更昂貴)，大多數中間商只是根據估算，很快就作出粗略的判斷：「如果這家公司規模大，資金一定不少，也沒詐騙的必要。公司越小，越有可能騙你。」但他還是會參觀廠家：「你要去拜訪那間公司，就能看看他們怎麼招待你，廠裏有什麼東西，生產環境好不好、是否衛生，工人人數多少。我的客人主要想讓我幫他們避免受騙。」

一名尼日利亞中間商，提供了中間商存在的更大理由：

> 中國供貨商喜歡依靠顧客多於中間商，因為他們知道一旦出現問題，你就會來這裏製造麻煩。他們喜歡身處遙遠之地的客人。對，客人需要我們，不過廠家也需要我們啊。客人不知道該去哪裏尋找貨源，廠家也不知道去何處找客源。大多數廠家雖然有很多行內經營，但並不想干預我們的生意，他們知道自己需要我們。

我們認識的大部分非洲中間商，都不找行業裏的中國籍中間商。一個東非人說：「我為什麼要找其他中間商？如果老家有人想買

某個產品，我可以直接去阿里巴巴找貨源。」由於阿里巴巴上的多數資訊都有英文，所以很容易。但也有些時候，非洲中間商將非洲客人介紹給中國中間商，然後由後者聯繫中國供應商；也有中國人通過非洲中間商找到非洲客人。在中間商這個行當裏，中國人和非洲人互相搶客源，但有時也會合作。一個剛果人告訴我們他如何與中國中間商合作，商討應該向客人報什麼價：「你開的價格太高了，我拿一點兒，你也拿一點，不如我們達成一個價，只要不超過客人願意給的價位就行。」中國中間商同意了，他們定下了一個雙方都感覺公道的價位。

非洲商人在中國的難題之一，是商貿鏈中一環環的中間商。另一方面，如果沒有中間商，缺乏經驗的非洲商人在做生意的時候也許會被佔便宜。一個好的中間商會利用自己對中國廠家和製造業的認識，以及他們的人脈，保證生意順利進行。儘管大家都想當中間商，但只有很少有良心的中間商會盡心盡力。更多的中間商只想拿走客戶的錢，隨便檢查一下，然後祈求一切順心如意，但這並不能經常做到。

文化大使

我們認識的物流中介一般也是中間商，而中間商又往往扮演着文化大使 (cultural broker) 的角色。[6] 人類學家很少使用「文化大使」這個詞。[7] 但他們也許應該多用它，因為在全球化時代，這群人的地位顯得越來越重要了。在此之前，跨國之旅往往是漫長的，但如今的非洲商人可以搭上從拉各斯或內羅畢起飛的飛機，在24小時內抵達中國，事先不需要對目的地有任何了解。有些商人告訴我們，當他們初次來到中國，以為中國人只吃狗肉，還以為中國人像李小龍或成龍一樣，都懂得在空中飛或是會打功夫。由於許多商人只在中國短期逗留，必須很快學會在中國的生存技巧，因此他們往往要從物流中介那裏學到這些知識。

並非所有的物流中介都是文化大使，有些人盡量減少與客戶的來往，他們大多數是中國人，但也有一些是非洲人。還有些人例如經驗豐富的商人或牧師，為非洲人提供實用和文化上的建議。但整體上，物流中介和中間商更多充當文化大使的角色。非洲商人怎樣掌握在中國生存的技巧？剛來中國的人還會問這些問題，例如廣州哪裏有尼日利亞（或肯尼亞、剛果）菜的餐廳？怎樣租到房子？生病了該去哪裏？什麼時候應該去派出所登記身份？如果警察截停了你，應該怎麼做？怎樣續簽證最方便？怎樣找到中國供貨商？長期而言，和中國人做生意的時候怎樣避免被騙？怎樣才能交到中國朋友？如果你愛上了中國人，應該需要知道什麼？這些問題遠遠超過了生意範疇，但卻急需得到解答。

中國人一般不想也不會回答上述提問，況且他們自己也不清楚。商人的同胞也許可以提供相關信息，但不一定準確，他們也許知道哪裏有好吃的餐館，但卻不清楚如何找到可靠的供貨商，或怎樣去派出所登記。牧師能給予道德上的指引，但不太會給出實際生活的建議。物流中介和中間商往往知道怎麼回答上述問題，因為他們在中國已經有豐富的經驗。他們提供幫助不只是出於好心，也是為了做生意，他們必須讓客人開心，這樣客人就不會離去。他們的服務有時候過於熱情了，從提供吃住到給予辦理簽證的建議，甚至包括陪同去診所——物流中介的一天也許主要花在了這些事情上。一名東非物流中介說：

> 我的中國員工現在出去替客人開銀行賬戶了。我們還為客人訂酒店，帶他們去逛市場，四處走走，陪他們一起去續簽證。如果他們還有其他需要，我們也都一一照顧。此外，我們還代表客人向供貨商支付費用。不，我們不向客人索要這些附加的支出，這是為客人提供的服務。有些長期客戶甚至可以住在我的公寓裏，我們有很多牀鋪，有些人住三天，有些住一個月。頭三天是免費的，但是如果你要住更久，就要付錢。我們有位廚

師，為這些客人煮肯尼亞菜餚，還有人幫忙洗衣服。我和我的肯尼亞員工住一個房間，其他房間留給客人。我們不會把女朋友帶回家，所以不需要有什麼隱私！

一天晚上，這名物流中介聽說一位長期客戶來到他的公寓，睡在了他的牀上。他沒有叫醒那位客人，讓他去另外一張牀，而是睡眼惺忪地和我一道去廉價旅店住宿。他寧願去旅店睡，也不願意打擾自己的客人。

他比許多其他物流中介更熱情。一名尼日利亞物流中介則盡量減少對客戶的關照，並且給出了充分理據：

有些人和客人住在一起，但是我不這麼做。《聖經》告訴我人心詭詐，我為什麼要讓別人進我的房間？你拿錢來，我們可以在辦公室做交易。我沒有證件，也不是合法的生意；如果你帶別人一起來，就會增加我的生意風險。他們最好還是住酒店。

這是合法與否的問題了，如果你不需要擔心被警察逮捕，優待客人就輕鬆得多。另外還有公司規模的問題。相比起其他非洲小國的人來說，尼日利亞物流中介給客人的接待似乎沒那麼熱情，因為尼日利亞伊博族人眾多，物流中介的個人聲譽也不會那麼容易口口相傳。尼日利亞的伊博族商人不知道辦公室裏的客人是誰，而廣州那些族裔人數較少的群體卻可能認識彼此，即便不認識也可以打聽到——人脈關係令服務更為熱情。儘管如此，我們認識的所有低端物流中介都是文化大使，因為他們隨時為客人提供建議，而不只限於運送貨物。

我在第四章提到，低端全球化下物流中介的辦公室是客人休閒社交的地方，和那些高端全球化的辦公室不一樣。這也是我們所知的物流中介作為文化大使的特色，因為有這樣讓人們聚在一起的空間，他們就能交流和互相學習，包括從物流中介身上學到點什麼。民族特色的餐廳有時候也起到這個作用，但是物流中介的辦公室更重要。

我們知道有些物流中介的辦公室休業後，他們必須好聲好氣地把客人請出去，雖然並沒有什麼正式的營業時間，但他們已經沒力氣繼續工作了。

我們詢問熟識的海運物流中介，在做物流和中間商的生意範疇外，他們是否感覺自己是文化大使，在客戶與廣州之間搭建起文化溝通的橋樑。有些人覺得我們的想法有些誇大，一個尼日利亞人說：「我只是出來謀生罷了！」但另一個更為自省的東非人琢磨道：

> 不，我不認為自己是文化大使。這些人（我的客戶）自己去做那些事情。但也是，比如你剛才見到的那個人，我陪他去醫院待了三個小時，他說感到頭暈目眩，所以我只能伸出援手。如果這是文化大使的工作，那我確實是文化大使。不會說中文的我也能做到這點，因為醫生會講英語。這裏還有一個人，我帶他去出入境管理處續簽證時，他覺得那裏的公務員不禮貌，但是我告訴他錯了，他自己才很無禮，因為那位公務員正在處理另一個人的事情，結果他卻把她叫了過來，還敲了她的肩膀。這是不對的，他應該等候輪到自己的時候！我總是在中國供貨商和非洲商人之間的紛爭斡旋，我告訴商人他們錯了！也許這就是文化大使的作為。

這個人為了警告同胞在出入境管理處的不當行為，於是教他們在中國應該有怎樣的舉止。他調解中國供貨商和非洲買家之間的糾紛時，他兩邊都起到作用：一方面教非洲同胞在中國經商的正確方法，另一方面告訴中國供貨商他們客人的思維方式。

文化大使往往依賴他們公司的中國籍員工處理部分事項。有些物流公司的中國員工有很強的辦事能力，她們一般是英語不錯的年輕女性，能當翻譯，如果她們有豐富的知識和信心，還能就多方面提供建議。可是，當她們有足夠的知識和信心就會辭職，就會開創自己的非洲商貿業務。物流中介也會做這些工作，我們在此簡單舉幾個聽過的

例子。曾經有一名剛果物流中介向非洲客戶詳細介紹怎樣拿到中國的駕駛執照，一名塞內加爾中介向客人講述在中國簽署合同的複雜性，以及是否應該簽署的問題。我們還聽見一名尼日利亞中介認真討論了中國女性的心理，吸引着商人全神貫注地聆聽。這些都是街頭層面的文化大使精神。雖然這些其實都與業務有關——他們的文化大使精神最終是追求利潤，但這卻無損這些工作的積極作用。

儘管文化大使在中非之間進行調解，但我們知道他們對在中國謀生卻抱着矛盾的感情，大多數人不打算今後把中國作為自己的家園。我們最熟悉的十位物流中介／文化大使，其中四人來自尼日利亞、加納和塞內加爾，兩人來自剛果，其餘四人來自肯尼亞和索馬里。他們當中，只有三人能操流利普通話。其餘大部分都能講一些漢語，足以在街頭溝通使用，但不足以應付複雜的生意磋商。也有幾人根本不會講中文，不過由於他們可以依賴中國籍員工，所以這似乎並沒有對生意造成很大的負面影響。他們還可以偶爾找其他人幫忙翻譯，所以對其文化大使的身份也沒有太大影響。

一名剛果物流中介兼文化大使說，有時候感到中國是自己的家，但是卻嘗到了遭受種族歧視之苦。他告訴我們：「中國是一個不錯的謀生之地，但不是過日子的地方。」他夢想去歐洲或美國生活。一名在香港擁有公寓的肯尼亞文化大使說，當他過關進入香港的時候，感覺自己回到家了。還有一些肯尼亞人認為，他們來中國只是為了做生意，一旦賺夠了錢，他們就會回到肯尼亞居住。尼日利亞人則說，儘管他們喜歡中國的許多東西，但由於他們是逾期滯留者，中國就從來不像一個家。這些文化大使對中國的看法受到他們簽證狀況的影響，當中五人相對較安全，其餘五人則不是——顯然當你隨時擔心會被驅逐出境時，你無法感覺那個地方是家園。即便如此，他們全都沒有十足的簽證保障，所以不會感到自己是「非洲裔中國人」，他們在寄人籬下的狀態下沒有安全感。另一個影響他們對華態度的是戀愛關係。其中一人娶了中國籍妻子，還生了小孩（這能

讓他獲得長期居留在中國的身份，但是並沒有保障）；兩人有長期的中國籍女朋友。其他人尤其是肯尼亞人，很多都在他們的國家有妻子和子女。

儘管有人會預期，這些文化大使可能會把中國當作自己的家園，但他們當中沒有一人有這種想法。這並非因為他們不喜歡中國的各方面，而是因為中國的社會和政府通過簽證政策，與他們保持着頗大的距離。

物流中介、中間商和文化大使的故事

努爾（Noor）

我出生於索馬里，1991年離開了家鄉，到沙特阿拉伯讀大學。我現在已經快40歲了。之前我在一間大型跨國海運企業工作，最後辭職自己做生意。我是中間商和物流中介，來往於非洲商人和中國賣家之間。我主要做紡織和成衣生意。我的客人購貨後，把貨物送到我的倉庫，我壓縮打包把貨發到蒙巴薩。我們索馬里人不應該只從中國採購東西賣到索馬里，也應該從索馬里帶東西過來賣，比如海鮮，像是龍蝦、魚翅（不過這有點動物保護爭議）、做香腸的腸衣（那些是羊腸造的）。如果一切順利，也許我能永久搬回索馬里生活！我的妻子和四個小孩現在住在瑞典，那裏有更優質的教育，他們和我的岳父岳母在一起。我每天用Skype打電話給他們，並嘗試每年有四個月和他們待在一起，在瑞典或是這裏。也許我的小孩會很難適應索馬里的生活，但是那裏已經變得愈來愈好了。我上個月去了摩加迪沙（Mogadishu），對，那裏有恐怖組織青年黨，最近還引爆了炸彈襲擊——但是我只是一名商人，不碰政治，所以我很安全，除非我在錯誤的時間出現在錯誤的地點。只要索馬里獲得和平，就是人間天堂！

在中國，你要向中國內地人分包工作，就像在我倉庫工作的那個人。這也就是說，你必須付錢，但可以避免惹麻煩。我自己不需要僱用中國員工，倉庫的人會處理那些事情。我怎麼尋找客戶？我去阿拉伯餐廳吃飯的時候邂逅這些人，另外我在清真寺和街上認識人，我能認出誰是索馬里人。非洲的各項規定經常變化，這讓我很頭疼。我的多數客人不買仿冒品，我的主要客源是肯尼亞的農村群眾。肯尼亞農民才不關心你賣的是不是耐克鞋！如果我在一批成衣貨物裏發現100部三星Galaxy手機，我會叫客戶拿走，因為用集裝箱運手機不安全。在肯尼亞卸貨的人可能會偷走手機，如果東西被偷了，我們必須賠償。我們熟悉的是成衣生意，如果你給我們十袋貨物，我們就運十袋貨物，我們會檢查每一袋發到我們倉庫的貨物。武器是怎麼運到索馬里的？不是通過集裝箱海運，大多數可能是經過了埃塞俄比亞的邊境，在埃塞俄比亞政府知情的情況下通過卡車運進來，或是在厄立特里亞政府知情的情況下空運過來。我們這裏不需要擔心這種事情，沒人想從中國運槍支到索馬里！索馬里已經有太多槍了！

客戶給我太多壓力了，弄得我很勞累。不，我不會向客人發脾氣，即便生氣也不會擺在臉上。如果你顯露出來，就會流失客人。我職業生涯裏只生過一次氣，我向一位老人咆哮。他打電話給我說：「你能不能把我的包裹收據電郵過來？」我給他發了幾次電郵，他總是打電話來說：「努爾，不要再撒謊了！我們從來沒收到電郵。」我生氣了，回答道：「不要再打電話來了，以後不要給我錢，也不要把貨物發給我。」然後我掛了電話。我後來才知道，這個人不會用電郵，他當時付錢讓一個男孩去網吧查看，但是那個男孩每次只想着去打遊戲。那是唯一一次我對客戶發脾氣，有時候別人說我心太軟，但是我認為這才是應有的服務態度。我需要回頭客，我嘗試滿足每個人，這是我做生意的一部分。

沙希爾（Sahir）

我以前替肯尼亞政府工作，2009年開始經商，那時我來到香港兩年。我在肯尼亞有家室，有一個妻子和幾個小孩，他們都已經是青少年了。我現在40多歲，每半年就會回家見家人，大概待兩個月。我辦公室裏的中國人習慣了與非洲人打交道，這裏的人主要用英語交流。

我不喜歡中國的某些方面，比如語言障礙和假貨問題。肯尼亞客人在網上訂貨，當貨物到達肯尼亞的時候，他們發現東西和要求完全不一樣。這對我很不利，因為這些人是我的客戶。我嘗試幫助他們，你可以看到這裏有相機和其他貨物，這是我去廠家取回來的，不然客戶要多等幾個星期才拿到。有位女士想採購女性手袋，等到情人節在肯尼亞出售。她沒有足夠時間寄錢過來，於是我替她付了錢，她把錢直接給我的家人。對，我會賒賬，但是只有熟人才能這樣做——我的腦子可沒進水！

很高比例的肯尼亞海關官員會拿走部分貨品，這不是偷竊，他們會當着你的面拿，檢查手提電腦的時候拿走一台。所以有些東西我們不會隨身攜帶，比如小型平板電腦和手機，不然就會發生損失。我們只會攜帶衣服物料、鞋子、手袋和閉路電視攝像頭等。在肯尼亞只要有錢做什麼事都不難，有錢能使鬼推磨。最近的肯尼亞總統大選受到操縱，有人在廣州印了假選票，選票上刪掉了「選舉和邊境事務獨立委員會」的標誌，說明那是假選票。那些人來到廣州，帶來了驗證選票的蓋章，複印已經填好的選票。肯尼亞的印刷公司沒有相應技術，製作出來的假選票像真度不夠高，因此他們來這裏做。我認識幾個幫忙把假選票帶回肯尼亞的人。

我還沒在海運的貨品裏發現有槍支或毒品，但是我們公司曾經受到重創。一名肯尼亞女子把貨送到倉庫的中國人那裏，然後

當晚乘飛機離開了，那個中國人只量了貨物體積。裝貨的時候，有人發現其中六箱貨物是色情錄像帶，而這些被中國政府列為違禁物，於是這件事成了我們的噩夢！他們逮捕了裝貨的中國人和我們辦公室裏的一個肯尼亞人，我們不知道他被拘留在哪個城市。與此同時，使用同一個集裝箱的其他客戶，他們的貨品也被拖延了三個月。

商人可以在香港拿到中國簽證，但是你只能拿到幾天的逗留許可，而以前的簽證都有三個月。就這麼幾天商人做不了什麼事情，所以只能把收據留下來給我，等貨物準備好了我再跟進。對，我這樣就能賺錢！但是我不拿他們的佣金。我對客戶很好，提醒他們要小心有什麼危險，帶他們去想去的市場。如果他們最後給我錢，說：「沙希爾，這裏有300美元。」我還是會收，但是這不是我幫忙的條件。

當我發現有些貨品通關機率比較低，我就會拒絕運送這些東西，或者我可能用私人行李箱運送。我最近一次回肯尼亞，替客戶免費攜帶15件小物品，帶到他們的店鋪裏，其中包括兩部衛星電話。肯尼亞海關官員盯着我的兩個大袋子，卻沒人留意我的手提包！我的大袋子裏沒有需要繳稅的物品！即便他們搜查，也偷不了什麼東西，因為我就站在那裏，但是他們可以通過計算物品價值等方法來煩我。你應該看到我的客戶的反應，他們看到自己的貨物那麼快送到，由我免費給他們運送！

我娶了第二個妻子，伊斯蘭教允許我這麼做。我的第一個妻子最初不喜歡，但是時間能治癒一切傷痛！當然，有段時間她不跟我交談！但是我帶她出去旅遊，給她買了一枚金戒指，問題就解決了。我還帶我的兩個妻子一起出去午飯……我最擔心最小的兒子，他突然對去清真寺很感興趣。我有些懷疑：為什麼他這個年紀的小孩想去清真寺？後來，我發現他是去打電腦遊戲了，原來他之前撒了謊。我必須回肯尼亞處理這件事。

安托萬（Antoine）

我來自剛果，在小北開了一間船運公司，我在廣州已經十年，現在40歲出頭。我做貨運代理生意，也是供應商。顧客一般不會直接聯繫廠家，很多客人在阿里巴巴網站上看到廠家銷售的產品，但事實上這個工廠根本不存在。客人通過銀行把錢轉賬過去後，那些銀子就打水漂了。一位供貨商告訴我和我的客戶，他能以800元人民幣的價錢製造電腦，價格低得不合理，結果根本沒有製造這種電腦的廠家。那個中國供貨商告訴客人他在深圳，但是他留的是國際電話號碼，客人沒辦法追蹤到他的所在地。當我告訴他我們知道他在幹什麼，他就立刻收線了。我告訴那位顧客：「我們可以一起去找這個供貨商，我也能拿到佣金。或者你去找另外一家報價更低的供貨商，我拿不到佣金，不過這不是問題。你要記住，如果你跟現在這個供貨商走，出了什麼麻煩事，我可幫不上忙。」客人有時很天真，他們看見新的蘋果手機價格為3,000元人民幣，然後旁邊的仿冒品價格是1,000元，心想：「我們買1,000元的就好了。」他們只會買便宜貨，但是便宜一般都沒好貨啊。

我以前有一個中國女朋友，本來打算結婚了，但是卻結不成，因為她的家人不同意這門親事。她父母拒絕我後，我們再也沒有聯絡，甚至連一條短信都沒有發。我們在一起很久了……我在中國有工作簽證，身份完全合法！我在很多方面喜歡中國，我會講漢語，在派出所做過義工。如果我看見非洲人做壞事，也許首先會警告他們，然後我就會報警。不過確實，我自己的戀愛關係不成功，因為我是非洲人，不是中國人。

我當然運仿冒品，客戶帶這些產品來的時候，我可不知道它們是仿冒品！必要之時，我們會賄賂海關人員，你必須與海關以及一些派出所搞好關係。我在中國和剛果兩邊都曾遇上麻煩事，各種事情都會發生，但是人脈在這兩個地方都很重要。在

剛果，如果關稅是2萬美元，你可以假定只有2,000元走進了國庫，有人會把其餘的錢揣進兜裏。但你必須給錢，別無他法。我是基督徒，作為基督徒也必須意識到這一點。

我正在給兩位年輕的剛果女士一些建議。她們是大學生，但是卻不愛學習，只會每天逛街。我不知道她們在做什麼，我只會工作、回家、看電視或用電腦，我不去那些夜總會。今天早上，我打電話叫她們一起去教會，她們說要花兩三個小時準備好後才能出門。對，我讓她們必須坐在教堂裏的第一排！我們教會的一位牧師最近心臟病發去世了，留下一個妻子和五個小孩。我們想把他的遺體運回剛果，但是費用高達11萬元人民幣，真是一筆巨款。我提議把錢捐給他的家人，遺體可以火化。但是其他剛果人卻說：「我們必須把他的遺體送回剛果。」他們可能會贏得這場爭辯……

阿爾伯特（Albert）

我來自塞內加爾，與我的中國妻子麗貝卡（Rebecca）一起經商，她在小北做了十年生意了。我經一個朋友的介紹來到中國，我意識到這裏的市場有一處真空地帶可以發展——沒有什麼外國人做貨運的生意，主要都是中國人做。我打聽如何能在中國開展自己的事業，他給我介紹認識了麗貝卡。我回到塞內加爾，然後又去了我有興趣發展生意的加拿大，並把生意交給她打理。我回來的時候吃了一驚，公司變化很大，她配置了電腦，請了員工——一切都井井有條。我心想：「這個人做事很認真！」我們最後結婚了。但是如果我有其他選擇，我不會待在中國，如果我在這裏沒有家人，也許我會在加拿大。

我採購的貨物各式各樣。除非客户特別要求，我們一般不推薦某個廠家，不然客人會以為我們拿了佣金。在這個國家，拜訪

廠家真是太美妙了。相比在非洲，每個人都在打盹。從這裏打包一整個集裝箱的麵條運到非洲，完全讓人難以置信，因為非洲有那麼多麵粉！你在非洲只要買一部小型機械，就可以大批生產了！但是他們不會那樣做，大家寧願要成品，中國就製造這些東西。中國人進來拿走了原材料，以前是歐洲和美國人這麼幹，現在是中國人榨乾了非洲的資源。

有一天，麗貝卡去看車胎。一位尼日利亞客戶以為自己正在直接與廠家打交道，但是這些人不過是從另一間工廠買來輪胎，運到自己龐大的倉庫裏，然後向他額外索要5,000美元，以貼上客戶要求的商標，還好我們及時制止了交易。對，這種事情經常發生。我之前解僱了幾個中國員工，因為他們從事副業，偷走了我們的客戶。我嘗試在這裏創辦家族生意，但是……他們的頭目給麗貝卡送禮物和食物，麗貝卡說：「為什麼她要討好我？」也許這是自責吧。她也知道自己的下場，我把她開除了。按每個集裝箱來算，她和辦公室裏的另一個男人可能拿了400到500元人民幣。我沒辦法計算他們做了多少個集裝箱，但肯定不少。

還有一次，一個潛在客戶向我打聽來採購電錶的塞內加爾訂單，他們想買5萬件，單價每件50美元，交易量挺大的。我給不同的中國公司打電話，想以合理的價錢拿到最優質的產品，他們給出各種不同的報價，不過我沒有標明買家國籍，因為廠家有可能派人去塞內加爾，探聽買家身份。中國人想越過中間商……有一家中國廠家給我留下了很深的印象，當時我們要買木炭爐，我告訴客戶：「我當然可以幫你拿到貨，這裏可是中國！」但當我問廠家的時候，他們說：「我不能把這個賣給你！」我告訴他們我要買40個集裝箱的數量，她卻拒絕了，因為他們必須按執照許可生產這些貨品，完全不讓步！我印象很深刻！如果她一直這麼遵紀守法，我不知道她能不能保住自己的飯碗！

***

上述故事向我們展示了物流中介和中間商的生活常態,比如怎樣與客戶打交道。努爾對客戶的要求感到厭倦,但(總是)保持友好的態度。沙希爾為客戶盡心盡力,偶爾還會掏荷包為他們付錢,甚至在自己的私人行李中替他們走私貨品。安托萬提到了某些客戶十分天真,嘗試給他們一些建議。他們相似之處是必須維持和拓展客源,這是做文化大使的潛在理由。

運送貨物還會有其他麻煩事,比如假冒偽劣的中國貨。沙希爾描述了那些在網上購物的肯尼亞人,他們沒有僱用他這樣的中間商,結果收到了劣質品。安托萬說供貨商的產品有時根本不存在,只想拿到訂金就立刻消失。阿爾伯特提到自己和妻子如何受到中國員工的詐騙,對方偷走了他們的利潤,還說見到一個遵紀守法的中國人令自己多麼驚訝和佩服(當然他這樣做也賺不到錢),覺得那個人應該沒辦法生存下去。另外還有通關的難題,比如沙希爾描述員工運出色情光碟的事情多麼愚蠢,令自己身陷囹圄,還令貨物拖延了幾個月。另外,在非洲做生意也不容易,沙希爾和安托萬都提到要在肯尼亞和剛果行賄的事情。

這些人還有其他夢想和失意。努爾做夢都想重返索馬里,他說一旦那裏不再塗炭生靈,就會成為人間天堂,但是他卻不清楚身在瑞典的子女是否會適應索馬里的家園。安托萬本來要娶一個中國女孩,但是被對方的父母拒絕了,他們不願意接受女婿是非洲人。阿爾伯特則娶到了中國老婆,因為她令自己的事業如虎添翼,一旦機遇來了,他就想回加拿大。這些物流中介或中間商,儘管不是全部,很多人都有虔誠的伊斯蘭或基督教信仰。沙希爾必須回肯尼亞指導自己的兒子,他兒子說自己去了清真寺,事實上是打遊戲機去了;安托萬則帶年輕女士上教堂,安安分分地崇拜上帝。他們對信仰的忠誠,也是他們獲自己民族或國家同胞信任為文化大使的原因之一。

上述不同人的故事也反映了更大的經濟和政治圖景。阿爾伯特提到「以前是歐美人這麼幹，現在是中國人榨乾了非洲的資源」。努爾渴望自己能幫助實現中國與索馬里之間的雙向貿易，而不只是中國把貨品單向輸出到索馬里，比如索馬里可以出口魚翅等海鮮和山羊內臟──雖然這種貿易並非環境友善，前景也不明朗，但也許可以減少兩國之間的巨大貿易逆差。阿爾伯特想知道為何中國什麼都能製造出來，而非洲國家卻不行，「從這裏打包一整個集裝箱的麵條運到非洲，完全讓人難以置信」，非洲國家可以自己生產麵條，但是卻不這麼做。在沙希爾看來，肯尼亞不僅貨品來自中國，連總統選舉也受到「中國的左右」。我們接觸的一些專家對上述指控存疑，但這種說法揭示了中國對許多非洲國家意想不到真實或想像中的影響。當我們把沙希爾的故事告訴尼日利亞的朋友時，他們堅稱最近一屆尼日利亞總統選舉也出現同樣的舞弊。此外，阿爾伯特還評論說：「中國人想越過中間商。」在不平衡的中非貿易關係，這些人扮演着小角色，期望現狀能維持一段時間，讓他們在接下來的幾年或幾十年間謀生掙錢。

註釋

1　Mathews（2015b）的文章也探討了本章的論點，另外Le Bail（2009：14–17）在文中討論了在廣州的非洲人的這個特性。

2　Nordstrom（2007：117–22）.

3　Mathews（2015a）詳細討論了如何令仿冒品通關。

4　基本上沒人會把海洛因和可卡因從中國運到非洲，而是從非洲運到中國。但是，中國地下實驗室常常製造冰毒，然後運輸到海外。

5　例如可參考Foster（2006）以及Dinneen（2010），他們討論了中間商在延伸全球化方面的作用。此外還有許多描述中間商的民族誌，從Mintz（1956）對於加勒比中間商的描寫，到Cheuk（2013）所寫的身在中國的印度中間商。

6　文化大使的定義是「幫助另一個人或一群人穿越文化疆域的人」（Michie 2013）。打破文化隔閡的定義是「連接或調解不同文化背景的族群，以減少衝突或帶來改變」Jezewski and Sotnik（2001）。

7　參考 Geertz（1960）, Adams（1970）, and Szasz（1994）關於文化大使的人類學探討，另外 Graham（2011）也從更當代的非人類學視角探討了這一點。

第 7 章

異域的宗教

「我信上帝，但是中國人信鈔票」

非洲人與中國人最顯著的分別之一是宗教信仰。很少有非洲人不相信上帝或安拉，對大多數人而言，宗教是生活的核心。另一方面，我們很少遇見表達出任何宗教信仰的中國人。這個分別讓許多非洲商人感到困惑，當他們見到中國人行為不端，往往將其歸咎於缺乏信仰。一名西非商人這樣說：

> 對，如果中國人欺騙了我，我覺得是因為他們不相信死後的生命，那種信仰令人不會做壞事。中國人沒有宗教信仰，所以更容易做出欺詐行為。當人們作出承諾，基於信仰就會感到有道德責任去履行承諾。但如果你沒有信仰，不覺得上蒼會來監督你的所作所為，那什麼事都做得出來。

我們經常聽到這種講法。一位東非商人說：「中國人只信鈔票，其他什麼都不信……我信上帝，怎麼能依靠不信上帝的人？因為上帝一直注視着我，我不會騙人。但是沒人看着中國人，所以他們可能會騙人。」事實上，絕大部分中國人不會騙非洲商人，家族名譽對中國人而言也許相當於非洲人的宗教信仰那樣，充當着強力的道德指引，

但是非洲商人對此卻不認同。確實，宗教信仰的差異也許是非洲人與中國人在語言以外最大的文化鴻溝。

廣園西和小北的非洲市場區別之一在於宗教。小北的非洲商人多數是穆斯林，很多人在星期五去先賢清真寺做禮拜，從小北走過去只要15分鐘的路程。而廣園西的非洲商人主要是基督徒，尼日利亞伊博族人幾乎全部都是基督徒。有些非洲基督宗教信徒是天主教徒，每週日下午會去耶穌聖心主教座堂（石室聖心大教堂）參加英語彌撒。更多的人會去基督新教教會，每間教會都有數十名非洲商人出席崇拜。中國政府認可廣州的清真寺和天主教教堂，但是不認可屬於地下教會的新教教會（又稱家庭教會）。某種程度上來說，中國政府不太喜歡地下教會，因為官方視它們為外國宗教的代表，而且它們沒有向官方註冊登記，警方有時會到這些教會突擊檢查。[1]

宗教在非洲和阿拉伯商人的生活中角色十分重要。在小北的物流公司辦公室，我的訪問對象有時談到了一半，會暫停到房間角落做禮拜，身後還有好幾個人等着也要做禮拜。禮拜只需要一兩分鐘，在外人看來是平平無奇，但他們都會嚴格認真地去做。這些穆斯林商人經常問我：「為什麼西方人想妖魔化我們的宗教？為什麼他們總是把穆斯林刻畫成邪惡的模樣？」有時候，我們會從神學和政治角度討論好幾個小時。這些討論很有意思，我們談到做生意，以為生意是這些人生活的中心，但其實他們真正想談的是宗教問題。[2]在廣園西的尼日利亞人來看，宗教的意義更為明顯。許多非洲商鋪的名稱帶有宗教色彩，比如「上帝的憐憫商貿」（God's Mercy Merchandise）、「受庇佑的商店」（Blessed Shop）或「上帝的榮耀商店」（God's Glory Shop）；許多人的名片上也印有經文引述、十字架或基督的圖案，或是一些格言，比如「上帝是完美的」、「上主是我的力量」、「我信仰上帝」；有些人還會把手機鈴聲換成基督教傳道人的錄音。這些伊博族商人不止在星期天上教會，他們生活中很大一部分時間精力都貢獻給了教會活動。除了做禮拜以外，還有一些其他祈禱活動，比如廣園

西商場走廊裏每天都有店主一起參加的祈禱會。楊瑒觀察到這些祈禱會的帶領者也是商鋪店主，他閉目呼喚上帝：「請幫助我們復興生意吧，我們需要祢的庇佑，哈利路亞！祢是我們的庇佑，祢是我們的力量。」這群尼日利亞人大概有15人，大家一起手牽手閉上眼睛，重複着帶領者的話語。[3]

這些人很多都是逾期滯留者，不僅身負做生意賺錢的壓力，還要提防隨時被警察抓捕。有些逾期滯留者堅信，上帝保佑了他們免受追捕。確實，宗教信仰讓他們有足夠的自信，讓他們的行為看起來不太像逾期滯留者，某種程度上也減少了警察截停和檢查他們的機率——從這方面看來，上帝的庇佑有一定的效果。而對於那些沒有逾期滯留的基督徒來說，宗教也非常重要。一名商人談完生意的問題後說：「上帝召喚我來中國，這是我來這裏的真正原因。」他理所當然地認為我是基督徒，並在祈禱時段極力説服楊瑒成為基督徒，而林丹有所抗拒時，他就半開玩笑地説她是中國間諜。

我們遇到少數對宗教存疑的人，例如第二章的麥克，他因不信伊斯蘭教而逃離伊朗。我們還遇見了一位名義上是基督徒的尼日利亞商人，他説：「很多傳道人把信徒的錢花在自己身上——他們説：『如果你們捐錢奉獻，就會走運。』但這其實毫無道理。我有時候上教堂，但是不太信這套。」但這些人都是很少數，我們見到的大多數人都很虔誠。即便是那些偶爾背離信仰的人，也堅定不移地聲稱信仰是生命中的頭等大事，比如第二章提到喝啤酒的奧馬爾。

比較伊斯蘭與基督教

穆斯林主要的宗教修持是每天要做五次禮拜。新登峰賓館有一處供穆斯林禮拜的地方，但多數人會與別人一起在辦公室做禮拜，或是獨自禮拜。與眾人一起禮拜能獲得更多的恩典，但不論在哪裏，禮拜都是必須的。每個星期五，非洲人、阿拉伯人、回族人、維吾爾人、

巴基斯坦人和印度人的穆斯林紛紛來到先賢清真寺，在午後參加禮拜。[4] 這所清真寺是官方認可的宗教場所，中國籍的阿訇 (伊瑪目) 會就商業道德或其他伊斯蘭議題作簡短講道。那裏有阿拉伯語的講道，許多外國穆斯林都能聽得懂阿拉伯語，因為他們從小的宗教教育都是阿拉伯語的，此外還有漢語的宣講。清真寺門口有一條擠滿了小販的巷子，有中國穆斯林販賣清真食物和其他伊斯蘭物品，還有求人施捨的中國籍乞丐 (因為穆斯林有向困難者施捨救濟的義務，因此這些乞丐收入不錯，我們見過他們的乞討小盤裏有100元人民幣鈔票)。禮拜完畢後，各個國籍的穆斯林踏上歸途。這條小巷比我們去過的廣州任何教堂更加國際化，不少教堂的崇拜者都是集中於單一民族。這裏雖然多數人在禮拜完後都是各自回到其族裔的社區，但卻體現着伊斯蘭全球化。

我們去過幾次先賢寺，並參加星期五的禮拜。雖然我們不是穆斯林，但在那裏總感覺非常自在。但有一次，那是2013年10月15日的開齋節，我不得不做禮拜。當時清真寺周邊的室內室外肯定有近一萬人，每一寸空間都鋪滿了禮拜毯，當禮拜開始時，我必須跟着其他人一起做禮拜，因為根本沒有空間讓人旁觀，我身邊幾百碼內的人全都在做禮拜。可是這並不容易，因為我不清楚其他人誦經的內容和應該做的儀式。我身邊擠滿了正在做禮拜的維吾爾人，為了不鶴立雞群，我只能盡力模仿周圍的人群。當時我能看到邊上的男人很疑惑地盯着我，心裏擔心會有人在人群中喊道：「我們這裏有個西方人假扮成穆斯林！」還好沒有發生這種情況。林丹用圍巾遮蓋了她的頭髮，走去女性做禮拜的地方，那裏有一些或站或坐的女人沒有做禮拜。她說那裏就像是一座幼兒園，有些兒童在哭鬧和玩耍。在阿訇講道時，我見到有些男人低頭看手機，互相交談着，阿訇的聲音遠遠地從喇叭裏傳出來。但在禮拜的那幾分鐘裏，每個人都非常認真嚴肅。

圖7.1 開齋節的禮拜（麥高登攝）

開齋節和其他日子裏的伊斯蘭教儀式，與我們參與的基督新教教會不一樣，因為前者的禮拜儀式是固定不變的，信眾要背誦經文。一名穆斯林商人告訴我們：

> 禮拜的時候，我當然不會祈求我要賺多少錢，穆斯林才不會這麼做。我們做每天正常、必須的禮拜。不，伊斯蘭教聚會不在星期天晚上、星期二晚上或是其他的時間進行，只有星期五的禮拜。伊斯蘭信仰關乎個人本身，這是你自己的禮拜，是你個人的信仰。

相比廣州的地下新教教會，伊斯蘭教要求信徒的團體參與較少。此外，伊斯蘭教與神的關係較為「制度化」，信眾一般不會與真主「安拉」私下對話，但基督教則強調信徒藉祈禱在心靈上與上帝直接對話。《古蘭經》是與《聖經》不同的宗教經典，前者給信徒的行事規範

較後者有着更嚴密的結構。我曾在香港與幾位非洲商人朋友一同出席跨宗教的討論會，講者是一名新教牧師和一名穆斯林阿訇。一名南亞裔的聽眾問：「在伊斯蘭教裏，《古蘭經》清晰列明了我們生活中應該遵循的規定，但是《聖經》卻沒有，為什麼呢？」牧師只能回答，《聖經》不只是行為守則，而需要我們更多思考。

基督徒聚會與穆斯林聚會的另一個分別在於，清真寺裏的外國穆斯林和中國穆斯林可以一起做禮拜──儘管他們一般不這麼做，但是沒有規定不允許這種行為。有些非洲穆斯林說他們與中國穆斯林一起做禮拜，因此結下友誼。[5]可是在新教教會，卻很少出現這種情況：中國人面孔都被仔細端詳，在某些情況下除非事先獲得邀請，不請自來的中國人可能會被要求離開。相比起聖心大教堂的天主教彌撒，這些地下的新教教會是非法的，中國人的參與也許會引來政府不滿，而政府也許最害怕他們傳教。在世上傳播伊斯蘭教是穆斯林的責任，但與基督徒比較，穆斯林一般不熱衷於說服教外人轉信自己的宗教。這部分是由於伊斯蘭教已經融入了中國，而基督教沒有。一名穆斯林中間商告訴我們：「中國政府認為伊斯蘭教是中國的一部分，歷史上也是中國的一部分，但是基督教是西方的。『我們現在要到中國傳教！』不，伊斯蘭教不會這樣做。」

我們聽說中國不允許有外籍阿訇，只准他們在齋月等特殊節日來拜訪。當局抗拒外國的伊斯蘭教人員，中國警方曾在2007年把一間由非洲穆斯林設立的禮拜室強行關閉。與基督宗教的場所一樣，只有獲官方認可的清真寺獲准存在，外國人開辦的清真寺則會被關閉。

我們認識的穆斯林和基督徒有時會討論，哪個宗教的人更有道德。這些討論有時演變成相互謾罵和武斷歸類。不過，這兩種信仰在行為規範上有一個基本區別。一名穆斯林商人如是說：

> 非洲穆斯林是不是比非洲基督徒更值得信賴？其實，不是所有的非洲穆斯林都講信用，但對基督教而言，贖罪是非常重要的

觀念——也就是說，人們可以擺脫很多罪名。你今天可以偷別人的錢，明天就能要求得到原諒。而在伊斯蘭教裏，即便你犯了很小的罪過，你就必須對此負責，並且接受處罰。許多非洲人有通姦和詐騙行為，卻仍然口口聲聲提上主耶穌。他們也許還販毒，但是在星期天照樣上教堂，談論自己如何想拯救別人。所以基督徒沒有道德觀，而穆斯林不能這麼做。

這個人說話的時候，我們正在咖啡廳裏，他喝茶，我喝啤酒。他說與喝啤酒的我在一起，令他蒙受罪過，因為他陪着我行惡。他帶着微笑說了這番話，但是言辭間卻帶有幾分認真。我問他，如果我要下地獄，為什麼還要繼續跟我聊天，他回答道：「因為人死後又是另一個世界了，而我們現在身在這個世界裏。」也就是說，我給他帶來了一點小麻煩，但無傷大雅。

小北還有其他不着眼的伊斯蘭教特徵。開齋節之際，穆斯林會一起屠宰羊隻，供享宴或送給需要的人。有些伊斯蘭社會只是象徵性地遵循這個傳統，但在廣州都會世界裏，在繁忙的大街上，我們看見幾百頭羊被拴在欄杆旁待價而沽，之後會以清真規定被屠宰，成為宴會中的美食。一名穆斯林商人告訴我們：

對於負擔得起的家庭來說，他們必須宰羊，把羊肉送給窮人。在非洲，我們自己殺羊，我自己做過很多次了。伊斯蘭教有一套切肉的方法，最重要的是如何正確切肉。這是源自亞伯拉罕的故事。根據伊斯蘭傳統，上帝想考驗亞伯拉罕的信仰，所以要他犧牲自己的兒子艾薩克。當他正要動手的時候，一個天使出現了，用懷裏的羊代替了艾薩克。清真寺安排了十輛大巴，把清真寺裏的人送去屠宰場，以免他們在街上殺羊。

我們確實在街上見過維吾爾人、非洲人和阿拉伯人用尖刀殺了幾頭羊，周圍是燈紅酒綠的連鎖店，而中國警察和其他政府人員則睜一隻眼閉一隻眼。

圖 7.2　開齋節之際街邊的羊（林丹攝）

　　我和林丹體驗的穆斯林習俗，還有在齋月期間與阿拉伯商人一整晚在外。黃昏後鐘聲響起，他們就可以整晚吃喝，黎明時做禮拜，然後回家睡覺，這樣他們就不用在廣州的炎夏長期齋戒。我們還在阿拉伯商人的休息廳裏一起共度時光，喝茶、吸水煙、嚼巧茶（khat，在中國又稱「阿拉伯茶」）——這是一種來自索馬里和也門地區的興奮劑物質。[6] 中國沒有這種植物，但維吾爾小販有售賣巧茶乾草，它在 2016年起被中國政府正式列入嚴打的毒品範圍。我咀嚼巧茶的時候，感覺自己像是一頭正在吃草的牛，但是和我們說話的人卻越來越健談——有點像是那些基督徒喝完啤酒後受訪的效果。

　　我們與穆斯林就政治議題有既長又深入的討論，例如：「為什麼西方人指控穆斯林是恐怖分子，但是當基督徒殺人的時候，他們卻不把那些人列為恐怖分子？」我們常常提起這個問題，但是找不到答案。此外，我們還會討論其他議題，比如負擔得起的男信徒應該娶多少個妻子。穆斯林堅稱，基督徒男性在這方面更不講道德。其中一人

這樣說：「基督徒男性秘密包二奶，但是穆斯林在道德和法律上承認第二和第三個妻子，而且對她們很好。」我們問他女人是不是可以有兩三個丈夫，這在以男性為中心的伊斯蘭教來看是不可想象的，他對這種問題只是抱以嘲笑的態度。這些男人認為如果一個人滿足於擁有一個妻子，那麼一個妻子就足夠了；兩個妻子是最麻煩的情況，因為丈夫和第二個妻子一起的時候，大老婆會很吃醋。如果他有三個或以上的妻子，她們就不會那麼容易吃醋，因為她們不清楚丈夫到底晚上跟誰在一起。我們聽到這個說法：「娶三個老婆是搞好夫妻關係的最佳策略。」另一方面，我們與一些福音派基督徒談到這些問題，他們卻連女人的存在都不承認。我們曾經訪問一名尼日利亞基督徒，林丹抱怨說這個人只看着我，從不看她。當我問他原因時，他私下解釋說年輕女性是誘惑的根源，令人偏離上主：

> 交中國女朋友沒有問題，但是如果她不是重生的基督徒，那就很不好了。如果她很愛你，就會聽你的話相信基督。我們害怕受到不道德男女關係的誘惑。當聖靈不在你身邊時，你會孤身一人，可能遭到厄運。

他最終希望回尼日利亞娶一名重生的基督徒為妻，並受到牧師的祝福。但在此之前他遇見的其他女性只會令自己身陷險境，所以他小心不看那些女性。這個男人的做法比較極端，其他的非洲基督徒追求中國女朋友的時候並沒有宗教上的難題。但是宗教信仰卻是這個男人生活的中心，所以他有如此想法也就不出奇了。正如另一位非洲基督徒商人明確地告訴我們：「不同於神聖之愛，情色之愛是邪惡的。」

我們與穆斯林和基督徒聊天的時候，總會問他們同一個問題，即做生意和宗教信仰的關係是否矛盾：你信神的同時，是否也能賺錢？答案一般都是肯定的，但是關於應該賺多少利潤，大家有些爭議。一名尼日利亞商人說，他想賺多少都可以，因為上帝給他帶來了生意，他只需要作「什一奉獻」即可：

對，我作為基督徒也可以賺錢，我以22元人民幣買了這個手袋，然後以24元賣給顧客。如果某個天真的客人說：「我要用100元錢買這個手袋。」我也會賣給他，這是生意，不是什麼宗教問題。上帝關照着我，我每個星期奉獻十分一的收入給教會，因為上帝賜給我商機。

一名東非人看法迥異，他認為自己作為穆斯林，應該避免讓顧客受到欺騙。曾經有一位顧客來到他的店裏，開出較高的合同價錢購買3,000雙鞋子。這個東非人對他說：「其實這個產品的售價已經下跌了，我給你的售價可以下調5%，不然你用這個收購價會賣不出鞋子的。」後來這位買家成為他的忠實顧客。這個東非人說自己沒有默默賺那一大筆錢，而是選擇說出來，因為伊斯蘭信仰告訴他應該這樣做。

另一名基督徒徘徊於以上兩種做法之間，無法做出決定。他給我們看了尼日利亞客人發過來的一批襯衣訂單：

> 作為基督徒，我給了他很好的價格，他應該能接受這個價錢，我也能拿到訂單。我是不是可以提供造價更低廉的產品，以獲得更大的利潤呢？你不應該在神的眼皮下做這種勾當。如果他們用30元人民幣的價錢給你這件T恤，你可以34元賣給客人，但你不應該賣40元，因為他也要賺錢。如果他賺不到錢，就不會再光顧你了。相反，如果你賺的利潤太少，比如只有2元，那他在尼日利亞賣衣服的時候就能賺6元。

這名商人是十分虔誠的基督徒，認為自己的一舉一動都在上帝的注視之下。但同時他也意識到，給客人的售價過低或過高都有問題，因為他和客人都以販賣衣服賺取利潤謀生。因此，宗教信仰是對抗貪婪的藥劑，同時也考驗自私自利的商業頭腦，以長期利益為先。這是多數商人告訴我們的策略：不應該進行詐騙，因為上帝在注視你的作為，而且這也是讓你的生意得以長遠發展的最佳途徑。

圖 7.3 聖心大教堂彌撒完畢後（楊瑒攝）

基督宗教教會

我們在廣州考察期間，造訪了幾所非洲人常去的教堂，包括聖心主教座堂（石室聖心大教堂）每週日的英語彌撒。石室大教堂地方十分寬敞，設有兩千個座椅，教堂正面的古典建築風格，乍眼看上去還以為是法國的某座天主教堂。2011年，我和楊瑒在那裏出席了一次伊博族天主教徒的聚會，信友用伊博語唱着聖歌，氣氛令人陶醉。三年後，我和林丹再次造訪，發現牧職人員已經換成了講英語的中國人；來這個堂區的信友來自世界各地，活動變得沒那麼親密了。

我們還去過一些非洲人常去的新教教會，例如國際皇家勝利教會（Royal Victory Church International，牧師歡迎我們公開其教會名稱）和其他十幾個地下教會，也包括更高級、得到官方認可的廣州國際基督教團契（Guangzhou International Christian Fellowship）。這些教

會的許多聚會由尼日利亞牧師主持，他們用英文而非伊博語講道。有的教會會眾主要是尼日利亞人，但也有教會的會眾來自多個地區，比如肯尼亞和其他東非國家。還有幾個講法語的教會，牧師來自剛果。

這些教會很多經常改變聚會地點，因為是地下教會，所以沒有固定的地址。中國籍業主要教會離開或抬高租金的時候，它們就必須搬遷。曾有研究分析了身在中國的非洲五旬節派基督徒，發現雖然他們在拉各斯的教會無處不在，但他們在廣州的教會卻近乎隱形，因為他們必須保持低調，不被政府發現。[7]一間大型教會被迫從酒店轉移到別處，因為他們在2013年的除夕聚會恰好與公安局在同一間酒店舉行的除夕派對撞期了。警察很吃驚地發現酒店裏突然出現很多非洲人，於是要求查看對方按法律規定應持有的聚會許可文件，那間教會當然拿不出來。[8]於是，警方通知酒店管理層，今後不准再租借房間給該教會。該教會後來搬遷至一間位處兩個地級市界線附近的酒店，希望兩地警察都不會騷擾他們，結果也確實如此。

星期天，這些教會的出席會眾人數從十人到三百人以上不等。一般來說，除非獲得邀請作為嘉賓，中國人不能出席聚會。有些教會甚至嚴禁中國人進入，林丹就曾經遇上這個情形，直到在我的陪同下才獲得批准。像皇家勝利教會等的教會，有供中國人禱告的分會，而教會人員鼓勵林丹改去那些分會聚會。我身為美國人，獲所有外國教會歡迎進入。拒絕中國人進入教會聚會並非種族歧視，而是為了自保：有些牧師告訴我們，中國政府尤其反對非洲人和中國人一起上教會。廣州國際基督教團契在規則上列明：「根據我們的執照和地方政府規定，廣州國際基督教團契只供持有外國護照的教徒使用……我們必須保證不讓本地居民進入。請你隨身攜帶附有照片的身份證明文件，以證明外國公民的身份。」這條明確的規定反映廣州國際基督教團契獲得官方認可。[9]其他地下教會在遵循這條規定的嚴格程度，雖沒這麼正規但也並不遜色。

然而，也有一些教會不在乎這些條文，抱有來者不拒的態度。國際皇家勝利教會之所以可以這樣做，是因為他們長久以來與官方直接對抗，而其他較為寬鬆的教會並沒有對拒的歷史。我和林丹去過一間剛果教會，那裏的人一般不會提到中國，只有一次短暫地調侃了中國人吸煙，以及吸煙危害健康。在國際皇家勝利教會，有人直呼「為了傳福音要征服中國」。事實上，也有中國人到該教會的宣教學校接受培訓，以實現他們的目標。另一個因素是，類似皇家勝利這樣的尼日利亞人教會有許多逾期滯留的教徒，他們傾向對中國當局有敵對的態度。有牧師希望能消除這種情緒，於是在宣講時說：「你們應該愛中國人！」但是在剛果人的教會，那裏很少有逾期滯留者，因此也沒有懷疑中國人的必要。在皇家勝利教會的主日崇拜，警察隨時有可能衝進教會，停止禱告活動，而這以往確實曾經發生。[10]

　　在上一章，安托萬提到他怎樣尋找兩名年輕女士，在星期天早上打電話給她們，確保她們準時上教會，並安排她們坐在第一排。作為當地剛果人教會的重要一員，他覺得自己有責任這麼做，許多教會也認為會眾應有這種責任感。在國際皇家勝利教會和其他的尼日利亞人教會，教會諄諄告誡會眾不要販毒和進行網絡詐騙，也不要做任何令自己在異國他鄉身陷險境的壞事，而應該追隨上帝走正直和狹窄的道路。這些教會經常組織晚禱和其他活動，為會眾提供第二個家，同時提供道德指引。

　　同時，教會強調金錢是理所當然的好東西。在一所剛果人教會，牧師在主日崇拜講道時說：「誰想在年底前賺一大筆錢，成為成功人士？站起來走到大家面前！」結果教會裏所有人都起立，走到了講台前。另外，他們也鼓勵信徒在經濟上支持教會和牧師。在我們出席的某個大型教會的一次活動，多名教會高層人士要求大家募集60萬美元，以為牧師在尼日利亞蓋一間房屋。這是一筆巨款，儘管有些人嘴裏嘟嚷「建房子這麼貴」，但是不少人很快掏錢湊齊了款項。在另外一間較小型的教會，牧師對教徒說得更直白：「我想買輛汽車……我承

諾這輛車會用上五年。」一名會眾回應道：「牧師開口要車並不恰當，會眾需要為他提供一輛車。他不是為了炫耀要求汽車，而是為了牧民需要。他在幫助他人。」教會內很多人都被牧師的真誠所感動，他確實也很快得到汽車了。

2013年至2014年間，我們最常定期造訪的就是國際皇家勝利教會。[11]星期天的崇拜過程很漫長，一般從中午開始持續到下午4點，之後會提供一頓非洲餐。崇拜的風格也很獨特，電子樂隊彈奏有鮮明尼日利亞特色的音樂，伴有合唱團的歌聲，會眾跟從禱告的內容，説出自己的見證感言，他們禱告的方式極具表現力和個人化。不會有人默默地站在人群中，除非他們是中國人或外國訪客。每個人都以自己的方式跳舞和祈禱，牧師也總會在崇拜中安排這種個人禱告的環節。信徒會大聲喊出個人的禱告內容，直接跟上帝和耶穌説話，似乎每個人都踏進自己建造的世界裏一樣，情形與公式化的穆斯林禮拜天差地別。有時我會問這些會眾，他們的禱告究竟是一種懇求還是與上帝的交談，而上帝是否回應了他們的訴求。他們多數人都説是懇求，並認為上帝確實聽到了他們的言語，終究會給予回應。

教會崇拜的另一個主要特色就是教徒的見證感言。大家都可以説出感言，從這些感言我們可以窺見在會眾之間什麼是重要的。我在廣州研究最後階段也説了一段感言，感謝教會給我研究和精神生活提供的幫助。這些見證感言一般是關於信徒在中國生活時遇到的困難。楊瑒最先介紹我和林丹來到國際皇家勝利教會，她引述一名信徒的見證，説明《聖經》怎樣幫助他克服了在中國遇到的各種難題：

> 我去了一間手機店，想買手機，那位中國女士（女店員）對我很不禮貌。我心想：「你對我這麼無禮，為什麼我還要買你的手機？」但是後來，我意識到愛能讓我克服這個問題。上星期，我們談到路加福音第十五章，父親原諒了犯罪的兒子，所以我又思考了一陣，最後從她店裏買了手機。[12]

我和林丹也聽過各種各樣的故事，比如有個人和中國妻子一起提到在神的幫助下，他拿到了在中國的居住證；還有人說和自己合作的中國工廠老闆本來信佛，現在轉為信基督；還有人遇人不淑，中國廠家給了劣質品給他，他借助上帝的力量，終於千辛萬苦拿回了三成訂金。大家都非常感謝神的協助，他們表達的方式與美國的福音教會並沒有太大的差別，但是這些見證感言反映了尼日利亞人在異國生活的難處，與供貨商和出入境當局打交道時的困難。

主日崇拜一般有80至120人參加，他們大部分是20多歲至40歲的年輕男性，最多是尼日利亞伊博族人，也有加納等其他非洲國家的人。女性教徒基本上不超過一二十人，主要是尼日利亞人或肯尼亞人，但也有些是伊博族商人的中國籍妻子或女朋友。這部分中國人很少，中國和非洲信徒一般只在每年兩三次特殊聚會時才會一起出席崇拜。相比起廣州的其他非洲人教會，國際皇家勝利教會有着把福音傳到中國的特定目的。我們曾經向一位常常上教會的尼日利亞朋友感嘆，也許廣州的尼日利亞群體會慢慢消失，教會也許面臨危機。他卻回答道：「尼日利亞人在教會活動這方面是不會有差池的。」在他看來，教會就是要傳教的，一旦教會完成在中國傳播福音種子的使命，尼日利亞人就完成了他們的本分。

經過多年努力，國際皇家勝利教會成立了中國教徒的分會。該教會設有中國和國際（主要是非洲人）分會，其中中國分會設於廣州的鄰近城市。我們參加了一次國際皇家勝利教會的中國宣教人員學校畢業禮，一共有14名宣教士畢業。教會主任牧師丹尼爾（Daniel）顯得格外高興，因為他的願景終於達成。一名教會職員告訴我們：

> 丹尼爾牧師是英雄！這是在宣教學校中國學生第一次成為最優生：中國人取得前九個位置！以前一般都是外國人——來自尼日利亞、加納、肯尼亞、喀麥隆。我覺得現在的中國分會比尼日利亞分會更龐大了，這才是我們的未來！

這個將來的背景就是丹尼爾牧師的往事。丹尼爾在2006年與中國警方發生正面衝突，他因為拒絕承認中國政府的至高地位，認為上帝才是至高無上的，導致被驅逐出境，七年內不得入境中國內地。電影《教堂》(*My Father's House*) 記錄了這個故事。[13] 有位學者認為，中國對基督教的敵視並非由於中國人是無神論者，而是因為「國家本身已經類似一個宗教，許諾人民會有烏托邦式的未來⋯⋯因此它想超越其他宗教的影響力」。[14] 丹尼爾牧師這樣的基督徒認為上帝和基督更至高無上，高於中國共產黨的力量，並且向中國人傳播這個宗教觀念，也許中國政府認為這是非常危險的舉動。前文提及的其他基督教會沒有太大興趣向中國人傳教，其牧師主要面向外國人，但是國際皇家勝利教會在這方面卻完全不同。

出於宣教目的，國際皇家勝利教會有意識地分開中國人和尼日利亞人兩個群體。教會為免觸怒政府而這樣做，以便教會能正常運作，令中國人能夠改信基督教。一名教會職員告訴我們，為了不再受到中國官方的騷擾，教會決定限制中國和非洲教徒互動的活動，中國人可以參加教會的世俗活動，但在進行崇拜時必須與外國人分隔開來。不過，這些規則並非明文規定。一名教會的老職員說：「中國是很神秘的地方。如果他們 (官方) 知道你對周遭事件發表太多評論，會把你視為敵人。政府會通過間諜攻擊你。」大家無可避免地對中國政府看法矛盾，政府一方面迫害教會牧師，把很多教會成員拘禁並遣返，但另一方面又讓教會繼續存在。正如一些教會職員所說，也許中國現在的基督徒人數比共產黨黨員還要多，很多共產黨員更是基督徒。但在官方的意識形態，這兩個群體明顯是對立的。

國際皇家勝利教會在2010年位於一個汽車零部件市場的二樓，後來改在一家酒店舉行聚會。當我和林丹參加了教會活動一年的時候，聚會地點改在小北附近一棟沒有名字的辦公樓九樓。也許警察不敢直接關閉這間教會，因為這或會引起逾百名憤怒的尼日利亞男子以肢體反抗，但警方會向酒店和其他樓宇管理方施壓，讓他們不要出租場地

給這些非洲人教會。但至今為止，有很多人想租場地給這些教會以牟利，因此警方的努力並沒有奏效。中國警方打擊國際皇家勝利教會及其他類似教會，部分主要因為許多教徒是逾期滯留者。沒有人知道這批人的確實人數，我們聽說約五成至六成的教徒都是在中國非法居留。牧師一般不是逾期滯留者，他們大部分都是全職牧師；只有兩三個人是兼職牧師，平時也做生意，但他們在中國都有長期合法居留的身份。大家一般不清楚其他人是不是逾期滯留者，除非那個人被逮捕了。大家的居留身份是個人隱私。

他們也許會在教會發表見證感言的時候，透露自己的居留身份。我們偶爾會聽到有人這麼說：「上帝賜給了我居留身份。」如果有人說：「中國政府不給我合法居留的身份，但是上帝給予了我。」這就表明他是逾期滯留者。大家有時候坦白地說出心裏話，但很多的時候是含糊尷尬，而這些都是他們生活的核心。一名逾期滯留者在發表見證後告訴我們：「教會裏的大多數人都沒有身份證明文件，但我們才不在乎呢。文件是給政府用的，上帝會給我這些文件！」

教會裏的大多數人都是逾期滯留者，但是教會對他們的困境卻保持緘默。我們不清楚其中的緣由，也許教會害怕其中滲透了中國間諜，因此不想直接指出逾期滯留者身在現場。在當局2013年8月起嚴打逾期滯留者群體後，這種狀況更為明顯。我們原本以為由於很多教會成員受到警方逮捕、拘禁和遣返，教會可能擺出強硬的姿態，但事實並非如此。教會繼續保持沉默，為被捕教徒支付了部分罰款。一名教會成員說：

> 如果投身於教會活動的你被警察逮捕了，教會會給你3,000元人民幣，相當於罰款的四分一，教會的其他朋友也會給你一些錢。如果你因為逾期滯留而被捕，牧師會在教會裏宣布：「某某人被逮捕了，我們必須幫助他。」但如果你因為毒品問題被捕，牧師就不會在教會裏提及你的事情。我們知道有時候有教徒遭到逮捕，但卻沒人提及他們。

教會成員並沒有因為尼日利亞人受到的罪罰而鞭笞中國政府的作為，一名成員這樣說：

這不是教會的工作，教會來這裏是為了傳福音。我們是宣教士，不能夠走去質問當局：「為什麼？為什麼？」我們要向上帝傾訴個人的問題。教會不參與政治，我們不會讓人跑出去發聲，我們只會祈禱。中國政府在其領土上做什麼都可以，但是我們也可以為了上帝做我們想做的事情。不論如何，我們都必須愛中國人。

一名教會職員私下向我們吐露更為黑暗的心聲。他說中國想消滅廣州的尼日利亞人，因為中國人去尼日利亞能賺更多的錢。他認為這是尼日利亞逾期滯留者在廣州遭到打擊的根本原因：「他們要甩掉中國的非洲人，這樣那些在非洲的中國人就可以為所欲為了。」

教會成員中無疑有少數的毒販，也有性工作者和網絡詐騙犯。我們向一名教會長期成員詢問這些人的事情，他說那些人可能也會上教會，但是他們不會是重生的教徒，不然不會做出這種勾當。他從外表分辨不出這些人，但是某個自稱有較高靈性的人說：

毒販不是壞人，只是比較軟弱的人，魔鬼進入了他們的軀體，令他們做壞事。每個星期天，教會告訴大家：「如果你做不好的生意，教會不會為你們的行為負責。」教會警告他們：「不要做那種生意！」

有幾次，我們確實在教會講道環節聽到這類說法：「參與販毒或網絡詐騙的人並非真正是這間教會的成員。現在坐在這個房間裏的一些人有從事網絡詐騙，你們必須把錢還給受騙的人，而且應該還雙倍的金額！」[15]

一名定期去教會並已在廣州多年的女商人，更了解那些行惡之人：

教會好比一所醫院，遇到各種難題的人都可以來。上帝可以解決所有的問題，所以每個人都應該上教會，包括性工作者和毒販。就算性工作者是來招攬嫖客的，她們也應該擁有禱告的機會。當然，如果有人販毒，其他人不會知道的。牧師沒必要詢問你的謀生方式……在教會裏，如果你是性工作者，走去跟牧師說：「我想洗心革面。」教會將幫你，給你錢。去年底就曾發生過這種事情，大家籌款為她採購了一整個集裝箱的貨品。不過，要從墮落行為金盆洗手並不容易。

由於大家都不清楚來教會的人實際上怎樣謀生，大家都抱有包容的態度，教會對上述行當通常都只是作含蓄的批評。教會在崇拜接受每一個人，並勸解那些違法的人能改過自新，走進信仰正直的窄門。

如果犯罪問題是教會想要擺脫的陰影，那麼跨種族婚姻則是大家歡欣慶祝的事情，包括非洲男性和中國女性的結合，因為婚姻是傳播基督教的重要途徑。我們參加過一對尼日利亞男士和中國女士的婚禮，女方親戚都出席了典禮。新娘的母親告訴林丹，她不希望讓女兒嫁給黑人，但是女兒卻堅持這麼做；後來她開始更信任女婿，因為他是基督徒，不太可能欺騙她的女兒。在牧師講道時，許多女方親戚睡着了，旁邊有人小聲叫醒他們。英語講道無疑對他們來說意義不大，他們以前也可能從未去過教堂。但是身為中國基督徒的新娘，在婚禮上表現得神采奕奕。這段婚姻也許是中非關係的最佳希望，與出席教會儀式的寶寶一道象徵着將來。

圖 7.4 國際皇家勝利教會的尼日利亞婚禮（林丹攝）

圖 7.5 國際皇家勝利教會的嬰兒奉獻禮（麥高登攝）

宗教追尋者的故事

因為廣州沒有非洲籍阿訇，因此我們找來了那些虔誠的穆斯林商人和中介：

哈基姆（Hakim）

我是來自埃塞俄比亞的商人，也做物流中介生意。我是穆斯林，每天做五次禮拜，禮拜地點一般在我廣州的辦公室。我做禮拜的時候有時候會否想別的事情？當然了，我也是人。我可能突然想起：「還有很多貨要運出去，我們有足夠時間裝箱嗎？」但是，我馬上恢復禮拜的狀態。禮拜的內容是《古蘭經》的第一章，名為「開端」。對，我們可以做非常私人的禱告，我的父親最近去世了，因此我為此禱告，但是這不是正式禱告的內容。我可能會這樣禱告：「希望真主保佑我的生意。」但是我絕對不會祈求讓真主給我更多顧客，你不能索取物質上的回報，比如「真主啊，給我多點客戶吧！」伊斯蘭教不是這樣的。

禮拜五，大家會去清真寺禮拜一個小時。阿訇首先用漢語講道，然後用阿拉伯語，內容諸如每天做五次禮拜的重要，或是家庭的重要，或是避免食用教義禁止的食物，或是談談時事，比如某地發生的災難或恐怖襲擊。對，中國人和非洲人可以在清真寺裏一起禮拜。我和中國人一起禱告，會不會感覺和他們更親近呢？不一定，因為我不會跟那些人做生意。清真寺是否多元文化，對我來說沒有什麼分別。

真主無時無刻不在觀察我的所作所為，從未離開。不，我不喝酒，也不吃豬肉，我不會做壞事。我只有一個妻子，按照伊斯蘭教規定我最多可以娶四個老婆，但是我結婚的時候，妻子要我發誓只娶一個。信伊斯蘭教的好處在於，腦子裏裝了壞想法不是罪過。我可以看見漂亮姑娘，想着「能和那個女人做愛就

好了」，但是我不會真的這麼做。根據伊斯蘭教規，這不是罪。對，當我聽到阿訇的講道，我會很認真地對待，並警醒自己。身為穆斯林，我每天可以通過生意賺錢，但是有時候宗教也會成為一種羈絆。我曾經提供匯款服務，懷疑有些顧客是妓女，我告訴她們我不能替她們匯款。但我只是對她們說自己已經不做這行生意了，因為不想讓她們難受。

我這輩子從未質疑伊斯蘭教。有些埃塞俄比亞人信伊斯蘭教，有的則信基督教，也有無神論者，但是我自己完全相信真主的存在。為什麼今天很多人把伊斯蘭教和恐怖主義聯繫在一起？有兩個原因。一是西方媒體對穆斯林有很嚴重的偏見，世界上有很多因宗教和其他激進因素產生的暴力行為，但是只有穆斯林被認作是恐怖分子，為什麼？二是有些穆斯林會以暴力發洩怒氣，這是個問題，穆斯林應該極力反對這種行為！他們必須以實際行動對抗恐怖主義。伊斯蘭教與暴力無關，有些施暴者聲稱他們以伊斯蘭教的名義作出那些行徑，但這是謊話——他們只是把伊斯蘭教作為藉口。

廣州沒有非洲籍阿訇，只有中國籍阿訇，這也是個問題，不過大部分非洲穆斯林都尊重本地法律法規。非洲穆斯林與基督徒不同，你不會見到他們勸中國人入教。如果你要成為穆斯林，必須符合很多條件，但是基督徒只需要說「基督是我們的救世主」就能得救。穆斯林不歡迎一些人聲稱自己是穆斯林，但卻不做禮拜、照樣吃豬肉和為所欲為。對那些想入伊斯蘭教的人，我們會問：「你準備好遵從這些教義了嗎？如果沒準備好就不要成為穆斯林。」當然，人非聖賢，有些穆斯林仍然有喝酒嫖妓的問題，但這些行為有違伊斯蘭教義。我如果在辦公室發現有穆斯林欺騙中國人，會告誡他們：「你要成為更有修行的穆斯林。」有些顧客想拿了貨逃跑，我們也會警告他們：「你總有一天要去見真主的，必須為自己的行為負責！」不管怎樣

他們詐騙了，但是至少我盡了提醒他們的責任，告訴他們「身為穆斯林不能這樣做」。

當我走進廣州的清真寺，感覺就像是回到了家裏。對我來說，那是個神聖的地方，一點也不陌生。我不認識那裏的阿訇，甚至不清楚他姓甚名誰。清真寺離我的辦公室比較遠，所以我不能每天都去，但是每個星期五下午1點半，我會去做禮拜。在清真寺做集體禮拜比在家做更好，提高了27倍的功德——先知聖言中有這句話。當然這些功德無法精確計算，但是你想盡可能積善，這樣才能上天堂。我的妻子和三個小孩都在美國居住，小孩現在還年幼，但是我擔心他們會面臨各種誘惑。為了讓他們得到更好的教育，我舉家遷往西方國家。你可以做品行良好的穆斯林，同時也能西化，這兩者不矛盾——比如，你可以做科學家，同時也是穆斯林。但是在西方生活，偏離信仰的可能更大。

丹尼爾牧師和海倫牧師（Pastor Daniel and Pastor Helen）

本書中最能代表基督教的無疑是丹尼爾和海倫牧師。來自尼日利亞的丹尼爾牧師是國際皇家勝利教會的創辦人，他的妻子海倫牧師則在新西蘭出生。我和楊瑒、林丹曾經在無錄音的情況下與他們交談過一次，一年後我在2013年再次與他們見面，錄下了與他們的談話。出於被訪者的許可，以下是本書唯一沒有使用假名的部分。

丹尼爾牧師在九十年代末來到香港，不久後到廣州創辦了國際皇家勝利教會。教會在最初幾年非常成功，丹尼爾牧師說當時的中國人沒有什麼種族歧視，他與中國官員也相談甚歡。但隨着尼日利亞人社群越來越壯大，開始湧現各種問題。有一個尼日利亞組織的領袖是教會成員，其他尼日利亞人起了妒忌心。[16]丹尼爾稱，他們後來到派出所誣衊他。他認為那些尼日利亞人與中國警方共謀，在廣州街頭偷竊自行車運到尼日利亞。

他認為自己最大的失誤，在於自己牽涉到了廣州尼日利亞人社群的事情，結果令自己陷入困境，他的教會在與中國宗教事務當局打交道的時候也惹了麻煩。首先，尼日利亞人社群背叛了他，其後中國警方在崇拜期間進入了他的教會。警察通知丹尼爾牧師，他必須為教會辦理登記手續，而且不能讓非洲人和中國人混在一起。丹尼爾牧師當時拒絕跟從，結果他被驅逐出境，儘管他後來的確把教會分成中國人和外國人兩個分部。離開內地以後，他在香港創辦了一間小型教會，有七年不能入境內地。現在他能回到內地了，每個月回廣州一次主持皇家勝利教會的崇拜。他在2011年娶了海倫牧師，此後她也成為教會的重要成員。以下是我與他們二人的訪談內容：

丹尼爾牧師：中國政府現在比以前更理解上帝的存在了，他們意識到基督教不是所謂的敵人。他們曾經以為基督教是西方的政治宣傳工具，但是如今大部分的中國人不再反上帝和反基督教了。

海倫牧師：中國人的態度已經轉變，以前是「多一名基督徒，就少了一個中國人」，現在是「多一名基督徒，就多了一個好的中國人」，他們開始發現基督教可帶來不同。

丹尼爾：我認為中國當局已經看到我們是在幫助他們，而不是搞亂社會秩序，不然他們早就要我們停辦了。他們意識到「國際皇家勝利教會沒有和我們對立」，我們沒有涉足政府管治和政策制訂，只是在靈性上撫慰着人們。

麥高登：最近是否有警察干擾崇拜，搜查逾期滯留者？

海倫：最近有個星期五他們來過，我們當時留在家中，等他們晚上離開了才舉行聚會。他們沒有闖入我們的主日崇拜。我們周圍有很多逾期滯留者了，中國政府已經停止給他們簽證。

丹尼爾：有些尼日利亞人引發了事端，但大部分問題來自中

方。曾經有一段時間，廣州的警察還支持着那些做壞事的尼日利亞人。中國人還供應海洛因。

海倫：由於逾期滯留者無法找到工作，所以急需賺錢。

丹尼爾：如果他們選擇來教會與神和好，就沒那麼容易做這些壞事。

麥高登：我認識一個穆斯林朋友，他說基督教的問題在於贖罪——它讓做壞事的人可以去教堂祈求上帝的原諒。

丹尼爾：這不正確。人無完人，不只是基督徒或穆斯林的問題，這是人類的問題，每個人都有犯罪的傾向。但是基督徒有耶穌，祂從天降下，向我們展示了我們真實的內心，寬恕了我們的罪過。

海倫：如果你重生了，就不會再去做壞事，不然你就會不斷地把耶穌釘在十字架上。國際皇家勝利教會是一個團體，要求成員真心投入其中。中國對他們來說是外國，他們沒有親人，我們想通過組織活動讓他們有家的感覺，不要去做不該做的事情。我們不只是舉辦靈性活動，還有足球隊。

丹尼爾：他們踢足球的水平堪稱一流！我們好幾次打敗了廣州警隊！

麥高登：我見過一些尼日利亞人，他們自稱是基督教的先知，能與上帝交流。你們怎麼知道自己是否在和上帝交談？

丹尼爾：如果沒有規則，你也沒有受到召喚，預言可以是很危險。即便上帝召喚了我們，我們仍然鼓勵大家繼續學習，令預言更合乎教義。你不能像個酒鬼一樣說話，不知其所以然。我們通過宣教學校教育大家這點。

海倫：我們教會有一些有恩賜的人。他們可以成為先知，但是

需要必須在問責下經歷培訓。

丹尼爾：我們在這裏的主要目的是在中國傳教。我們曾經與警方和宗教事務局開會，他們說只要教會裏沒有中國人，就允許我們辦教會，但是我們沒有同意。

海倫：我們希望國際皇家勝利教會的中國人分會逐漸壯大，未來超過外國人分會，這是我們努力的目標。

麥高登：如果你們教會向政府登記，是否意味着中國政府比上帝位置更高？

丹尼爾：沒錯。任何導致我們不再牧養中國人的事，都是違反我們的信念。這將令中國人成為更好的公民等！《聖經》成為每個學生的必讀書，中國政府在四五年前就已經列出來了，他們研究美國繁榮昌盛的原因，發現是基督教價值觀導致的。

海倫：共產主義就好比宗教。他們最害怕這點，因為中國的基督徒比共產黨員還要多。幾年前出現了法輪功，也讓他們非常擔心，但是我認為他們現在更理解我們，不那麼害怕基督教了。

丹尼爾：中國遣返逾期滯留者，但是不可能趕走所有的非洲人！他們還會陸續不斷地來，而且現在開始和中國人結婚生子了。

麥高登：那未來是否會出現中國的奧巴馬？

丹尼爾：我認為會。因為這是全球化時代，非洲人、美國人、歐洲人、中國人都在一起，這是新時代。有些人認為這不會發生，但這已經是事實了。《聖經》也預言了現在的狀況，耶穌也看見全球化的來臨！上帝在《聖經》裏說過，他會引領遙遠國度的人來到你的國家，這正在發生啊。我正在看到世界比以前更好了，不論你來自哪裏，有什麼膚色，是男是女，都不重要了。而你的性格和智慧才有分量。如果我要給別人一些建議，

我會告訴習近平和廣州市長不要反基督教，要認可基督徒的身份，並與他們一起合作。如果一個地方不重視精神發展，就會像紙牌屋一樣垮掉。

詹姆士（James）

本節的最後一個宗教人物，是一位非正統基督教先知的故事。他在正統教會以外的渠道與神相遇。

我四歲的時候，耶穌帶我去了天堂。當時我想住在天堂裏，但是時機未到。三年後，我又見到了上帝，祂以光的形式出現在我面前。祂說：「你用耶穌這個名字吧。」我曾經三次使用這個名字，戰勝了邪惡，驅除了魔鬼，然後繼續正常的小學生涯。1993年，當年13歲的我又見到異象，我離開了軀殼，來到某個教會參加會議，一個神靈給了我一本靈性的《聖經》。於是我開始傳教，因為我還沒讀過《聖經》，就已經掌握了《聖經》的神聖內容。

上帝在1998年顯靈對我說：「詹姆士，跟我來。」我靈魂出竅，在萬分煎熬中被帶到了充滿靈魂的房間。這些人沒有神的愛，所以身處地獄。他們曾經過着正常的生活，不幸的是他們不知道死後會去另一個地方。然後我又被帶到另一個房間，那裏燃燒着火焰，還看見有一個十歲的小孩。我問他：「你為什麼會在這裏？」他答道：「我和父母一起上教堂，他們告訴我有關耶穌的事情，但是我從來聽不進去。」我還見到很多痛苦的人，嘗試提供幫助，但是耶穌說：「太遲了。」我從沒向牧師傾訴過這件事。

我在尼日利亞傳福音，但在1998年12月26日，一位女先知對我說：「上帝讓你去中國傳教，你可以拯救那裏的靈魂。」我本

來在尼日利亞擁有一家公司，但是我把它賣了，申請了簽證。上帝告訴我必須拯救2,000萬人的靈魂，但是我的護照已經過期了。我尋找入境官員，但我被告之上帝會給我驚喜。即便我在中國被捕，對方也不會將我遣返回國，因為上帝的預言還未成真。

我的目的是拯救靈魂。我在廣園西有自己的教會聚腳點，能讓其他非洲店主來此聚會。我將那群人稱為「聖靈勞工隊」，這是我每天中午12點到1點要做的事。我的教會把衣服寄給幾間非洲的孤兒院，另外我們也會免費派發聖經。每天早上10點到11點，我會在公交車上傳教。我一般派發這張有關基督宗教的中英文單張，收到單張的人都很開心，那些會講英文的還會給我不錯的反饋。不，我不會講中文。上帝想讓我學會中文嗎？語言不是障礙。只要我搭好了橋，天使會説所有的語言。

我在經濟上怎樣過活？上帝是我的供給。我接受「聖靈勞工隊」給我的什一奉獻。什一奉獻是你收入的十分之一，我並不接受聖靈勞工隊成員以外的人的什一奉獻。如果你去其他教會，會看見毒販和妓女都作什一奉獻，但這些人是邪惡的。他們不是重生的人，為了錢什麼都做得出來。聖靈勞工隊的成員不會販毒，在上帝的恩典下，他們為了人類死後重生。我也重生了。我不喝酒、不吃肉，當我需要錢的時候，魔鬼可能會伸出援手，但我會説：「滾開！」有些人會給我錢，但我也會拒絕，他們是魔鬼的使者。除非他們成為聖靈勞工隊的一分子，向上帝獻身，否則我不會接受這些錢。

對，我可以治癒癌症。我在這座大廈裏治癒過癌症、糖尿病、脊髓損傷。只要患者承認上帝是全能的治癒者，我就能這麼做。基督不能治癒惡魔，但是祂能治癒痛改前非的罪人，我的出現就能治癒他們。我是不是逾期滯留者？上帝給我居留權。

如果警察衝進門來問我：「你的護照在哪裏？」我會回答：「我就是你的護照。」曾經有位聖靈勞工隊的成員進了監獄，那座監獄就成為了教會。

宗教的影響

上述的受訪者，哈基姆是唯一做生意的人，丹尼爾、海倫和詹姆士都以傳教為生。丹尼爾和海倫建立了大型教會，而詹姆士開闢了另一條非正統的道路，讓信徒為他作什一奉獻。詹姆士是非典型例子，但他的故事也是廣州非洲人種類繁多的宗教之一。

哈基姆比較了伊斯蘭和基督教的幾個不同之處，其中之一是穆斯林不會像基督徒那樣極力傳教，不會像丹尼爾和詹姆士那樣嘗試讓中國人入教。這也帶出第二點不同，即中國官方認可伊斯蘭教，卻不認可很多非洲化的基督新教教派。因此，伊斯蘭教信徒不大會與中國當局對立，也更傾向於遵紀守法、服從政府。不過，維吾爾人並不是這樣，他們可能是虔誠的穆斯林，同時又遊走於法律的邊緣，少數人還在最近發生的事端成為恐怖分子(儘管哈基姆會反對這一標籤)，但廣州的非洲和阿拉伯穆斯林似乎不會面對這些指證。

丹尼爾和海倫牧師的教會是當局眼中的非法宗教場所，也許半數成員都是逾期滯留者。丹尼爾被中國政府驅逐出境多年，後來得到政府寬大處理才能回來。但是，丹尼爾和海倫堅稱會繼續向中國人傳教，希望中國政府明白他們的教會只會創造更好的中國人，而不是與國家對立者。我們認識的其他牧師，觀點也許跟哈基姆相近。雖然他們的教會都不是合法的，但他們很少以與中國當局對立來建立其身份。的確，這令丹尼爾和海倫的主張更為危險和有影響力。與哈基姆相似的是他們非常虔誠，但不同的是他們的信仰令其與中國政府關係對立。他們祈求未來再無需要與當局對立，夢想中國有終一日會變成基督教國度。

主流教會人士把詹姆士視為不守紀律的危險人物，因為他是在沒有正統教會的背景下自稱先知。他的謀生之道在於讓一些他牧養的非洲人相信自己有超能力，可以從靈性和身體上治癒他人。我和林丹第一次見到詹姆士的時候，心裏質疑他是否真的相信自己說的一套。但當訪談結束時，我們相信他態度是真誠的，他認為自己真的看見、或覺得自己看見了那些事情。我們不清楚他怎樣招來聖靈勞工隊的成員，但對於那些生活不定的逾期滯留者而言，信念堅定的詹姆士肯定說服了他們其中的部分人。2013年8月開始，許多尼日利亞人被遣返回國，顯然詹姆士也被捕並遣返尼日利亞，我們不知道他後來的狀況。

　　為什麼這些逾期滯留者和商人如此虔誠？一個原因是，他們無法掌控自己的生活，宗教信仰也許是克服困難的唯一途徑。我們不斷聽見非洲商人被騙的故事，或是他們因各種原因損失錢財，簽證被拒等，他們面對這些困境束手無策。廣園西的逾期滯留者不能跑去報警，最後他們只能禱告，只有上帝能解決他們的問題。當生活否極泰來，他們又將其視為上帝的眷顧。

　　逾期滯留者如此，其他人也不外乎如是。我們曾經問肯尼亞商人布萊恩（Brian），為什麼大部分歐洲人、日本人和中國人以至很多美國人都不對宗教虔誠，而我們見到的幾乎每個非洲人都是虔誠的穆斯林或基督徒？他回答道：「發達國家的人養尊處優，你們在這個世界上已經是天堂一般，所以覺得自己不需要上帝。但是這種看法是謬誤的，大家要記得人生非常短暫，我們不會一直留在這個世界上。對中國來說也是如此。」

　　布萊恩這樣的商人和丹尼爾、海倫和詹姆士很相似，相信自己都有一個信念。發達國家窮奢極欲，忘記了上帝之國的存在，但是中國還有希望。布萊恩這麼說：

　　我主要的工作是做生意，但我來中國的真正原因在於響應上帝的召喚。中國是最後一個、也是最大的傳福音之地。《聖經》預言了中國會在亂世中成為基督教之地，正是此時。當你環顧世

界，有些地方傳福音已經有十倍、百倍之多，但中國的龐大人口還未聽說耶穌。我們知道中國佔世界兩成人口，傻瓜也知道中國很快成為下一個世界強國。《聖經》預言會有一場戰爭，即世界末日（Armageddon）：「地球的君王會殺死兩億士兵。」除了中國，世界上還有哪個國家有兩億士兵？

當非洲商人開始來到廣州，中國政府以為他們僅僅來做生意。但至少某些商人另有意圖，他們想將基督教帶到最前線。雖然他們最終也許只能讓非常少的中國人成為基督徒，但誰又知道呢？歷史總是無法預測，也許這次也一樣。按照馬克斯‧韋伯的理論，[17] 十六世紀的加爾文主義者（Calvinists）不經意間創造了新教倫理，最終主導了我們的世界。也許中國南方的非洲商人在二十一世紀會創造出新的中國基督教倫理，並在未來主導世界。

註釋

1   本章描述的非洲基督教教會與歐洲和其他地方的非洲移民教會很相像，Adogame, Gerloff, and Hock（2009）and Adogame（2013）都探討了這一點，包括這些教會重視宣傳的致富福音（Aechtner 2015）。中國的非洲移民教會與其他地方的主要分別，是中國的這些教會多數是違法的，而且中國政府視其為威脅，至少不認同他們傳教的行為。

2   Castillo（2015b：88–89）提到對於某些廣州的非洲人來說，賺錢是他們追求夢想的渠道，比如他採訪了一個想追求音樂事業的人。本章討論的許多人也認為宗教比生意更重要，因為生意只停留在現在的人生，而不牽涉死後的世界。

3   Yang（2011：104）.

4   商人們還會去廣州其他清真寺。一些阿拉伯人會去懷聖寺，非洲人愛去小東營清真寺。2010年，先賢寺建造了一間新的禮拜堂，以便讓參加2010亞運會的穆斯林運動員做禮拜，因此成為廣州最大的清真寺，吸引為數最多的外國穆斯林做禮拜。

5 但也有其他非洲穆斯林說：「有些中國穆斯林不太懂伊斯蘭教，每天也沒有做五次禱告，真正的穆斯林不會忘了禱告的！」他們還認為維吾爾族和回族的穆斯林不太一樣，維吾爾族人按時禱告，但卻觸犯中國法律而不受懲處；而回族穆斯林則守法，但是似乎不完全遵守按時禱告等伊斯蘭教義。

6 Carrier（2012）.

7 Haugen（2013：86）.

8 參考《廣東省宗教事務條例》，http://www.gzmzzj.gov.cn/mzzjswj/zjfg/201204/915412.shtml。

9 Haugen（2013：87–88）.

10 Zhao and Bandurski 的電影 *My Father's House*（2011）描述了國際皇家勝利教會與中國政府之間的衝突，Rennie（2009）和 Haugen（2013：89）也簡略提到此事。

11 Daniel 和 Helen 是國際皇家勝利教會的資深牧師，他們已經讀過本章節，並允許我們使用教會的真實名稱。本章隨後會提到與他們二人訪談的內容。

12 Yang（2011：102）.

13 Bandurski and Zhao（2011）.

14 Liang（2014：53）.

15 尼日利亞是網絡詐騙的一個據點，根據尼日利亞法例，這種詐騙行為被稱為「419」。典型的詐騙郵件會有如下的開頭：「親愛的先生，我作為聯合國銀行的安全部門部長，我留意到你收到了兩百萬美元的款項。如果你要拿到這筆款項，需要……」。這種詐騙針對世界各地天真而貪婪的網絡用戶。

16 非洲各民族社區都會在廣州設立組織。我們在書中並沒有集中談到這點，因為它們與書中的商人和中間商關係不大，但是讀者可以參考 Bodomo（2012：55–57）。

17 Weber（1958）.

第 8 章

戀愛、婚姻、成家——
中國的奧巴馬？

「中國非裔」

當學者在 2009 年談到廣州的小北地區時，他們認為「來中國學習工作的非洲學生和外交人員一直人數寥寥……在中國歷史上，從來沒有哪個中國城市有這麼多的非洲移民」。[1] 如果小北出現了眾多非洲移民，對未來中國的影響不可估量。但是，小北和廣園西的幾乎所有非洲人都不認為自己是移民，至少不會永久居留。[2] 大部分商人每年只來中國一兩次，他們認為自己更像是身在中國的過客。逾期滯留者也許會無限期地在中國逗留，但是一旦他們賺夠錢，而又躲過了被捕和遣返回國的命運，會馬上毫不猶豫地回國。很少身在廣州的非洲人將中國視為自己的家園，也不願意在這裏度過餘生。當然也有例外，他們預示着非洲人和其他外國人將會給廣州造成怎樣的影響。

有學者認為，外國人「不可能『移民』到中國，至少不是按照西方關於移民的定義而言」，因為中國沒有相關的法律框架。[3] 這也許是真的，但確實存在能讓外國人成為中國永久居民的移民法條例。[4] 一名中國出入境管理當局官員說有好幾個非洲人在結婚多年後，已經拿到了廣州的永久居留身份，但是我們還沒遇到這樣的人。林丹在 2014 年與兩名阿拉伯商人交談時，他們聲稱已經通過投資渠道拿到廣州的永

久居留身份。他們做正經生意，各自有銀行賬戶，在中國投資了100萬至500萬元人民幣，不過他們仍然需要每年定期更新永久居民身份。這證明外國人其實可以成為中國永久居民，但是「永久居民」為什麼還需要每年續簽證呢？

如果大家無法光明正大地成為中國人，那還有其他門路，阿巴斯（Abbas）就是一個例子。持有香港特區護照的香港居民可以拿到回中國內地的回鄉證，法律上就是中國公民。[5]多數香港的外國人可以保留持有其本國護照，他們從香港進入中國內地時被當作外國人。但是身為香港永久性居民（在香港通常居住連續七年以上的外國人可成為永久性居民）的阿巴斯放棄了尼日利亞護照，拿到香港特區護照，從而拿到往返內地的回鄉證。廣州的警察截停阿巴斯，要檢查他的護照和身份證，結果他們十分意外，盯着看阿巴斯的證件，發現他雖然看起來一點兒也不像中國人，也不會講多少中文，但確實是法律上的中國人。阿巴斯本人也不覺得自己是中國人，也沒有在情感上愛慕中國，更不打算在中國內地生活，但在法律的定義下，他的確（幾乎）是中國人。

另一個成為「中國非裔」的方法是盡量學習中國的文化和生活方式。我們認識一位中非共和國的物流中介阿喀（Cam），他向林丹開玩笑，說自己比她更像中國人。阿喀認識小北的每一個人，可以用地道的中文和他們打招呼。他身邊的中國人也不會叫他「黑佬」，而是用他名字的中文諧音稱呼他。相比起我們認識的其他非洲人，他在兩個社會都像在家一樣。由於他的祖國與中國關係緊密，他不僅擁有長期的中國居留身份，還與廣州的警察和官員關係不錯。但他對中國的態度比較複雜，部分原因在於他曾經與一位年輕的廣州女士戀愛無果，對方家長不同意。當我們問起他，以後中國會不會出現奧巴馬，他回答說「不可能」，因為中國把中國裔和非中國裔的人分得很開。阿喀提起那句奇怪的常用詞「外國朋友」，中國人經常用這個詞稱呼外國人。他苦笑說這個詞的重點是「外國」，而非「朋友」。按他對中國的理解，他感覺總是和中國有些隔閡。

「中國非裔」分為法律上和文化上的兩種人群，但還有第三種更為人熟知。那些「中國非裔」與中國人有長期的戀愛關係，有些還結婚生子。這些關係基本上都是非洲男性與中國女性之間的，男方來自不同的國家，但主要是尼日利亞的伊博族人，女方則是那些沒有廣州戶口的外地人，往往來自農村地區。[6]這些尼日利亞伊博族人許多都是逾期滯留者，很可能會在廣州住上很多年，不像其他國家的商人在簽證過期前就會離開。此外，伊博族人一般都是基督徒，更容易為中國女性所接受，因為她們知道穆斯林男人可以娶第二或第三個妻子。我們將在下文分析這些戀愛關係，因為它們意味着未來廣州是否會出現許多「中國非裔」人口，以及廣州是否能成為多元文化的城市。

中國人與非洲人之間的愛情

最初，中國人和非洲人似乎對彼此都沒有什麼吸引力。一名中國女子對我們抱怨：「非洲人和中國人的膚色不一樣，是另一個種族的人！我怎麼會喜歡非洲男人呢？」還有許多中國人覺得「非洲是貧窮落後的地區，有很多瘟疫！」不少中國人認為「非洲人臭臭的，不在乎自己的個人衛生！」另一方面，很多非洲男性覺得中國女性過於纖瘦。一名習慣了西非女人豐滿身型的尼日利亞男子説：「和中國女人睡覺，就好像和骷髏抱在一起。」他還覺得中國女人不夠衛生：「中國女人到處吐痰，真噁心！」

有些非洲男人看見中國女人穿衣風格很開放，產生了誤解。一名信基督教的肯尼亞商人這樣評論：

> 很多中國姑娘穿緊身短褲，我一開始以為她們是很隨便的女人，後來發現不是所有穿短褲的姑娘都是不道德的，她們有些人其實挺保守。有一次我去坐地鐵，看見對面有個女孩穿了短裙，還常常打開雙腿，我以為她要向我暗示什麼。如果我在非

洲，可能會對她擠眉弄眼，但是我在這裏不能這樣做，因為她是中國人！對於基督徒而言，耶穌說過如果你以色欲的目光看女人，就已經犯下了罪。

另一名索馬里穆斯林說：

非洲人信基督教或伊斯蘭教，但是中國人卻什麼都不信。所以一個小姑娘就算穿內衣一樣的衣服，也不會覺得害臊。對於中國人來說，沒有什麼會讓他們感覺不道德的文化條規。我是穆斯林，所以我認為女人應該遮掩自己的體貌。當然，別人有別人的文化。

儘管上述受訪者有這些言論，許多廣州的非洲男性還是會想交中國女朋友。[7]楊瑒曾經提到：

在商場和酒吧裏，非洲商人會追求中國女性，告訴她們：「你看起來很美，能不能給我你的電話號碼？」給了電話號碼的女人之後會接到很多電話，對方想和她約會⋯⋯有的商人甚至想拿到女士的銀行賬號，給她轉些錢⋯⋯這也是表達愛意的方式。曾經也有受訪者給我傳來愛情詩的短信，但是我發現這些都是從網上抄來的，而且短信內容也沒有我的名字，意味着他們可能群發給很多姑娘了。[8]

在小北和尤其是廣園西，男性非洲商人和女店員經常相互調情，基本上已經成了規矩。雖然偶爾這種關係變為戀愛，但大致上不過是做生意的手段。穿着清涼的年輕中國女性也許會騙走非洲商人的幾千元人民幣，用身材吸引他們，令對方沒能留意合同上的數字。一旦簽了合同，那名男士也許再也見不到這位年輕姑娘了。我們經常見到這樣的女人，曾經有一位廣園西的尼日利亞店主問林丹：「你需要非洲男朋友嗎？」她回答道：「不用了，我已經嫁給了中國人。」對方說：

「噢，那好吧，祝你研究順利。」然後他走去隔壁的店鋪，十分鐘後，有位年輕的中國姑娘給他按摩後背。但是我們沒能跟這個姑娘交談，所以不知道她想做什麼。

當然，這種調情也可能是反向的。一位較年長的西非商人說：

> 我曾經去了一間父女合營的店鋪，有位非洲商人和店主的女兒開玩笑，碰了碰她說：「你很漂亮！」哪位父親沉默不語。我感覺特別不舒服，因為這是他女兒，那人卻仍然保持微笑。他的內心可能已經火冒三丈了，但是眼見有大客戶挑西裝，只能為了生意忍氣吞聲。

調情往往只是經商謀略或是玩笑，但也有一些不只是隨便的調情。一名中國女店員告訴我們：

> 我從來不和非洲客人出去玩，從來不會。但是只有一次，因為我認識對方很久了，我們是朋友，所以沒關係。他想讓我當他的女朋友，但是我告訴他自己已經有男朋友了。我確實已經有中國男朋友了，就算我沒有，也會這麼告訴他的。

她和大多數中國女人一樣，認為一個人每次只能談一個男朋友，而且戀愛關係必須是認真的，至少是以結婚為目的(當然她也暗示了和非洲人不可能有可持續的關係)。在中國女人看來，她們最擔心父母和親戚的看法。一位交了尼日利亞男朋友的中國女店員告訴楊瑒：

> 我曾經給母親看了我手機上的男朋友的照片，只說是我的生意夥伴。她一句話也沒說，但是第二天，她把我的護照和戶口都藏了起來，這樣我就不能去登記結婚，或是跟男朋友一起回非洲了。那時，我才知道她其實很反對我和非洲男人有任何關聯。[9]

我們認識的許多非洲人都有相似的經歷。一位肯尼亞商人告訴我們：「我曾經有個中國女朋友，我和她在一起的時候，周圍的氣氛總是有點負面，中國人不太喜歡我們。」中國男人也許特別討厭非洲人交中國女朋友，感覺自己遭到了蔑視。一位中國商人非常耿直地告訴我們：

> 很多嫁給非洲男人的中國女士樣貌醜陋，她們嫁給非洲人也好，反正她們也找不到外表好看的中國男人。如果她們嫁給了非洲人，說不定還能像公主一樣被捧在手心。但是，我也知道有些好看的中國女人找了非洲人，我完全不明白她們的心理，為什麼要這麼做？我為她們感到遺憾。

一位中國女店員提到這件事，評論了中國人的種族歧視問題：

> 二十多歲的中國年輕姑娘很容易被男人欺騙，但她們不是所有人都被騙了，有些人是受過良好教育的大學生。她們為什麼要找非洲老公？首先非洲人的體態很有吸引力；其次，非洲男人嘴很甜。中國男人既害羞又無聊。對，如果中國人嫁給了白人，其他中國人會嫉妒你，但是如果你嫁給了非洲人，他們就會歧視你。

非洲和阿拉伯的男士還擔心另外的一些問題。許多人覺得中國女人主要對錢感興趣，而且比這些商人的女同胞更有控制欲。一位來自巴林的商人評論道：

> 如果你娶了中國人，她就會變成男人，你變成了女人。我的朋友警告我，如果我娶了中國姑娘，不論我去哪裏、買了什麼東西，她都會一直盯着我。她會掌控我的人生和一切，我就再也不能做自己想做的事情了，只能做她想做的事情。

一個尼日利亞人告訴我們，有人曾以他表哥的婚姻作為例子，警告他提防中國女人：「他的中國老婆經常給他下達命令，讓他做這做那的，非洲女人從來不會這樣對待丈夫。」對西方人來說，相比起許多非洲和阿拉伯社會的情況，這些中國女性也許只是與丈夫的關係更為平等；但是從這些商人的角度來看，這些女性並不是特別好的結婚對象。

我們曾經聽非洲人和中國人都提到過，有廣州戶口的中國女性不太想嫁給非洲人，因為這種婚姻會降低她們的社會經濟地位。另一方面，那些沒有城市戶口的女人不能享受相關的福利待遇，這種跨種族關係也許能改善個人的生活，即便她們的男朋友或丈夫是逾期滯留者。如果那位非洲伴侶在廣州合法居留，他們還會登記結婚。如果非洲伴侶非法居留廣州，他們就可以舉辦宗教上的結婚儀式，不過中國政府不承認這段婚姻，也絕對無法讓逾期滯留者繼續留在中國。但是，這段婚姻在現實中對男女雙方也許都有益，如果他們一起做生意，男方可以聯繫非洲客戶，女方則可以聯繫中國的關係。

一位非洲女商人對於這種關係抱有懷疑態度：

> 中國人和非洲人之間的婚姻很少是建立在愛情之上，雙方一般都對彼此有所求。也許男方想拿到在中國逗留的證件，即便結婚在這方面起不了很大的作用。女方則是看錢，他們可以一起租用公寓。婚姻對雙方都有好處，都在想「我從中能撈到什麼？」有的男人娶了有錢人家的中國女孩，現在開始經營岳父的工廠。嫁給非洲人的中國女人比其他尋常的中國姑娘更聰明。你每次和非同類的人一起時，總能學到點什麼。但是我覺得那些非洲男人心底並不是特別忠誠。你會見到有的人娶了中國老婆後，女人為了男人忙前忙後，男人卻不知跑到哪裏去了，說不定在非洲還娶了二奶。

當然我們並不反對實用主義的愛情，二者往往是相互交織在一起的。[10]然而，如果非洲男人主要是為了做生意而結婚，他們也許心有

旁騖。許多廣州人對於和非洲人談戀愛有很多說法。2010年，楊瑒遇見了一群有非洲伴侶的中國女人，由於她們沒有親友的支持，自己組成了網絡互助會「非洲麗人群」。[11]這個群的成員會定期組織聚會，分享彼此與非洲伴侶的生活經驗，還互相諮詢意見。她們分享的其中一個故事是，某個女孩在2010年8月問到，怎樣可以找到其失蹤的丈夫。她一年前生下小孩，接着丈夫回到尼日利亞後就消失了。她一開始以為，對方在拉各斯收到貨款後，會盡快回到中國。但是當她嘗試打電話聯絡時，發現對方的號碼已經是空號了。這是一個大家經常聽說的警戒故事，另一位成員寫道：「我已經對這種悲劇免疫，沒有同情的能力了。」[12]

群裏的中國女人告誡彼此，小心非洲伴侶是「愛情騙子」。首先，中國女人要熟悉對方的朋友圈，挖出對方的真實身份，檢查對方在家鄉是不是還有另一位妻子。另外，必須查清楚男人的經濟狀況。一位倍感失望的女士告訴楊瑒：

> 我們結婚的時候，我的丈夫只給了幾千元作為聘禮，[13]讓我覺得自己很丟臉。我父母說：「雖然我們不是賣女兒，這也太便宜了。」我和丈夫為了生意日夜辛勞，存了一點積蓄。本來我以為他會在廣州買一套房，但是我發現我們攢下的血汗錢都拿去供養他在尼日利亞的家人了。就算他在這裏有錢，他也寧願投資到生意裏，而不是買房。[14]

中非婚姻不像傳統的高攀式婚姻（hypergamy），即女方「上嫁」，這是世界上普遍存在的婚姻模式。在韓國，當地人與外國人通婚主要形式為，本地韓國男性娶來自中國、越南、菲律賓或印度尼西亞的女性。這些韓國男人找不到合適的本地妻子，而那些外國女性又想在社會條件比較好的地方結婚和養育下一代。[15]由於中國比尼日利亞或肯尼亞更富裕，所以按照這個模式，應該是非洲女性嫁給中國男性，但這種情況甚少出現，為什麼呢？

儘管中國比大多數撒哈拉以南的國家更富有，但是對個人來說，人們是與個體而非國家結婚。有很多情況下，中國人與家境富裕的非洲人（至少是聲稱自己家境富裕的非洲人）結婚。那些嫁給非洲人的中國女性，尤其是沒有城市戶口的那群人，在受到各種條件限制的情況下，也許覺得自己嫁給非洲人是高攀式婚姻。廣州的非洲女性一般是短期商人，在中國逗留的時間太短，因此無法形成穩定的愛情關係。還有一些是性工作者，或許中國男士會光顧她們，但不太可能娶她們為妻。所以，大部分中非婚姻都是非洲男性和中國女性的結合。最後正如上文受訪者所述，許多非洲男人比中國男人嘴甜，許多在廣州做非洲貿易的中國姑娘很吃這一套，因此產生了跨國婚姻和生兒育女的結果。

如果非洲人和中國人按官方承認的方式結婚，按照《中華人民共和國國籍法》，他需要婚後在中國居住五年，每年在中國居住時間不少於九個月，就能拿到永久居留權。[16]但我們認識的中非夫妻，並沒有人通過這種方式獲得永久居留權，我們認識的非洲人對通過婚姻拿到長期居住權持懷疑態度。一位加納人生氣地對我們說：「中國人和加納人結婚，就可以選擇成為加納公民，二至五年後獲取加納護照。但是你可以和中國人結了50年婚，卻仍然辦不到這點。」一名法國人也評論道：「和中國人結婚沒用，我見過很多歐洲人在出入境辦公室大喊大叫，因為他們雖然和中國人結了婚，簽證還是被撤銷或無法續簽。如果你想留在中國，和中國人通婚是沒有任何意義的。」有研究認為，「與許多西方國家不同，和中國公民結婚不會帶來永久居留權。」[17]也許理論上可以做到，但我們在寫此書之際只聽說過極少的成功案例。

孩子

我們聽許多中國女性提到，嫁給非洲男人的最大困難是小孩未來的命運。一位年輕中國姑娘這麼說：「我不能嫁給非洲人，我害怕如

果和他生了小孩，以後會被人歧視。中國小孩不喜歡中非混血兒。」在中國的混血兒中，最受歡迎的模特兒和電影明星是歐亞混血，而亞非混血則沒那麼受青睞。不少新聞報道了婁婧的故事，她的媽媽是中國人，爸爸是美國非洲裔人，她參加了一個電視歌唱比賽，結果遭到網友的種族歧視。[18] 2010年，楊瑒的朋友瑪麗（Mary）被尼日利亞男朋友求婚，她卻有些猶豫：「我不想讓我下一代的人生像婁婧一樣那麼複雜。」[19] 瑪麗最後決定和他分手。

自從楊瑒研究此課題後，我和林丹也聽說了類似的故事，也遇到另外一種情形：那些中國姑娘沒有因為害怕後代命運的問題迴避非洲男人，而是通過懷孕的方式與非洲伴侶敲定關係。有些有非洲男朋友的中國姑娘通過這種方式，以便令自己的父母接受二人的婚事。有些家人為可能到來的混血兒感到羞恥，不過一旦他們的女兒生下寶寶，他們可能會接受事實，因為「他們也沒別的辦法了」。

路人經過小北或廣園西一帶，常常能見到混血兒，即便是2013到2014年警察打擊行動期間也是如此。一位尼日利亞商人說：「廣園西有好幾百個中非混血的寶寶。二十年後，你就會見到很多混血的小孩了。我認識一位中國老師想嫁給非洲人，因為她認為混血兒的語言能力更好。」另一位肯尼亞商人說：

> 對，當我在廣州見到中非混血兒時，總覺得他們特別可愛。他們看起來不像中國人，也不像非洲人，相貌很討人喜歡。我們教會就有很多這樣的寶寶。我不認為中國只有中國人了，未來會出現新一代的人群，就像現在的美國一樣。中國逐步變得更開放，會開始真正接受外國人！

一名也門商人說：我建議中國人應該和外國人多結婚，與其他國籍的人繁衍下一代。我們需要更多的混血兒。這樣世界各地的人就會越來越漂亮！和外面的人一起，下一代就會更漂亮！一名與中國人結婚多年的塞內加爾人評論道：

廣州的文化越來越多元化，進程緩慢但是穩步趨近。社會已經改變了，法制系統也必須修改以適應這種變化——人民改變的速度比政府快。很多外國人來到了廣州，令這個地方與其他中國城市有所不同。我妻子說如果她的母親仍健在，我倆是不會有現在的關係的。她的母親很反對外國人，希望女兒嫁給中國人。但是這個世界已經變了，跨種族通婚也變得正常。

一名肯尼亞商人告訴我們：「如今的中國好比六十年前的美國，一代人也許改變不了，但是兩代人可以。我的小孩也許不行，但是我的孫兒也許能見證一個沒有種族歧視的中國。」

上述受訪者覺得混血兒是美麗和智慧的象徵，超越了中國人和非洲人的這類特質，而且認為未來的中國不會再有種族歧視。但是他們也同時覺得「中國是中國人的」，所以這也許只是美好的幻想。不少人也向我們說出反對的意見，一位在尼日利亞商場中經營店鋪的中國男人說：

我不喜歡見到中國姑娘交非洲男朋友。我比較傳統，只想見到中國人，不想見到混血的人。也許十年或二十年後，廣州會變成黑人的城市，我無法想像。非洲人的受教育程度不高，歐洲人比較好，因為他們來自發達國家。

另一名中國店主也認為種族歧視問題會一直存在，不過與膚色無關，而是中國人和外國人的問題：

非洲人在中國扮演重要的角色，很多中國姑娘嫁給了非洲人，他們的下一代會講中文、非洲語言和英文。但是我不會讓自己的女兒嫁給非洲人，我不是歧視非洲人，而是中非生活習慣太不一樣了。我也不會讓女兒嫁給白人，這不是膚色的問題。我知道有很多非洲小孩在中國出生，像中國人一樣生活，但是他們不是中國人。

不僅部分中國人不願意看見本地人與外國人通婚，一位索馬里商人也說：「我不支持大家生出中非混血的小孩。對於婚姻來說，理應是黑人嫁給黑人，黃種人嫁給黃種人，白人嫁給白人。人們應該遵循自己的文化，做生意可以互相一起拍檔，結婚可不一樣。」

我們向幾乎所有遇見的人提過這個問題：「你認為未來會出現中國的奧巴馬嗎？」一位尼日利亞人答道：「當然！總有一天會出現的。我相信這裏的中非混血兒會進入中國政府管理層。有些中國人會歧視他們，但是問題並不嚴重。」我也對一名中國共產黨官員提出了同樣的問題，對方的答案更為銳利，明晰了中國政治權力架構運作的方式：「是，我認為也許會出現中國的奧巴馬，但是只會因為某個有非洲情婦的高官生下兒子的結果。」他還加了一句：「即便有高官和非洲姑娘生了小孩，你也不會見到中國的奧巴馬，因為中國人民不支持這件事。他們的思想還未開化，不像美國人，中國不是一個種族雜居的社會……高官更有可能是和英國人或法國人生下小孩。」

我們見到的中非混血兒還沒到上學的年紀，這些中非婚姻還比較近期，所以我們還不清楚這些小孩上學及以後會如何。之前也有中非婚姻產下的較年長兒童，但是我們很少有機會見到這樣的小孩或其父母。其中一個關鍵問題是小孩以後在何處生活。我們認識的大多數尼日利亞人希望小孩在尼日利亞長大，而多數中國妻子又希望下一代在中國成長。中國不允許雙重國籍——所以如果小孩在中國長大，就是中國人；如果在尼日利亞長大，就是尼日利亞人。如果這些小孩出生在中國，就必須登記戶口，跟隨其母親，以便獲得中國護照。如果父親不願意小孩成為中國人，拒絕給他上戶口，小孩就會受困於中國，因為他無法辦理護照。所以如果父母想讓小孩成為非洲國家的居民，就必須在非洲生小孩。不過，有些人告訴我們在尼日利亞有些給錢辦事的門路，解決這類問題——就算小孩已經在中國辦了戶口，還是可以買到尼日利亞護照。

我們不僅見到中非混血的小孩，也見過非洲夫妻生下的小孩，這

些小孩在文化上都已經中國化了。例如，我們曾經遇到一名四歲的尼日利亞女孩，她的父母在廣園西經營店舖，女孩在廣州出生，會説中文和英文，但不會講伊博語。她在幼兒園有中國朋友，所以會講中文。我們還見過一個在中國小學讀書的剛果男孩，學校裏還有另外兩個非洲小孩，這個男孩的中文跟本地人一樣流利。

也有些父母不想讓小孩在中國長大。楊瑒認識一個尼日利亞人，他和中國妻子在2010年決定，要去香港生小孩。他對妻子説：「那裏的私家醫院很昂貴，但是我想讓小孩成為香港人，在一個沒有種族歧視的環境裏長大。我的小孩就不會像我一樣這麼辛苦了。」他很激動，覺得如果小孩在香港出生，就能脫離廣州的人生。但是，由於他是逾期滯留者，無法成為小孩的合法父親，也不能去到香港。[20]
我和林丹認識一位西非物流中介，那人的妻子在香港有親戚，於是二人把小孩送去香港讀書。這是他們讓小孩學會英文的方式，以便小孩能與父親交流——正如這位父親所説，以免他的孩子「太中國化了」。雖然中國變得更加富裕了，但沒有一對我們認識的中非夫妻認為中國是養育小孩的好地方。但是在我們所知的多數夫妻當中，他們的小孩要麼在中國長大，要麼是尼日利亞，或來往於兩地，很少是其他地方。

關於婚姻的故事

肯特（Kent）

肯特是來自尼日利亞的逾期滯留者，我們常常和他談關於做生意的事情。我總是和他打趣，説他應該向自己的中國秘書克拉拉（Clara）學習中文，並迎娶她。後來我們發現，克拉拉的確不只是他的秘書，肯特從來不提他們的關係，但是幾個月後，在2013至2014年警方打擊行動期間，肯特必須離開他們的店舖，克拉拉主管生意，她才慢慢告訴我們二人的故事。

對，克拉拉是我的女朋友。她從我這裏學會了英文，但是我沒學會太多中文。如果愛情讓我們終成眷屬，當然就是結婚，我們現在正在談戀愛。她是我第一個中國女朋友。如果我娶了她，也不可能拿到中國的永久居留權，這對拿尼日利亞的護照人來說太困難了，尤其是逾期滯留者。如果我娶了克拉拉，還是需要回尼日利亞辦些文件，那我就必須付罰款了。如果你被捕，你必須交罰款，五年後才能回中國。如果你沒被抓，那你可以在三年後低調地回來。

我見過克拉拉的父母嗎？這是非常私人的問題！（大笑）……對，老一輩的中國人、父母一代仍然保留着舊思想，但是這個國家已經變得很超前了。有時候，外國人和本地人談戀愛、結婚，這是文明的一方面。但是不會講英語的中國老一輩，都想有會説中文、懂中國文化的女婿。如果無法進行全面的交流，就無法匹配，中間會有隔閡，這只是語言的不同。如果情況良好，我會見她的父母。很多中國家長不希望女兒嫁給外國人，尤其是非洲人。但是混血兒是多麼美好，如果能有中非混血的下一代，小孩就是聰明、好看、強壯的。廣州和深圳現在常常有中外夫妻，但是在偏遠地區，那裏的人看見我以為是外太空來的。

克拉拉（Clara）

由於克拉拉的英文水平有限，林丹以粵語訪問她：

我和肯特不能正式結婚，因為他沒有有效的護照和簽證。我想去尼日利亞，但是他要回國就必須申請遣返，他也許無法再拿到中國簽證了。他説餘生寧願留在中國，不回非洲，我不清楚他是不是認真的。他在尼日利亞的家人很富有，開豪車，把十個小孩都送去念大學了。不，我沒想過新年帶他回家見父母，

不是因為他是非洲人，而是因為我們還沒訂婚，所以我還沒準備好。我不想讓父母擔心，如果女兒嫁到遠方，父母會不開心的。我不想談父母的事情！我已經33歲了。一年前，我在網上認識了肯特。

這些天，肯特不能來店裏，所以我必須處理生意上的事情。但是他仍然可以去中國各地採購，沒有人會查他的證件。我也擔心，但是我已經習慣了……對，我們開始想生小孩的事情。我想讓下一代成為中國人，因為中國的政府比尼日利亞好，今後我希望留在中國，這是我自己的計劃！我不想去非洲住，那裏的生活無法想像。但誰又知道呢？很多中國女人去了非洲，因為她們的丈夫拿不到中國的居留權，他們是逾期滯留者。但是我家鄉還有老奶奶，已經臥牀不起了，還有把我養大的叔叔，等他老了，我必須照顧他。尼日利亞人的家族很大，所以照顧老人不難，但是中國就不是這樣了。我認識的八成中國女人都後悔嫁給了非洲人，因為她們小孩現在的處境。小孩不能同時保留非洲和中國的身份，他們必須做出抉擇。

丹妮絲（Denise）

林丹用粵語數次訪問了中國年輕女士丹妮絲，她的丈夫是尼日利亞人，她們在廣園西的一間店鋪裏交談，丹妮絲的兒子在她身邊睡覺或玩耍。

我和丈夫比利（Billy）的兒子已經16個月大了。今年春節我會帶兒子回家鄉，比利則回尼日利亞。我們已經合法結婚了，他在中國也有合法的簽證，他需要回國再申請續簽證。比利以前持有三個月或六個月的簽證，但這次他可以拿到一年的簽證，可能是因為我們已註冊結婚的原因。廣園西的很多夫妻都沒有合法的婚姻關係，也沒領結婚證，我們算是幸運的。我母親說不

要帶小孩回尼日利亞，因為還太小了，所以這次我和比利只能分開。

比利在2007年來到中國，我倆從2009年就在一起了。當時我開了一間飾品店，比利總是來我的店裏買東西，我們就這樣認識了。我們現在一起工作，比利去廠家驗貨，我留在辦公室聯繫廠家。但是我打算開自己的店，因為比利不太需要我的幫忙。我們本來想早點結婚，但是我的家長不同意，後來他們接受了比利，因為也沒別的辦法；我懷孕後才結成婚。我的父母擔心我被黑人騙了，我告訴他們不要因為對方是黑人而擔心，就算我嫁給中國人，對方也有可能對我不好。我的父母後來接受了比利，但是我很多有非洲伴侶的朋友沒有這樣的結果。我常常聽說有中國女孩為了嫁給非洲人，和家人斷絕了關係。我有一個朋友和非洲男朋友生了女孩，她父母再也不想見到她了，她懷孕期間，男朋友回了尼日利亞，再也沒回來。這個女孩已經三歲了，從來沒見過自己的爸爸。

兩年前，我和比利一起回尼日利亞。我喜歡他家鄉的人，但是我受不了尼日利亞的飲食。因為太餓，我竟然哭了。我們在尼日利亞登記結婚，因為這樣我才知道自己是不是丈夫的第一個老婆——我的朋友們提醒我必須檢查比利的婚姻狀況。這種檢查的方式不便宜，登記費相當於四千人民幣，如果是在中國登記，只要9元錢。但這是值得的。我的丈夫可以拿一年簽證了，但是簽證申請越來越難。很多非洲人回國申請簽證後被拒，不能再來中國。我的兒子有我家鄉的戶口，但是我想讓他在廣州成長——我希望我們能把他送進廣州的學校，這裏的環境更好。我想讓兒子第一語言是普通話，也學伊博語和英文。我不想讓他這麼小去尼日利亞上學，但是等他長大了，他自己可以決定去哪裏生活。我打算生兩個小孩，因為非洲人認為只要一個小孩是無法想像的。

為什麼有些夫妻合法結婚，有些人卻不這麼做？嗯，首先女方的家人必須接受這段關係，因為他們必須把戶口本交給女兒。如果你是我的父親，卻不給我戶口本，我就結不成婚。結婚對非洲人來說很有利，我丈夫就能拿到簽證了，所以這很重要。但是不只是家長反對這種婚姻，年輕的中國姑娘也想較遲才結婚，因此她們可以隨時分手。我很幸運自己有一個幸福穩定的婚姻。

威廉（William）

為了讓我們的敘事更為平衡，最後這個故事關於威廉，他是個拒絕娶中國妻子的尼日利亞伊博族人。

我在中國已經生活了八年，沒有女朋友，也沒結婚。我才不娶中國姑娘呢！你拿不到證件，結了婚也拿不到居留權。結婚後，你還必須養活她，支持這個家庭，擔起責任！如果你娶了這裏的中國人，政府不會幫你的，你只會折磨那個姑娘和她的家人。我見過太多尼日利亞人和中國人離婚了。

結婚不一定能幫到你。我的朋友娶了中國老婆，生了一個兒子，他們只給了他三個月的簽證。這個人在中國娶妻生子，為什麼只給他三個月？但是有時你娶了本地人，對做生意有好處。中國姑娘能幫非洲人做生意，非洲人也幫她們踏上成功之路。這些姑娘不富裕，但是她們可以拿到廠家的合同。如果有外國人進門，他們可以帶來樣品和非洲市場，就可以賺錢了。對，她們能幫助我們，我們也能幫她們。

我為什麼不找中國姑娘？我不喜歡她們。她們拜金，把錢看得太重。她們很多人沒出過國門，我不想待在中國，她們又不想離開中國。我喜歡中國，但是只會在這裏做生意……你結婚

前必須看清楚她們的品行，要教她們關於耶穌的真理、以及應該成為好的妻子。不然她會背叛你，你回去一趟尼日利亞，結果發現她和另一個男人在一起了。而且有些非洲男人很笨，他們也開始花天酒地，以為自己比中國女孩聰明。如果要為了生意結婚，你必須做計劃，有些人可以做到，有些人卻不行。你必須找一個真心的對象。

對，當我見到中非混血兒，我很開心。這個世界就應該是這樣的！有很多幸福美滿的中非婚姻，但中國姑娘會給你很大的壓力，你如果要和她們在一起，就要小心這件事。你知道吸血鬼嗎？有一種精神上的吸血鬼，會不斷地騷擾你、吸你的血，讓你不得安寧。對，我必須娶基督徒。作為重生基督徒，我必須一生與耶穌作伴。有些父母給小孩灌輸種族歧視的觀念，學校裏的五個中國小孩會毆打一個黑皮膚或混血的同學。但是也許情況已經有所改善，上述只是我聽來的。以後可能真的會出現中國的奧巴馬⋯⋯

***

上述故事中有尼日利亞人肯特和他的女朋友克拉拉，他們開始認真考慮結婚；還有中國姑娘丹妮絲，與尼日利亞丈夫幸福地結婚生子；另外有威廉，一個不想找中國妻子的尼日利亞人。這些男性都是尼日利亞的伊博人，大致上也是尼日利亞人娶中國妻子。但是我們找不到願意講述個人婚姻的伊博人，也許是因為我們還不太熟悉受訪者，也可能因為伊博男人不願意談這種事情，我們不清楚。還好他們的中國女朋友或妻子沒有保持緘默，尤其是她們與林丹交談的時候。

肯特是逾期滯留者，因此無法與克拉拉合法登記結婚，除非他向當局自首，返回尼日利亞，數年後再回來。他倆對彼此很認真，已

經一起居住，但是還沒一起見女方家長。克拉拉與林丹討論了孩子的問題，小孩應該住哪裏，會成為中國人還是非洲人？她說無法想像去非洲生活，自己需要留在中國照顧年邁的家人。肯特表示不介意留在中國，但是她不清楚他的意思。她告訴我們，她所認識的嫁給尼日利亞人的中國女性，有八成人都感到後悔，所以她不想成為其中一員。

丹妮絲認為自己與比利的婚姻比較美滿，儘管我們沒能聽到比利的說法，但是她為了保證婚姻幸福做了不少前期準備，不僅多次和其他嫁給尼日利亞人的中國女性朋友交流，還去尼日利亞檢查比利是否有其他伴侶，並且在他家居住了一段時間。由於比利在中國合法居住，所以他們的婚姻也是合法的，丹妮絲和比利可以一起工作，無需擔心警方的盤查，而克拉拉和肯特就不能這麼做了。與克拉拉和肯特不同的是，丹妮絲可以告訴父母自己的戀愛對象，不過他們在她懷孕後才接受了未來女婿。丹妮絲希望小孩至少最初在中國讀書，直到二人最後決定去向。這似乎是一個幸福美好的中尼家庭。

威廉堅決不要中國女朋友或妻子。他知道這種婚姻不會幸福，而這也不會讓他取得在中國的合法居住權。他告訴我們，中國女人太在乎錢了，而且只想住在中國。此外，他擔心不信上帝的中國女人可能是「精神上的吸血鬼」。不過他最後認為也許未來會出現中國的奧巴馬，證明他至少在理論上也是個跨文化的樂天派。

上述故事和前文所談到的內容，都說明了儘管不太可能，尼日利亞男性和中國女性還是有可能有百年好合的婚姻。跨文化婚姻本身存在着挑戰，再加上不少中國人的歧視觀念、尼日利亞人不那麼負責任的形象，還有社會體制對這類關係的阻礙，尤其當男方是逾期滯留者時，重重難題似乎不可逾越。但在這困局之中，仍然存在幸福的戀愛和婚姻關係，中非混血的寶寶也出生了，誰又能預測未來會發生什麼轉變呢？

身在中國的非洲人 ── 更廣泛的意義

本書最初提出了幾個問題，低端全球化怎樣在廣州的非洲人、其他外國人和中國人之間運作，過去60年間主要是單一民族和文化的廣州，是否因此變得更多元化了？各章節都從不同的細節入手，回答上述問題。本書最後幾頁將回溯到更寬廣的含義，探討本書中中國供貨商和非洲商人所實踐的低端全球化有何終極意義，廣州是否變得更多元化，是否預示着新中國的誕生？

本書提到非洲人和中國人對彼此的批評和緊張關係，比如很多非洲人說「中國人是騙子！」「中國人不信上帝，只信錢！」，也有一些中國人對非洲人不屑一顧。但除此之外，我們不能忘記這一點：中國製造了發展中國家能付得起的商品。我預言在今後一個世紀所著的經濟學教科書中，中國製造的偽劣品和仿冒品，將被視為二十一世紀初中國對全球的重大貢獻。這是因為中國不僅把全球化帶到發達國家，同時也帶到非洲和所有發展中國家。因為中國不僅僅為富裕國家的全球化做出貢獻，也供應給非洲和所有其他發展中國家。後者雖不是富人俱樂部的成員，但佔據世界人口的七至八成。沒有其他國家做到這點，包括美國、韓國、英國、法國或日本，中國卻通過製造便宜的仿冒偽劣品，將全球化商品散佈到全世界。

我們已經討論了非洲商人和中間商的生活，他們是連結中國和非洲的重要紐帶，中國是世界低端商品製造中心，非洲則渴求中國商品，而這些商人和中間商則從中賺取利潤。

很多報道文獻提到中非關係時，會從中國是否榨取了非洲的原材料，或中國是否其實正在殖民非洲國家入手。[21] 我沒有在上文提到這些觀點，但是在與商人談天時偶爾提及。第6章的塞內加爾物流中介阿爾伯特說：「中國人進來拿走了原材料，以前是歐美人這麼幹，現在是中國人榨乾了非洲的資源。」也許這反映了部分事實，但對我們認識的眾多非洲商人而言，中國與美國對待非洲的方式很不一樣。一

位索馬里商人告訴我們:「中國是不是非洲的新殖民者?不一定,你要清楚,中國人給好處的時候沒提條件,只是做生意。美國人卻總是談民主、人權,有很多廢話。中國人只談生意,互助互利。」確實,很多歐美媒體渲染中國佔據非洲,但我們認識的很多非洲商人和中間商卻積極看待中國在非洲的角色,因為中國不講歐美人偽善的那一套,不論是人權還是知識產權問題。[22]

他們認為最重要的是中國輸出了假冒偽劣產品,學者和流行文獻往往不視其為積極影響,但對我們的受訪者來說卻至關重要。我們不知道這些產品對非洲的消費者起到多大作用,是很好用,還是垃圾?顯然,正如有的中國商人盡可能地欺騙非洲商人,也有非洲商人把垃圾產品銷往非洲,以最高價格販賣出去,欺騙和剝削消費者。但以我們所知,正如多數中國商人不會欺騙非洲商人,大部分非洲商人也不會欺騙非洲的消費者。這不是因為有法律的監管,法律在這類貿易中只是最低程度地發揮功能,也並非出於道德因素,而是因為大家必須為了做生意而維護自己的聲譽。大多數中國製造、銷往非洲的假冒偽劣產品可以使用且有效,儘管只能使用一段時日。在一間內羅畢的咖啡廳裏,一位沒有做中國進口產品生意的肯尼亞商人告訴我:

你在非洲市場見到的多數商品都是中國來的假冒偽劣產品。因為我們的經濟不發達,這裏沒有多少人付得起真貨。但是因為中國來了假冒產品,每個人都能擁有電視、手機和摩托車了。這些東西只能從中國來,除了陽光,我們擁有的每樣東西都是中國的假冒產品!對,假冒產品一樣可以用,還很好用,對我們的生活來說很重要,儘管不太耐用。它們的價格比真貨便宜至少一半,你在肯尼亞可以買到中國的各種產品!非洲人應該感激中國,不然這裏不會出現奢侈品,因為真貨的價格太高了。非洲人應該感謝上帝,讓中國人製造這些產品。有錢人有時瞧不起中國製造的東西,但是現在什麼東西不是中國製造的呢?所有名牌產品,包括蘋果手機和阿瑪尼都是中國製造的!

學者曾經説非洲「不在各種版圖上」，[23] 中國事實上將非洲和其他發展中國家放回了版圖之上。我們並不想美化假冒偽劣產品，確實存在侵犯知識產權的問題，也矇騙了許多不知情的消費者，偶爾還有假藥等產品對消費者造成傷害，上述問題都是真實存在的。不過，為什麼全球化商品只屬於有錢人世界的那些得益者呢？全世界不都應該享受使用這些商品嗎？我認為應該，而且大家不應該只是批評假冒偽劣產品，而是讚許這種產品。[24] 低端全球化的產品終究是好的，而且我認為其製造商和分銷商大致上幫助了這個世界，多於對其造成傷害。

這正是本書所講低端全球化的終極意義。中國產品從根本上重新塑造了非洲和其他發展中國家，那麼非洲人和其他外國人是否也正在重新塑造中國？本書探究了廣州的情況，這裏有最多數目的非洲人。因為這裏有很多非洲人和其他外國人，我們未來是否會見證多元文化的廣州？

這裏非洲人的境況已經有所改變。一位剛果中間商向我們解釋，廣州近年來已經成為一個歡迎外來人的都市。

> 我十年前第一次來廣州，在商場説明自己想要什麼都很困難。相比起 2006 至 2007 年，這裏已經有翻天覆地的變化了。對，我的中文也更流利了，中國人的英文也更好了。你以前去商場講英文，他們會説「聽不懂，聽不懂」，或者説「不説英文」。現在有很多中國人會講英語、法語、葡萄牙語，林林總總的語言都會！大家的態度也改善了，以前他們會盯着你，不敢靠近，因為不知道怎麼和你交流。但是現在，他們想了解你的生活、你家鄉的文化，想知道非洲人是怎麼過日子的。

這在未來意味着什麼？本章節提到許多人喜見廣州出現中非混血兒，也認為以後會有中國的奧巴馬。但是廣州的非洲群體可能不會存在太久。廣州的本地中間商想取代這些非洲商人，有些中國人告訴我們：「廣州的中國人應該直接把貨賣給非洲人，而不是讓非洲人來這

裏賣東西過去。」也就是説，非洲人只應該來短暫逗留，採購完商品後就離開——他們認為非洲人不應該留在中國，這不一定是出於種族歧視，而是因為他們佔了本地人理應做的商機。中國南方的廠家開始在非洲及鄰近地區駐設工廠和經紀，以取代那些非洲中間商。確實，本書中的非洲物流商人、中間商與中國廠家和商人之間有不少衝突，後者都想搶中間商的角色。中間商不僅僅是全球化的主要媒介，也是最受益的群體，身在非洲的中國人想從中國的非洲人那裏搶生意。許多物流中介和中間商都告訴我們這點，一位索馬里物流中介説：

> 如今，中國公司在迪拜有自己的辦公室，你根本沒辦法與之抗衡。對，他們就是想搶我的生意。我聽説在烏干達，中國領事館問那些申請中國簽證的非洲人：「你可以從迪拜、甚至非洲的供貨商那裏採購，為什麼還要去中國？告訴我們你想要什麼，那些供貨商會給你的。」中國人玩這種商業遊戲總是很風生水起。

另一位東非商人也有類似的看法：

> 對，非洲人和中國人互為競爭對手，因為中國人想去非洲，不想讓非洲人繼續留在中國。今天有個肯尼亞人打電話給我，表示打算出口鐵礦，但是越來越多中國人直接去非洲採購鐵礦，所以他沒辦法從中獲益了。一名食品供應商告訴我，中國人現在直接跑去坦桑尼亞買農田耕作，以後還需要他這樣的人從坦桑尼亞出口食物嗎？

非洲城市的人們也有類似的問題，即廣州的中間商是否應該由中國人來做。內羅畢的一位肯尼亞紡織商人告訴我：「如果中國人在這裏開紡織廠，大家都會去廠裏或他們店裏買貨。我們現在要去中國採購，然後進口到肯尼亞。但是如果廠家直接來肯尼亞，大家都會去那個廠買貨的。」一位尼日利亞商人卻認為這不會發生：「中國人不會在

尼日利亞和其他非洲國家設廠，因為那裏的電力太不穩定了。最經濟可行的是讓非洲人來廣州採購。」但是如果這門生意的利潤足夠高，中國人可以在非洲重新建設電網系統，令其工廠能夠運作——這對那些廠家和大部分尼日利亞人來說是個好消息，但是對那些想在中國謀生的尼日利亞中間商而言，卻是滅頂之災。

另外一些受訪者比較樂觀，他們認為非洲人更清楚消費者的需求，對非洲市場動向的觸覺更為敏銳，因此廣州的非洲商人在中國總有採購和商貿的機遇。中國的非洲商人能填補各種市場空缺，了解中國人不熟悉的非洲市場，貿易量也比非洲的中國人更小，所以二者有共存的空間……也許這個觀點是正確的。第2章提到，有的人認為廣州的非洲群體近年有所削減，但目前仍有不少人口，我們估計約有一萬至兩萬人。他們未來路在何方？

經濟是一個考慮因素。中國的工資水平不斷上漲，在這裏做生意也就沒那麼強的吸引力了。一個商人告訴我們「廣州會像雅加達和曼谷一樣」，九十年代和千禧年代初，非洲商人常常去這兩個亞洲城市，但是如今已經被別的地方取代了。廣州比這兩個城市更重要，將全球化產品銷往非洲，但是它的角色也在漸漸褪色。[25]

此外，儘管非洲人認為廣州比十年前更為現代化了，但中國人和非洲人之間的矛盾似乎也更多了。中國媒體偶爾對廣州的非洲人抱有同情心，[26] 大眾媒體一般比網絡留言的人們更同情非洲人。[27] 但是隨着中國知識文化環境變遷，處理逾期滯留和其他違法行為的法律制裁更為嚴厲，中國國家領導人習近平也更為強調民族主義和秩序，我們認識的一些非洲人對他們未來的疑慮越來越多。正如本書所提到的言論，廣州的中國人大致上寧願非洲人保持作為過客的距離，而不是留下來變成居民、本地人的伴侶或公民。[28]

中國是否只應該是中國人的地方？世界其他地方的人能不能將其視為家園？如今的廣州已經擁有多元文化，就像上世紀二十年代的上海，不過當時上海的外國人分群而居。但在今天的廣州，外國人也許

也會像一個世紀前的上海一樣迅速消失。那我們看到的中非家庭以後會是什麼樣子呢？有研究預測在一百年內，中國會出現一個中非混血的社群。[29]在中國這樣日新月異的國家，這些家庭的未來發展我們無從得知，但是我對此感到懷疑。雖然廣州有眾多外國人和數百名中非混血兒，但是我覺得本書中的非洲人及其後代多數會在20年內離開中國。雖然仍然會有非洲人來中國尋找商機，但是中國政府對逾期滯留者的打擊力度增大，使得只有一小批非洲人能在廣州逗留數週，因此形成跨文化婚姻的機會也許將會消失。本章提到的數百名跨文化和混血兒童，有些人會在廣州長大，但是他們不會帶來多元文化的中國，而只會漸漸被同化，成為單一文化的中國的一員。

現在世界上有兩種國家身份和認同的類別：公民身份認同和民族身份認同。[30]公民身份認同好比俱樂部會員制，任何人都可以申請加入，承諾投入，即便需要符合嚴苛的入會門檻，也能最終成為會員。巴西、加拿大和美國等社會都屬於這一類別——這些社會可能存在種族歧視，但大家不論來自什麼族裔都可以成為其中一員。民族身份認同則如同成為一個家族的成員，一個人只能通過血緣關係加入。日本、韓國和中國都屬於這類別，它們是「歷史上由幾乎完全單一民族組成的少數國家」。[31]中國有自己的少數民族，因此沒有日本和韓國那麼基於單一民族，但是「大部人中國人認為漢族就是中國民族，這個民族吸納了有各種語言、習俗、種族和民族背景的人群」。[32]在世界受全球化和民族融合的影響下，公民身份認同也許會漸漸取代民族身份認同。出現中國奧巴馬的可能性意味着，佔世界五分之一人口的中國也許曾被描繪為傳承「中國血脈」的地方，但未來會成為多元民族和多元文化之地。

本書的研究結論是，中國不會那麼快出現上述轉變，在可預見的將來仍然會是單一文化。但是這種轉變是必然的，混血兒的出現和世界公民群體的日益龐大，中國將不再是中國人的社會，而變成世界上不同背景人們的家園。[33]這個現象發生的主要原因，是世界上絕大多

數地區仍在「發展中」——這包括在非洲、南亞、拉丁美洲、中東和東南亞的民眾。他們很多人都想去發達國家和地區生活，例如想移民到美國的中美洲人，移居到歐洲的非洲人，以及如今的敘利亞人和阿富汗人，或是來到廣州的非洲和阿拉伯中產階級。發展中國家的人正在流向發達國家，即便出現勒龐 (Jean-Marie Le Pen) 和特朗普 (Donald Trump) 這樣的言辭，或是中國政府對來自發展中國家移民的制裁打擊，也不會阻止這個潮流。本書描述了這個潮流在特定時間、地點的形態，但其實此潮流在世界各處皆有端倪。外國人會繼續湧向蓬勃發展的新興城市，幾年、幾十年、幾代人或幾百年後，他們終將不再是所謂的外國人。十年後，廣州也許大致上仍然是單一文化的城市，但在一百年後，正如世界上其他的大型都市一樣，它會成為具有多元文化和全球化的大都會。本書描寫的人也許有生之年見不到那個景象，但那一天終將會到來。

註釋

1　Li, Ma, and Xue（2009：703）.

2　Castillo（2014：242）；另見（2015a）。

3　Castillo（2014：242）.

4　2004年《外國人在中國永久居留審批管理辦法》，見http://ae.chineseembassy.org/eng/lsyw/1/1/t152147.htm，條例給出了外國人成為中國永久居民的幾個途徑。2013年後還出現了外國人可持有綠卡的變化，參見http://en.safea.gov.cn/2013-11/19/content_17196413.htm，令獲取永久居民身份的過程更容易了，儘管我們還沒聽説過身邊有這種例子。

5　由於香港享有「一國兩制」，即香港是中國的一部分，但保留回歸中國之前的制度，包括獨立的出入境管理體系，因此阿巴斯可以通過成為香港居民，實現變成中國人的目的。

6　關於廣東外來打工者的更多研究，請見Zhou and Cai（2008）。

7　無疑也有一些是同性戀關係，但是對於非洲人和穆斯林來説，大家都閉口不談這個議題。我們也不認識承認自己有同性戀關係的非洲人或阿

拉伯人，不過我們曾經聽一位年輕的巴基斯坦人說：「我認為有些年輕的巴基斯坦男人有同性戀行為，但是我自己肯定不會做這種事情的！」

8　摘抄自 Yang（2011：89），經修改。

9　摘抄自 Yang（2011：91），經修改。

10　Lan 寫了一篇關於尼日利亞人和中國人的婚姻的文章，提到了這一點（2015b：138）。Lan（2015b）和 Marsh（2015）詳細探討了這些婚姻，以及會面臨的問題。

11　「非洲麗人群」是在 QQ 上。2010 年時 QQ 是最熱門的社交媒體。這個群並不公開，只有通過邀請才能加入。

12　Yang（2011：91–93）.

13　廣州人結婚前，新郎一般要給新娘父母一筆聘禮。一般來說，聘禮數額是一萬到五萬元人民幣，但是大家往往會讓非洲新郎付更高的價格。岳父岳母可能會讓尼日利亞女婿給十萬元人民幣，不過可以還價到四萬元或更少。

14　摘抄自 Yang（2011：93–94），經修改。

15　但是，這種婚姻模式已經開始發生轉變，人們開始傾向於自由選擇，參考 "South Korea's Foreign Brides: Farmed Out," *The Economist*, May 24, 2014, http://www.economist.com/news/asia/21602761-korean-men-are-marrying-foreigners-more-choice-necessity-farmed-out。

16　參考 "Regulations on Permanent Residence of Aliens in China," http://www.travelchinaguide.com/embassy/visa/permanent-residence-permit.htm

17　Lan（2015b：141）.

18　參考 "Can a Mixed-Race Contestant Become a Chinese Idol?" http://www.time.com/time/world/article/0,8599,1925589,00.html，以及 "Shanghai 'Black Girl' Lou Jing Abused by Racist Netizens," www.chinasmack.com/2009/stories/shanghaiblack-girl-lou-jing-racist-chinese-netizens.html. 參考（Lan 2015b：139）對此事的評論。

19　Yang（2011：96）.

20　Yang（2011：94–95）.

21　關於中國通過大量移民進入非洲將其殖民化的說法，可參考 French（2014）。

22　此處可參考 Sautman and Yan（2009），他們討論了非洲人對中非關係的看法。

23 參考 Allen and Hamnett（1995：2）；以及 Ferguson（2007：25–49）。

24 西方人通常認為侵犯知識產權會對原廠造成傷害，但我們的一些受訪者對此有爭論。比如在2008年，一位諾基亞員工說公司原則上並不反對仿冒品，因為他們知道購買這種產品的人希望擁有正牌產品（Mathews 2011：148–49）。 時尚產品也如此， 參考 Surowiecki（2007）。另見 Mathews（2016）。

25 參考2016年 CNN 文章："The African Migrants Giving Up on the Chinese Dream," September 26, 2016 (originally published June 26, 2016)。 http://edition.cnn.com/2016/06/26/asia/africans-leaving-guangzhou-china/index.html。另一篇相關文章，"African Migrants are Returning from China and Telling their Compatriots Not to Go," *Quartz Africa*, July 1, 2016, https://qz.com/720816/gambian- migrants-are-returning-from-china-and-telling-their-compatriots-not-to-go/?utm_source=YPL&yptr=yahoo。 一篇中國新聞報道質疑CNN文章：〈廣州常住非洲人增加流動人口減少，專家：人數波動屬正常〉，2016年7月16日，http://news.ycwb.com/2016-07/16/content_22526216.htm。

26 比如參考〈非洲人在廣東：懷揣夢想而來，闖出一片天地〉，《南方日報》，2014年12月15日，http://epaper.southcn.com/nfdaily/html/2014-12/15/content_7380184.htm；〈在華非洲人吐槽「小煩惱」：會因「膚色」遇到尷尬，支持中國打擊三非〉，《環球時報》，2016年11月25日，http://world.huanqiu.com/exclusive/2016-11/9729456.html。這些報道探究了非洲人融入中國社會的困難，凸顯非洲人和中國人存在交流障礙的問題參考 Cheng（2011）。

27 參考 Cheng（2011）。

28 Lan（2014a：299）有關於中國是否歡迎非洲人來華的問題，引用了中國政府官員的反對意見。Huffer and Yuan（2014）也呈現了中國政府對在華外國人模棱兩可的態度。

29 參考 Bodomo（2010：694）；另外 Castillo（2014：254）質疑了此種說法。

30 參考 Smith（1990：11），他與其他許多學者都提過這種分類。

31 Hobsbawm（1990：66）.

32 Wu（1991：150–151）.

33 Pieke（2012）最先提出這個觀點。

參考文獻

英文

Abraham, Itty, and Willem van Schendel, eds. 2005. *Illicit Flows and Criminal Things: States, Borders, and the Other Side of Globalization.* Bloomington: University of Indiana Press.

Adams, Carlton Jama. 2015. "Structure and Agency: Africana Immigrants in China," *Journal of Pan African Studies* 7, no. 10: 85–108.

Adams, Richard N. 1970. "Brokers and Career Mobility Systems in the Structure of Complex Societies." *Southwestern Journal of Anthropology* 26 (4): 315–327.

Adogame, Afe. 2013. *The African Christian Diaspora: New Currents and Emerging Trends in World Christianity.* London: Bloomsbury Academic.

Adogame, Afe, Roswith Gerloff, and Klaus Hock, eds. 2009. *Christianity in Africa and the African Diaspora: The Appropriation of a Scattered Heritage.* London: Bloomsbury Academic.

Aechtner, Thomas. 2015. *Health, Wealth, and Power in an African Diaspora Church in Canada.* New York: Palgrave.

Alden, Chris. 2007. *China in Africa.* London: Zed Books.

Allen, John, and Chris Hamnett, eds. 1995. *A Shrinking World? Global Unevenness and Inequality.* Oxford: Oxford University Press.

Bertoncello, Brigitte, and Sylvie Bredeloup. 2007. "The Emergence of New African 'Trading Posts' in Hong Kong and Guangzhou." *China Perspectives* 2007/1: 94–105 (Hong Kong: French Centre for Research on Contemporary China).

Bhattacharyya, Gargi, John Gabriel, and Stephen Small. 2001. *Race and Power: Global Racism in the Twenty-First Century*. London: Routledge.

Blussé, Leonard. 2008. *Visible Cities: Canton, Nagasaki, and Batavia and the Coming of the Americans*. Cambridge, MA: Harvard University Press.

Bodomo, Adams. 2010. "The African Trading Community in Guangzhou: An Emerging Bridge for Africa-China Relations." *China Quarterly* 203: 693–707.

———. 2012. *Africans in China: A Sociocultural Study and Its Implications on Africa-China Relations*. Amherst, NY: Cambria Press.

Bodomo, Adams B. and Grace Ma. 2010. "From Guangzhou to Yiwu: Emerging facets of the African Diaspora in China." *International Journal of African Renaissance Studies—Multi-, Inter- and Transdisciplinarity* 5, no. 2: 283–89.

Bork-Hüffer, Tabea, and Yuan Yuan-Ihle. 2014. "The Management of Foreigners in China: Changes to the Migration Law and Regulations during the Late Hu-Wen and Early Xi-Li Eras and Their Potential Effects." *International Journal of China Studies* 5, no. 3: 571–597

Bovingdon, Gardner. 2010. *The Uyghurs: Strangers in Their Own Land*. New York: Columbia University Press.

Carrier, Neal. 2012. "Khat and Al-Shabaab: Views from Eastleigh." *Focus on the Horn* (blog), June 11. https://focusonthehorn.wordpress.com/2012/06/11/khat-and-al-shabaab-views-from-eastleigh/.

Carrier, Neil. 2016. *Little Mogadishu: Eastleigh, Nairobi's Global Somali Hub*. London: Hurst.

Carrier, Neil, and Emma Lochery. 2013. "Missing States? Somali Trade Networks and the Eastleigh Transformation." *Journal of Eastern African Studies* 7, no. 2: 334–352.

Castillo, Roberto. 2013. "How many Africans are there in Guangzhou, China? If you really want to know, you must read this!" *Africans in China* (blog). http://africansinchina.net/2013/09/30/how-many-africans-are-there-in-guangzhou-if-you-really-want-to-know-you-must-read-this/

———. 2014. "Feeling at Home in the 'Chocolate City': An Exploration of Place-Making Practices and Structures of belonging Amongst Africans in Guangzhou." *Inter-Asian Cultural Studies*. 15, no. 2: 235–257.

———. 2015. "Landscapes of Aspiration in Guangzhou's African Music Scene: Beyond the Trading Narrative." *Journal of Current Chinese Affairs* 44. no. 4: 83–115.

————. 2016. "'Homing' Guangzhou: Emplacement, Belonging and Precarity Among Africans in China." *International Journal of Cultural Studies*. 19. no. 3: 287–306.

Chalfin, Brenda. 2008. "Sovereigns and Citizens in Close Encounter: Airport Anthropology and Customs Regimes in Neoliberal Ghana." *American Ethnologist* 35 no. 4: 519–38.

Cheng Yinghong. 2011. "From Campus Racism to Cyber Racism: Discourse of Race and Chinese Nationalism". *China Quarterly* 207: 561–79.

Cheuk Ka-kin. 2013. "From Vulnerability to Flexibility: Indian Middlemen Traders in Shaoxing, China." On-line PowerPoint, School of Anthropology and Centre on Migration, Policy and Society, University of Oxford. March 17. http://www.ccpn-global.com/kcfinder/upload/files/Ka-kin%20 Cheuk%20LSE%202%20March.pdf.

Cissé, Daouda. 2013. "South-South Migration and Sino-African Small Traders: A Comparative Study of Chinese in Senegal and Africans in China." *African Review of Economics and Finance* 5, no. 1: 17–28.

————. 2015. "African Traders in Yiwu: Their Trade Networks and Their Role in the Distribution of "Made in China" Products in Africa," *Journal of Pan African Studies*, 7, no. 10: 44–64.

Dikotter, Frank 2011. Mao's Great Famine: The History of China's Most Devastating Catastrophe, 1958–1962. London: Walker Books.

————. 2015. *The Discourse of Race in Modern China*. New York: Oxford University Press.

Dinneen, Marcia D. "Migration and Globalization" 2010. In *21st Century Anthropology: A Reference Handbook*, vol. 2. ed. H James Birx, 856–64. Thousand Oaks. CA: Sage.

Dirlikov, Emilio, and Qiuyu Jiang. 2014. "From the Dragon's Perspective: An Initial Report on China's Response to the Unfolding Ebola Epidemic." *Somatosphere*, October 29. http://somatosphere.net/2014/10/from-the-dragons-perspective.html

Downs, Jacques M. 2014. *The Golden Ghetto: The American Commercial Community at Canton and the Shaping of American China Policy, 1784–1844*. Hong Kong: Hong Kong University Press.

Esteban, Mario. 2010. "A Silent Invasion? African Views on the Growing Chinese Presence in Africa: The Case of Equatorial Guinea." *African and Asian Studies* 9: 232–251.

Ferguson, James. 2007. *Global Shadows: Africa in the Neoliberal World Order.* Durham, NC: Duke University Press.

Fong, Vanessa. 2006. *Only Hope: Coming of Age Under China's One-Child Policy.* Stanford: Stanford University Press.

Foster, Robert J. 2006. "Tracking Globalization: Commodities and Values in Motion." In *Handbook of Material Culture*, ed. C. Tilley et al., 285–302. Thousand Oaks, CA: Sage. pp..

Frankel, James D. 2011. "From Monolith to Mosaic: A Decade of Twenty-First Century Studies of Muslims and Islam in China." *Religious Studies Review* 37, no. 4: 249–58.

French, Howard W. 2014. *China's Second Continent: How A Million Migrants Are Building an Empire in Asia.* New York: Vintage Books.

Gaubatz, Piper. 1998. "Understanding Chinese Urban Form: Contexts for Interpreting Continuity and Change." *Built Environment* 24, no. 4: 251–70.

Geertz, Clifford. 1960. "The Javanese Kitaji: The Changing Role of a Cultural Broker." *Comparative Studies in Society and History* 2, no. 2: 228–49.

George, Rose. 2013. *Ninety Percent of Everything: Inside Shipping, the Invisible Industry That Puts Clothes on Your Book, Gas in Your Car, and Food on Your Plate.* New York: Henry Holt.

Giese, Karsten, and Alena Thiel. 2012. "The Vulnerable Other—Distorted Equity in Chinese–Ghanaian Employment Relations." *Ethnic and Racial Studies* 37, no. 6: 1101–120.

Gilles, Angelo. 2015. "The Social Construction of Guangzhou as a Translocal Trading Place." *Journal of Current Chinese Affairs* 44, no. 4: 17–47

Gillette, Maris. 2002. *Between Mecca and Beijing: Modernization and Consumption Among Urban Chinese Muslims.* Stanford, CA: Stanford University Press.

Gladney, Dru C. 1996. *Muslim Chinese: Ethnic Nationalism in the People's Republic*, 2nd ed. Cambridge, MA: Council on East Asian Studies and Harvard University Press.

———. 2004. *Dislocating China: Muslims, Minorities, and Other Subaltern Subjects.* Chicago: University of Chicago Press.

Graham, Mark. 2011. "Cultural Brokers, the Internet, and Value Chains: The Case of the Thai Silk Industry." In *The Cultural Wealth of Nations*, ed. N. Bandelj and F. Wherry, 222–40. Stanford, CA: Stanford University Press.

Han, Huamei. 2013. "Individual Grassroots Multiculturalism in Africa Town in Guangzhou: The Role of States in Globalization." *International Multilingual Research Journal* 7, no. 1: 83–97.

Hansen, Karen. 1999. "Second Hand Clothing Encounters in Zambia: Global Discourse, Western Commodities, and Local Histories." *Africa: Journal of the International African Institute* 69, no. 3: 343–365.

Hansen, Karen Tranberg, Walter E. Little, and B. Lynne Milgram, eds. 2013. *Street Economies in the Urban Global South.* Santa Fe, NM: School for Advanced Research Press.

Hansen, Karen Tranberg, and Mariken Vaa, eds. 2004. *Reconsidering Informality: Perspectives from Urban Africa.* Uppsala: Nordiska Afrikainstitutet.

Harney, Nicholas. 2006. "Rumour, Migrants, and the Informal Economy in Naples, Italy." *International Journal of Sociology and Social Policy* 26, no. 9/10: 374–84.

Hart, Keith. 1973. "Informal Income Opportunities and Urban Employment in Ghana." *Journal of Modern African Studies* 11, no. 1: 61–87.

Haugen, Heidi Østbø. 2012. "Nigerians in China: A Second State of Immobility." *International Migration* 50, no. 2: 65–80.

———. 2013. "African Pentecostal Migrants in China: Marginalization and the Alternative Geography of a Mission Theology." *African Studies Review* 56, no. 1: 81–102)

———. 2015. "Destination China: The Country Adjusts to its New Migration Reality." *Migration Information Source.* March 4. http://www.migrationpolicy. org/article/destination-china-country-adjusts-its-new-migration-reality

Ho, Virgil K. Y. 2005. *Understanding Canton: Rethinking Popular Culture in the Republican Period.* Oxford: Oxford University Press.

Hobsbawm, E. J. 1990. *Nations and Nationalism Since 1780: Programme, Myth, Reality.* Cambridge: Cambridge University Press.

Hunter, W. C. (1882) 1965. *The 'Fan Kwae' at Canton: Before Treaty Days 1825– 1844.* Taipei: Ch'eng-wen Publishing.

Huynh, Tu. 2016. "A 'Wild West' of Trade? African Women and Men and the Gendering of Globalisation from Below in Guangzhou." *Identities: Global Studies in Culture and Power* 23, no. 5: 501–18.

Ikels, Charlotte. 1996. *The Return of the God of Wealth: The Transition to a Market Economy in Urban China.* Stanford, CA: Stanford University Press.

Jacka, Tamara, Andrew B. Kipnis, and Sally Sargeson. 2013. *Contemporary China: Society and Social Change.* Cambridge: Cambridge University Press.

Jankowiak, William. 1992. *Sex, Death, and Hierarchy in a Chinese City.* New York: Columbia University Press.

Jezewski, Mary Ann, and Paula Sotnick. 2001. "The Rehabilitation Service Provider as Cultural Broker: Providing Culturally Competent Services to Foreign-Born Persons." Buffalo, NY: Center for International Rehabilitation Research Education and Exchange. http://cirrie.buffalo.edu/culture/monographs/cb.pdf

Keshodkar, Akbar. 2014. "Who Needs China When You Have Dubai? The Role of Networks and the Engagement of Zanzibaris in Transnational Indian Ocean Trade." *Urban Anthropology and Studies of Cultural Systems and World Economic Development*, 43, no. 1–3: 105–42.

Lan, Shanshan. 2015a. "State Regulation of Undocumented African Migrants in China: A Multi-scalar Analysis." *Journal of Asian and African Studies* 50, no. 3: 289–304

———. 2015b. "Transnational Business and Family Strategies among Chinese/Nigerian Couples in Guangzhou and Lagos." *Asian Anthropology* 14, no. 2: 133–149

Le Bail, H. 2009. "Foreign Migrations to China's City-Markets: The Case of African Merchants." *Asia Visions* 19: 1–22.

Lee, Margaret C. 2014. *Africa's World Trade: Informal Economies and Africa's Globalization from Below*. London: Zed Books/The Nordic Africa Institite.

Li, Anshan 2015. "African Diaspora in China: Reality, Research and Reflection." *The Journal of Pan African Studies* 7, no. 10: 10–43.

Li, Zhigang, Laurence J. C. Ma, and Desheng Xue. 2009. "An African Enclave in China: The Making of a New Transnational Urban Space." *Eurasian Geography and Economics* 50, no. 6: 699–719.

Li, Zhigang, Michal Lyons, and Alison Brown. 2012. "China's 'Chocolate City': An Ethnic Enclave in a Changing Landscape." *African Diaspora* 5: 51–72.

Liang, Yonjia. 2014. "Hierarchical Plurality: State, Religion and Pluralism in Southwest China." In *Religious Pluralism, State and Society in Asia*, ed. Chiara Formichi, 51–70. Abingdon, Oxon: Routledge.

Lin, Linessa Dan. 2017. "Racial Encounters and Migrant Experiences: How Africans and Chinese Interact in a Globalising China." PhD. Diss., The Chinese University of Hong Kong.

Lin, Yi-Chieh Jessica. 2011. *Fake Stuff: China and the Rise of Counterfeit Goods*. London: Routledge.

Lucht, Hans. 2012. *Darkness Before Daybreak: African Migrants Living on the Margins in Southern Italy Today*. Berkeley: University of California Press.

Lyons, Michal, Alison Brown, and Zhigang Li. 2008. "The 'Third Tier' of Globalization: African Traders in Guangzhou." *City* 12, no. 2: 196–206.

———. 2012. "In the Dragon's Den: African Traders in Guangzhou." *Journal of Ethnic and Migration Studies* 38, no. 5: 869–88.

Macedo, Donaldo and Panayota Gounari. 2005. *The Globalization of Racism.* London: Routledge.

MacGaffey, Janet, and Remy Bazenguissa-Ganga. 2000. *Congo-Paris: Transnational Traders on the Margins of the Law.* Bloomington, IN: Indiana University Press.

Mallee, Hein and Frank N. Pieke, eds. 2016. *Internal and International Migration: Chinese Perspectives.* London: Routledge.

Marfaing, Laurence, and Alena Thiel. 2015. "Networks, Spheres of Influence and the Mediation of Opportunity: The Case of West African Trade Agents in China." *Journal of Pan African Studies* 7, no. 10: 65–84.

Marsh, Jenni. 2014. "Afro-Chinese marriages boom in Guangzhou: But will it be 'til death do us part?'" *Post Magazine, South China Morning Post,* June 4.

Mathews, Gordon. 2011. *Ghetto at the Center of the World: Chungking Mansions, Hong Kong.* Chicago: University of Chicago Press.

———. 2015a. "Taking Copies from China Past Customs: Routines, Risks, and the Possibility of Catastrophe." *Journal of Borderland Studies* 30, no. 3: 423–35.

———. 2015b. "African Logistics Agents and Middlemen as Cultural Brokers in Guangzhou," *Journal of Current Chinese Affairs,* "Foreign Lives in a Globalising City: Africans in Guangzhou," 44, no. 4: 117–44.

———. 2016. "The Flipside of Counterfeit Goods." Sapiens, July 15, 2016. http://www.sapiens.org/technology/counterfeit-goods-guangzhou-china/.

Mathews, Gordon, Linessa Dan Lin, and Yang Yang. 2014. "How to Evade States and Slip Past Borders: Lessons from Traders, Overstayers, and Asylum Seekers in Hong Kong and China." *City & Society* 26, no. 2: 217–238.

Mathews, Gordon, Gustavo Lins Ribeiro, and Carlos Alba Vega, eds. 2012 *Globalization From Below: The World's Other Economy.* London and New York: Routledge.

Mathews, Gordon and Carlos Alba Vega. 2012. "Introduction: What is Globalization from Below?" In Mathews et al. 2012, 1–15.

Mathews, Gordon, and Yang Yang. 2012. "How Africans Pursue Low-end Globalization in Hong Kong and Mainland China." *Journal of Current Chinese Affairs* 41, no. 2: 95–120.

Matsuda, Matt K. 2012. *Pacific Worlds: A History of Seas, Peoples, and Cultures.* Cambridge: Cambridge University Press.

Mazzucato, Valentina. 2008. "The Double Engagement: Transnationalism and Integration. Ghanaian Migrants' Lives Between Ghana and the Netherlands." *Journal of Ethnic and Migration Studies* 34, no. 2: 199–216.

Michie, Michael. 2003. "The Role of Cultural Brokers in Intercultural Science Education: A Research Proposal." http://members.ozemail.com. au/~mmichie/culture_brokers1.htm.

Mintz, Sidney, 1956. "The Role of the Middleman in the Internal Distribution System of a Caribbean Peasant Economy." *Human Organization* 15, no. 2: 18–23.

Müller, Angelo, and Rainer Wehrhahn. 2011. "New migration processes in contemporary China—The constitution of African trader networks in Guangzhou." *Geographische Zeitschrift* 99, no. 2/3: 104–122.

Neuwirth, Robert. 2011. *Stealth of Nations: The Global Rise of the Informal Economy.* New York, NY: Pantheon.

Nield, Robert. 2010. *The China Coast: Trade and the First Treaty Ports.* Hong Kong: Joint Publishing.

Nordstrom, Carolyn. 2007. *Global Outlaws: Crime, Money, and Power in the Contemporary World.* Berkeley, CA: University of California Press.

Osberg, John. 2013. *Anxious Wealth: Money and Morality Among China's New Rich.* Stanford: Stanford University Press.

Osnos, Evan. 2009. "The Promised Land: Letter from China." *The New Yorker.* February 9. http://www.newyorker.com/magazine/2009/02/09/the-promised- land- 2.

Pang, Ching Lin and Ding Yuan. 2013. "Chocolate City as a Concept and as Visible African Space of Change and Diversity." In *Dui jingji shehui zhuanxing de tantao: Zhonguode chengshihua, gongyehua he minzuwenhuachuancheng* (Sustainable development in China and overseas Chinese: urbanization, industrialization and ethnic culture), eds. J. Zhang, and Z. Huang. 47–78. Beijing: Zhishi chanquan chubanshe.

Park, Yoon Jun. 2009. *A Matter of Honour: Being Chinese in South Africa.* Lanham MD: Lexington Books.

Pelican, Michaela, and Peter Tatah. 2009. "Migration to the Gulf States and China: Local Perspectives from Cameroon." *African Diaspora* 2: 229–44.

Pieke, Frank N. 2012. "Immigrant China." *Modern China* 38, no. 1: 40–77.

Portes, Alejandro, Manuel Castells, and Lauren Benton. eds. 1989. *The Informal Economy: Studies in Advanced and Less Developed Countries.* Baltimore: The Johns Hopkins University Press.

Presswood, Marketus. 2013. "On Being Black in China." *The Atlantic.* July 17. https://www.theatlantic.com/china/archive/2013/07/on- being- black- in- china/277878/.

Rennie, Nemvula. 2009. "The Lion and the Dragon: African Experiences in China." *Journal of African Media Studies* 1: 379–414.

Rayila, M. 2011. "The Pain of a Nation: The Invisibility of Uyghurs in China Proper." *Equal Rights Review* 6: 44–57.

Ribeiro, Gustavo Lins. 2006. "Economic Globalization from Below." *Etnográfica* 10, no. 2: 233–49.

Ribeiro, Gustavo Lins. 2009. "Non-Hegemonic Globalizations. Alter-native Transnational Processes and Agents." *Anthropological Theory* 9, no. 3: 1–33.

Robbins, Richard H. 2002. *Global Problems and the Culture of Capitalism.* Boston: Allyn and Bacon.

Rudelson, Justin Jon. 1998. *Oasis Identities: Uyghur Nationalism Along China's Silk Road.* New York: Columbia University Press.

Saul, Mahir, and Michaela Pelican. 2014. "Global African Entrepreneurs: A New Research Perspective on Contemporary African Migration." *Urban Anthropology* 43, nos. 1, 2, 3: 1–16.

Sautman, Barry. 1994. "Anti-Black Racism in Post-Mao China." *China Quarterly* 138: 413–37.

Sautman, Barry, and Yan Hairong. 2009. "African Perspectives on China-Africa Links." *China Quarterly* 199: 729–60.

Shepherd, Robert. 2012. "Localism Meets Globalization in an American Street Market." In Mathews et al. 2012, 186–202.

Smart, Alan, and Josephine Smart, eds. 2005. *Petty Capitalists and Globalization: Flexibility, Entrepreneurship, and Economic Development.* Albany: State University of New York Press.

Smith, Anthony. 1990. *National Identity.* London: Penguin.

Stoller, Paul. 2002. *Money Has No Smell: The Africanization of New York City.* Chicago, IL: University of Chicago Press.

Spence, Jonathan. 2013. *The Search for Modern China*, 3rd rev. ed. New York: W. W. Norton & Company.

Surowiecki, James. 2007. "The Piracy Paradox." *The New Yorker*. September 24. http://www.newyorker.com/magazine/2007/09/24/the-piracy-paradox.

Szasz, Margaret Connell, ed. 1994. *Between Indian and White Worlds: The Cultural Broker*. Norman: University of Oklahoma Press.

Vogel, Ezra F. 1969. *Canton Under Communism: Programs and Politics in a Provincial Capital, 1949–1968*. Cambridge, MA: Harvard University Press.

———. 1989. *One Step Ahead in China: Guangdong Under Reform*. Cambridge, MA: Harvard University Press.

Weber, Max. (1920–21) 1958. *The Protestant Ethic and the Spirit of Capitalism*. New York: Charles Scribner's Sons.

Wilensky, J. 2002. "The Magical Kunlun and 'Devil Slaves': Chinese Perceptions of Dark-skinned People and Africa Before 1500." Sino-Platonic Papers, no. 122. Philadelphia: Department of East Asian Languages and Civilizations, University of Pennsylvania.

Wu, David Yen-ho. 1991. "The Construction of Chinese and Non-Chinese Identities." In *The Living Tree: The Changing Meaning of Being Chinese Today*, ed. Tu Wei-ming, 148–67. Stanford, CA: Stanford University Press.

Wyatt, Don J. 2010. *The Blacks of Premodern China*. Philadelphia: University of Pennsylvania Press.

Yan, Yunxiang. 2003. *Private Life under Socialism: Love, Intimacy, and Family Change in a Chinese Village, 1949–1999*. Stanford, CA: Stanford University Press.

———. 2009a. "The Good Samaritan's New Trouble: A Study of the Changing Moral Landscape in Contemporary China. *Social Anthropology* 17, no. 1: 9–24.

———. 2009b. *The Individualization of Chinese Society*. London: Bloomsbury Academic.

Yang, Yang. 2011. "African Traders in Guangzhou: Why They Come, What They Do, and How They Live." M.Phil. thesis, Dept. The Chinese University of Hong Kong.

———. 2012. "African Traders in Guangzhou: Routes, Reasons, Profits, Dreams." In Mathews et al. 2012, 154–70.

Zang, Xiaowei, ed. 2016. *Understanding Chinese Society*, 2nd ed. London: Routledge.

Zhang, Li. 2008. "Ethnic Congregation in a Globalizing City: The Case of Guangzhou, China." *Cities* 25, no. 6: 383–95.

———. 2010. *In Search of Paradise: Middle-Class Living in a Chinese Metropolis*. Ithaca, NY: Cornell University Press.

Zhao Dayong and David Bandurski. 2011. *My Father's House*. dGenerate Films. 77 minutes.

Zhou, Min and Guoxuan Cai. 2008. "Trapped in Neglected Corners of a Booming Metropolis: Residential Patterns and Marginalization of Migrant Workers in Guangzhou." In *Urban China in Transition*, ed. John R. Logan, 226–49. Malden, MA: Wiley-Blackwell.

中文

李志剛、薛德升 、Michael Lyons、Alison Brown（2008）:〈廣州小北路黑人聚居區社會空間分析〉,《地理學報》第63卷第2期,頁207–218。

趙明昊（2010）:〈中非民間交往:進展及面臨的挑戰〉,《全球展望》2010年第6期:頁49–62。